U0134813

國立臺灣大學文史叢刊　(138)

從《史記》到《漢書》
——轉折過程與歷史意義

呂世浩　著

國立臺灣大學出版中心
中華民國九十八年十二月

呂世浩，本校九十六學年度歷史學研究所博士班畢業，論文由阮芝生教授指導。

從《史記》到《漢書》
──轉折過程與歷史意義

提　要

　　本論文的題目爲「從《史記》到《漢書》──轉折過程與歷史意義」，研究目的在以《史記》到《漢書》的轉折過程爲中心，藉此對兩漢之際史學和政治的互動情形，作一全面而詳細的分析，進而闡明其在中國史學發展上之歷史意義。並期望此一研究，可以對傳統史學形成與演變之大關鍵，進行更深入的探討，並爲學者考較《史》、《漢》異同闢一新途。

　　本論文的第一章，首先針對研究範圍與關鍵名詞作一界定，接著進行相關研究文獻的回顧，最後則對本論文之研究目的、方法與全文結構作一介紹。

　　第二章先由《史記》對漢代造成的衝擊和挑戰開始談起。自春秋戰國以下，由於王權的衰弱與戰亂的影響，致使「史記放絕」，史學傳統面臨了衰亡的危機。至秦朝統一天下，又因統治者深惡「是古非今」，使這樣的趨勢達到了頂點。除了少數「文略不具」的簡單記載外，秦人幾乎刻意的滅絕了一切史籍。西漢開國，承秦之制，雖不如秦人打擊學術之甚，但對於史學亦未重視。致使西漢前期既無先秦修史之官，亦無先秦官修之史，傳統史學幾近中絕。

　　而另一方面，秦人以詐力得天下，又以刑法治天下。漢又承秦道而不改，至武帝更復始皇之所爲，孔子之道淪爲緣飾其暴政之工具。故自先聖先王至周公、孔子以來所傳承之禮樂大道，因而瀕臨絕滅之危機。太史公生於此時，有興亡繼絕之志，故以父子兩代之力著作《太史公》（即《史記》）一書，上欲重續中國史學斷裂之傳統，下欲繼承孔子《春秋》「撥亂反正」之志，以俟後世聖人君子。其書重要特徵之一，便是繼承書寫當代史的傳統，強調「通古今之變」以論治之思想。但這樣的傳統，無可避免的要對承秦制而不改的漢代統治者提出針貶，故被漢廷視爲「微文譏刺，貶損當世」，形成史學對當代政治的新挑戰。

　　政治受到以《史記》開端的史學之挑戰，則統治者必然會以各種手段來回應。隨著《太史公》一書的散播日廣，對漢廷統治的負面影響日益浮現，漢代官方採取了種種的防制措施，其後歷經兩漢之際兩百一十二年，共四個階段的前後轉折過程，終於在東漢明帝時找出了最佳的解決方法。這個方法就是，撰述一部完全站在朝廷立場說話，又足以取代《太史公》的史書，這就是班固的《漢書》。本論文的第三、四兩章，便是就此四個時期的演變過程詳細加以考述。

　　第一時期自《太史公》成書至其外孫楊惲宣布傳本，爲抑禁與傳抄時期。蓋此時期《太史公》尚未引起朝廷的特別注意，然中秘之《太史公》藏本，因受朝廷對秘府藏書的嚴厲抑禁政策所限制，凡觸犯者幾近死罪，故其內容未見流傳在外。傳本則由史公傳於女婿和女兒，其部分篇章並在此時期流出，在民間逐漸引起少數人的喜好和傳抄。

　　第二時期自楊惲宣布《太史公》傳本至成帝賜班斿秘書之副，為公布與刪削時期。此一時期《太史公》傳本因楊惲的宣布，加速了向民間的傳播，同時引發了學者如褚少孫等對《太史公》的注意和愛好。而至成帝時，漢廷已開始注意《太史公》一書對統治的負面影響，因此刪削其中十篇。而此「十篇缺」之本，成帝又賜其副於外戚班氏，形成在藏、傳兩本外的第三個重要抄本。

　　第三時期自成帝賜班斿秘書之副至班彪作《太史公》之《後傳》，為補續與褒揚時期。蓋成帝時，朝廷為嘗試解決《太史公》帶來的問題，故一面刪削十篇，一面又命馮商撰續其書，希望能將此書之影響導向對官方有利的方向。而此時《太史公》之傳播已廣，續《太史公》者亦人才輩出，有名可考者自楊惲、褚少孫下，前後計十八人之多。而在西漢中期以後的「厭漢」思潮中，內容多為「譏刺漢室」的《太史公》更是扮演著重要的角色，西漢之亡即與此相關。此後的新莽則一改漢廷之態度，改採發揚史學和尊顯太史公之作法。

　　第四時期自班彪作《太史公》之《後傳》至《漢書》成書，為論罪與取代時期。此時期東漢朝廷鑒於西漢之亡，力圖以強烈之政治手段干預學術，尤以圖讖和史學二途最為明顯。首先以前所未見之「私改作國史」罪名，將史權收歸官方。其次，在明帝重重考核和指導後，命班固著作「頌漢功德」之《漢書》取代《太史公》，並推廣之以消除《太史公》之不良影響。最後，再命楊終對《太史公》原書進行大規模刪削。三管齊下，終於大功告成。

　　隨著《史記》的傳播與統治者的政策變化，兩漢之際史家也有著前後不同的反應。本論文的第五章，將就兩漢之際諸子對《史記》的評價、補續《史記》諸家、史學新著作的出現等三方面作一補充。

在瞭解從《史記》到《漢書》發展的轉折過程後,本論文的第六章將由此認識出發,重新探討《史記》和《漢書》的轉變及其歷史意義。蓋班固承明帝之意,爲達「尊顯漢室」之目的,割離古今而作《漢書》。從此當代史之傳統中絕,中國史學走上了只述古而不論今的道路,成爲殘缺不全之史學。《漢書》又採取「避重就輕」之筆法,將西漢種種亂象之根源,由《史記》所注重的治道與制度問題,扭轉爲個人之道德問題。此外,觀察《漢書》之「天人」觀及「古今」觀,亦多隨當世之時宜,處處爲尊顯漢室而服務。最後回顧班固一生,其早年不甘寂寞,力求功名而不得見用。至青年時,賴明、章二帝賞識其才,故一意逢迎帝王,爲漢歌頌,然自以才高而位低,常懷怨望之心。晚年則阿附權兇竇憲,爲虎作倀,尚自以爲榮。其雖才華出眾,但所作所爲,恐皆爲貪利慕榮而發也。

本論文的第七章則是結論,將總結從《史記》到《漢書》之轉折過程及其歷史意義。蓋我中華之史學本爲論治行道而作,其本旨與六藝無異,證諸《史記》一書可知。而在太史公原來的規劃中,完整的史學是包括「古」與「今」在內,兩者缺一不可。後世史學之繼其書者,亦當代代「下至于茲」,不斷撰作新的當代史,將古今結合爲一體,方可對當世政治有所指導,以維繫理想於不墜。但自班固爲迎合人主,篡亂《史記》之法後,後世史學多法《漢書》,遂再無面對當代以論治之勇氣與史識。《史記》所傳「通古今之變」大義,至此衰矣。

關鍵詞:史記、漢書、司馬遷、班固、史學史

From *Historical Records* to *History of Han Dynasty*: The Transition and Historic Significance

Abstract

As the title indicates, the subject of this book centers on the transition that took place from *Historical Records* to *History of Han Dynasty*. Using the interaction of historiography and politics in the Western and Eastern Han periods to conduct a general yet detailed investigation, the historical significance of developments in Chinese historiography of this era will be explained. This study also intends to further understand the important key factors in the formation and development of traditional historiography as well as to forge a new path for scholars through a comparative examination of the two above books.

The first chapter of this book therefore deals with defining the concepts and scope involved, which is then followed by a retrospective study on previous literature dealing with the subject. Afterwards come the goals, methods, and a synopsis of the structure of the study as a whole.

The second chapter first deals with the challenges presented by *Historical Records* in the Han period, specifically how the Grand Historian boldly dealt with the hundred years of history from the Qin into the Han dynasty. Following in his father's footsteps and representing the efforts of both father and son, Sima Qian completed the book known as *Historical Records*, establishing an important model in Chinese historiography. Furthermore, *Historical Records* continues in another important tradition, *The Spring and Autumn Annals* of Confucius, dealing with modern history by emphasizing the notion of "connecting the changes of past and present" to discuss politics. This tradition, however, unavoidably touches on negative aspects towards the Qin conventions adopted without change by the Han rulers, which is why the Han court viewed it as "indirect writing of mockery, injurious to the present ruler," thus forming a new challenge in historiography towards contemporary politics.

When politics was confronted by the dawn of a new historiography in the form of *Historical Records*, rulers had to formulate certain policies in response. The third and fourth chapters of the present study deal with the policies of the court in dealing with *Historical Records* along with the responses of historians at the time, being divided into four periods of change for further examination.

The first period extends from the time when the *Historical Records* book was completed to the announcement by Sima's grandson Yang Yun of a surviving copy, representing a time of suppression and copy-making. It was then that the *Historical Records* had not yet come to the attention of the court, but when the palace library got hold of a copy, it came under restrictive and suppressive policies. All those in violation were as good as given the death penalty, which is why the contents of the *Historical Records* were not circulated outside the court. A surviving copy, however, was passed down to the Grand Historian's son-in-law and daughter, and it was at this time that part of the contents were circulated, gradually raising the interest of a few people and being copied.

The second period is from the announcement of Yang Yun's surviving copy of the *Historical Records* to Emperor Chengdi's bestowal of a copy to Ban You of the Palace Library, representing an era of announcement and deletion. Yang Yun's announcing of a copy of the *Historical Records* fueled its circulation among the people, at the same time also grabbing the attention and admiration of such scholars as Chu Shaosun. This period goes up to the reign of Emperor Chengdi, when the Han court had already begun to notice the negative influence towards its rulers created by the *Historical Records*, which is why the deletion of ten chapters was ordered from it. Emperor Chengdi gave a copy of this edition with "ten missing chapters" to his relative in the Ban clan, making it a third important manuscript edition in addition to the Library and Yang ones.

The third period extends from Emperor Chengdi's presentation of a copy to Pan You of the Palace Library to the compilation of the *Later Transmission* of the *Historical Records*, representing an era of addition and praise. In Chengdi's reign, the court attempted to resolve the problems created by the *Historical Records*, on the one hand deleting ten chapters and on the other ordering Feng Shang to compose an addition in the hopes of redirecting the influence of the book towards a direction more beneficial to the ruling government. The circulation of the *Historical Records* had already gained by leaps and bounds at this time and those continuing the *Historical Records* rose in great numbers, the most famous and verifiable being from the hands of Yang Yun and Chu Shaosun, totaling as many as eighteen authors. In the trend of "growing weary of the Han" that started from the middle Western Han period, the contents of the *Historical Records* for the most part were "mocking of the Han House." Playing an important role in this respect, it therefore was related to the fall of the Western Han itself. The new Xin court, with an attitude towards reforming the Han court, took the means of praising historiography and actually commending the Grand Historian's efforts.

The fourth period goes from the time when Ban Biao wrote his *Later Transmission* for the *Historical Records* to the completion of *History of Han Dynasty*, representing a time of offense and replacement. This was when the Eastern Han looked back on the demise of the Western Han and strove to use strong political means to interfere with scholarship, with the two methods of prophetic writings and historiography standing out most of all. First was the unprecedented offense of "privately revising imperial history," in which the authority of history writing was taken back into the hands of the government. Then there was the order for Ban Gu to compile *History of Han Dynasty* with its "praising the merits of the Han" replacing the *Historical Records* and eradicating its negative influence. Finally, Yang Zhong was ordered to make major revisions and deletions to the original *Historical Records*. These three channels provided the Eastern Han house with an ideal method of finally resolving the impact of the *Historical Records*.

With the circulation of *Historical Records* and policy changes of rulers, historians of the two Han periods took different approaches in response. The fifth chapter of the present study discusses this era from the viewpoint of three directions: evaluations of historians towards *Historical Records*, later additions to the book, and the appearance of new writings.

After understanding the process of change from *Historical Records* to *History of Han Dynasty* during the Western and Eastern Han, the sixth chapter of the present study builds upon it to reevaluate the transformation that took place between these two books and its historical significance. Ban Gu, following the idea of Emperor Mingdi, wrote *History of Han Dynasty* in order to "honor in manifest the Han House." Honoring the Han House and separating the past from the present meant that from thereafter Chinese historiography would narrate the past but not discuss the present, becoming essentially incomplete. In addition, observing the notions of the "Heavenly One" and "the past and present" in *History of Han Dynasty*, in view of the times, was in the service of promoting and honoring the Han House. Finally, in reviewing Ban Gu's life, his character and actions were thus all in the interest of self-promotion.

The seventh chapter of the present study is the conclusion. Starting with the original plan of the Grand Historian, later books in historiography would follow suit, with each period "coming down to the present day" as they continually composed new forms of contemporary history. However, Ban Gu's blind upholding of the Han effectively cut off the past from the present as he skillfully orchestrating the *Historical*

Records into turmoil. Later historiography would then use *History of Han Dynasty* to divide history into periods, gradually leading the tradition of contemporary history in Chinese historiography to disappear and thus making it incomplete as historians dared not face actual historiography. The grand notion of "connecting the changes of past and present" in the *Historical Records* thus was weakened thereafter.

Keywords: *Historical Records, History of Han Dynasty,* Sima Qian, Ban Gu, Historiography

從《史記》到《漢書》
——轉折過程與歷史意義

目　錄

第一章　序論

　　自從二十世紀初，梁啓超首先明確提出「中國史學史」的概念以來，[1]史學史的研究便成為歷史學研究的主要分支學科之一。而作為中國正史奠基時期的兩漢史學，自然更是中國史學史的重要研究領域。但過去對漢代史學史的研究，多半集中在《史記》和《漢書》兩大名著的研究和比較上。而對於《史記》和《漢書》間長達二百餘年的史學發展，以及政治與史學的關係，則多半未予應有的重視。

　　而此種研究方向上的落差，使得一些重要的問題至今未獲得解決。例如《史記》到《漢書》二百餘年間，漢朝先衰亡而後復興，在政治和學術上有著極為劇烈的變動，這對於《史記》的流傳和《漢書》的出現，是否造成影響？這段時期的史學思想，因此而造成哪些延續和變動？從《史記》到《漢書》之間思想的變動，又對中國傳統史學的形成，形成了哪些重要的影響？

　　因此，針對兩漢之際政治與史學的關係加以研究，不但可以對兩漢史學的形成過程有更深入的了解，同時還可以對漢代政治與學術的互動關係提供一個新的研究方向。本書的題目為「從《史記》到《漢

---

[1]　見俞旦初，〈梁啓超論中國史學史的基本理論和方法〉，《史學史資料》1980年第4期。

書》：轉折過程與歷史意義」，目的正在於此。

在進行研究文獻回顧之前，將先針對本文的研究時間範圍及關鍵名詞的使用進行界定。

第一節　研究時間範圍與名詞界定

本書研究的時間範圍主要在兩漢之際，具體是指由《史記》成書到《漢書》完成之間的階段，也就是西漢武帝征和二年（91 B.C.E.）十一月以後，到東漢安帝永寧二年（121 C.E.）之間，共兩百一十二年的時間。

一、研究時間上限

本書研究的時間範圍，是以《史記》成書為上限。由於這一點，牽涉到後文討論太史公逝世後《史記》遭到刪削的情況，以及《史記》中部分武帝晚期記事，能否採信的問題，故須在此作一簡要辨正。將這個時間點訂在西漢武帝征和二年（91 B.C.E.）十一月以後，是基於以下的理由：

（一）太史公確已完成《史記》全書

在討論《史記》成書時代之前，必須先確定太史公是否已完成《史記》全書？對於這一點，過去曾有學者提出懷疑，如王鳴盛曾言：

〈三王世家〉，武帝之子，所載直取請封三王之疏及封策錄

之，與他王敘述迥異，則遷特漫爾鈔錄，猶待潤色，未成之
筆也。[2]

言〈三王世家〉乃未成之筆，即疑《史記》爲未成之作。

然據《史記・太史公自序》，其言「凡百三十篇，五十二萬六
千五百字，爲《太史公》書」，又言「太史公曰：余述歷黃帝以來
至太初而訖，百三十篇」。篇數、字數清楚並列，可見不論後來《史
記》的刪削情況如何，太史公確已完成全書無疑。[3]

（二）《史記》成書，在〈報任少卿書〉之後

關於《史記》成書的年代，基本上學界的意見，大多認爲應在
〈報任少卿書〉之後。[4]這方面的研究，以阮芝生〈司馬遷之心──
報任少卿書〉析論〉[5]可爲代表：

> 征和二年，距司馬遷爲史令（元封三年）已經有十八年，《史
> 記》已經成形，但尚未成書。何以知之？司馬遷自言：「僕
> 竊不遜，近自托於無能之辭，網羅天下放失舊聞，考之行事，
> 綜其終始，稽其成敗興壞之理，上計軒轅，下至於茲，爲十
> 表，本紀十二，書八章，世家三十，列傳七十，凡百三十篇，

2　（清）王鳴盛，《十七史商榷》（台北：藝文印書館據清光緒廣雅書局原刻本
　　影印，1964），卷四。

3　即使就王鳴盛所疑之〈三王世家〉而言，其全文亦出於太史公之手無疑。詳細
　　考證可參呂世浩，〈三王與文辭──《史記・三王世家》析論〉，《燕京學報》
　　新9期（2000）。

4　關於過去學者的研究，以及觀點上的不同，可參考後面的註7～註9。

5　阮芝生，〈司馬遷之心──〈報任少卿書〉析論〉，《臺大歷史學報》26期（2000）。

亦欲以究天人之際，通古今之變，成一家之言。草創未就，
適會此禍，惜其不成，是以就極刑而無慍色。僕誠已著此書，
藏之名山，傳之其人通邑大都，則僕償前辱之責，雖萬被戮，
豈有悔哉！」從這段文字看，全書分五體，百三十篇，結構
宗旨已完整；但先列「表」後列「本紀」，與成書後的「本
紀」先於「表」不同。故知此時《史記》尚未完成，但規模
已具。司馬遷因為「惜其不成」，所以才自請宮刑（天漢三
年）。等到征和二年寫〈報〉書時，《史記》的寫作當近尾
聲，但還是沒有完成；否則不會說「僕誠已著此書」，「雖
萬被戮，豈有悔哉！」「誠」是果真，是假設之辭；真要能
夠讓我完成《史記》，雖萬死不辭。司馬遷同樣是因為「惜
其不成」而拒絕任安的請求。不是不想救你，而是救不了你，
也不能救你；你有是非冤曲，難道李陵沒有是非冤曲，我司
馬遷沒有是非冤曲，歷史上多少人物沒有是非冤曲要論嗎？
這些都留待後人去論吧！請你諒解我。這就是〈報〉書全文
的主意。「惜其不成」是通篇眼目。

由上文看，其主張的理由有三：

（1） 先列「表」後列「本紀」，與《史記》成書後結構不同，可
知此時尚未定稿。

（2） 文中言「僕誠已著此書」，「誠」是果真，是假設之辭，[6]可

---

[6] 部分學者對此有爭議，然由《史記》中「誠」的用法來看，當以阮說爲是。《史
記·屈原賈生列傳》：「楚誠能絕齊，秦願獻商、於之地六百里」，又《史記·
封禪書》：「上曰：『文成食馬肝死耳。子誠能脩其方，我何愛乎！』」，可
知自戰國晚期至西漢，以「誠」爲假設之辭，乃當時人之習慣用法。

知此時全書尚未完成。

（3）　文中所言「惜其不成」，不單指李陵之事，同時也是〈報任
　　　　少卿書〉寫作時的情形。

阮文不僅對〈報〉書作意之理解深刻通透，文中疑義之處因之豁然
開朗，使後人於千載之下，讀〈報〉書而能感悟太史公之心，此乃
遠勝前人之處。所提三點，證據確鑿，立論清晰，令人信服。可知
《史記》成書在〈報任少卿書〉之後，應為定論無疑。

（三）〈報任少卿書〉應作於征和二年（**91 B.C.E.**）

　　那麼〈報任少卿書〉，又是作於何時呢？目前學術界關於〈報
任少卿書〉的成書年代，基本分為太始元年、太始四年和征和二年
三說。主張太始四年說（93 B.C.E.）者，最早為王國維，其後張鵬
一、鄭鶴聲、李長之、張大可等人從之。[7]主張征和二年（91 B.C.E.）
說者，最早為清人趙翼，清人包世臣、王鳴盛、沈欽韓、周壽昌等
從之，近代程金造、袁傳璋等人亦從之。[8]兩說各有理據，爭訟不絕。

---

[7]　太始四年（93B.C.E.）說，見（1）王國維，〈太史公行年考〉，收入氏著，《觀
　　堂集林》（台北：藝文印書館據民國十二（癸亥）年烏程蔣氏密韻樓本影印，
　　1956），卷十一；（2）張鵬一，《太史公年譜》（北京：北京圖書館出版社，
　　1999）；（3）鄭鶴聲，《司馬遷年譜》（上海：商務印書館，1956）；（4）
　　李長之，《司馬遷的人格與風格》（北京：三聯書店，1984），第六章「司馬
　　遷之體驗與創作（下）——史記各篇著作先後之可能的推測」；（5）張大可，
　　〈司馬遷生卒年考辨〉，見氏著，《史記研究》（蘭州：甘肅人民出版社，1985）。

[8]　征和二年（91B.C.E.）說，見（1）趙翼，《廿二史劄記》（台北：鼎文書局影
　　本，1975），卷一，「司馬遷作史年歲」條；（2）包世臣，《藝舟雙楫・複石
　　贛州書》（清咸豐元年〔1851〕白門倦遊閣刊本）；（3）王鳴盛，《十七史商

其後近代學者施丁，又提出「報書寫于太始元年（96B.C. E.）冬」之新說，[9] 然罕爲學者所接受。

對此，阮芝生〈司馬遷之心——〈報任少卿書〉析論〉一文，考察各家之說，以作者自述文字爲本，由史公出仕年數、武帝幸雍紀錄、「東從上來」之年、〈報〉書真正作意、「曩者辱賜書」與「闕然久不報」之意、任安任益州刺史年月等六點，進行綜合論證，認爲〈報〉書作於征和二年十一月，應是較爲可信的說法。

阮文考證詳實，立論謹嚴。其所提六點中，尤以第四點「東從上來」之年最爲關鍵。歷來學者爭議之焦點亦在此，惜文中於此並未提出堅定之論證（阮文認爲兩說於此皆可通，但征和二年更爲合理）。但隨著近年出土漢代文書的新發現，已可證明阮文結論正確，征和二年說實無誤也。

（四）「東從上來」係指「由西往東」，可證征和二年說無誤。

「東從上來」一詞，究竟何意？一般解爲「從武帝還」，[10] 學

權》，卷一，「子長遊蹤」條；（4）沈欽韓，《漢書疏證》（上海：上海古籍出版社據清光緒六年〔1880〕浙江官書局刻本影印，2006）；（5）周壽昌，《漢書注校補》（台北：藝文印書館據清光緒廣雅書局原刻本影印，1964）；（6）程金造，〈從報任安書商榷司馬遷的卒年〉及〈論王國維考定報任安書的時代與內容〉，見氏著，《史記管窺》（西安：陝西人民出版社，1985）；（7）袁傳璋，〈從任安的行迹考定報任安書的作年〉，收入氏著，《太史公生平著作考論》（合肥：安徽人民出版社，2005）。

9　施丁，〈太史公行年考〉，收入氏著，《司馬遷行年新考》（西安：陝西人民教育出版社，1995）。

10　《漢書・司馬遷傳》此句下，注引服虔曰：「從武帝還也」。

者皆無異議，但問題是其方向究竟是往東還是往西？持太始四年說者認為，「東從上來」指的是「由東往西」，即太始四年史公從武帝由東方的不其縣回西方的建章宮。[11]持征和二年說者則主張，「東從上來」指的是「由西往東」，即征和二年史公從武帝由西方的甘泉宮回東方的長安。[12]

爭議的關鍵在於，傳統文獻常見「某某東來」或「某某西來」之用法，卻罕見「東從某來」之用法。是故在發言者和對象位置不明的情形下，實難定論。為此，王國維認為應將「東從上來」改為「從上東來」，以符武帝太始四年由東（不其）向西（建章宮）之記載。但這種「改字解經」的方式，難為持征和二年說之學者所信服。

然而在考古出土文書中，可見戰國至西漢之常用語，或許可以幫助解答這個問題。1972 至 1974 年在湖南長沙馬王堆鄉，經考古發掘出土了三座漢墓，後研判為西漢文帝時軑侯利蒼及妻、子之墓。而在馬王堆三號漢墓中，出土了大量漢代帛書，其中的〈戰國縱橫家書〉有這樣的句子：

11　《漢書・武帝紀》：「（太始）四年春三月，行幸泰山，……。夏四月，幸不其，祠神人于交門宮，若有鄉坐拜者，作交門之歌。夏五月，還幸建章宮，大置酒，赦天下」。不其縣在今山東省境內，《漢書・武帝紀》顏注引如淳曰：「其音基。不其，山名，因以為縣。」，又引應劭曰：「東萊縣也」，皆在今山東省境內。建章宮則在長安之西，《史記・孝武本紀》注引《括地志》曰：「建章宮在雍州長安縣西二十里長安故城西」。

12　《漢書・武帝紀》：「（征和二年）夏，行幸甘泉」。甘泉宮在長安之西，《史記・孝文本紀》注引《括地志》曰：「雲陽也，秦之林光宮、漢之甘泉，在雍州雲陽西北八十里」。

> 此代馬、胡狗不東,綸(崙)山之玉不出,此三葆(寶)者,
> 或非王之有也。[13]

此段文字亦見於《史記·趙世家》,然「東」作「東下」:

> 代馬、胡犬不東下,昆山之玉不出,此三寶者亦非王有已。[14]

句下三家注引唐張守節《史記正義》曰:

> 西北代馬、胡犬不東入趙,沙州崑山之玉亦不出至趙矣。

「代」與「胡」皆在趙之西北,故所謂「東入」、「東下」,皆指「由西至東」而言。而對照帛書原文「代馬、胡狗不東」,可知「東」與「東入」、「東下」實爲同義。故當時用詞習慣,「東」字即代表「由西至東」之意,此語法後人已多不知。

故由當時之習慣語法來看,〈報〉書所謂「東從上來」,應指太史公「由西向東」跟從今上回來,這和征和二年武帝的行程是完全相符的。

(五)太史公之卒年實無可考

征和二年〈報〉書寫作時,《史記》尚未成書。而史公逝世前,《史記》確已成書。如此一來,《史記》成書的年代便可壓縮到征和二年十一月至史公逝世之間。那麼,太史公究竟逝世於何時呢?

太史公的卒年,歷來也是史家爭訟不絕的問題,主要上有太始

13　見馬王堆漢墓帛書整理小組編,《馬王堆漢墓帛書》(北京:文物出版社,1976)。

14　見《史記·趙世家》(北京:中華書局點校本,1959),頁1818。

四年說、[15]征和二年說、[16]武帝末年說、[17]昭帝初年說、[18]昭帝末年說[19]和昭宣之間說[20]共五種說法，基本上涵蓋了所有可能的年代。

　　而細考此五種說法，除了「武帝末年說」有王國維提出的《漢書・宣帝紀》記武帝後元二年時，郭穰已代太史公爲中書謁者令之根據外，其餘四說皆無直接證據，僅是推論而已。然王國維所提根據，亦爲袁傳璋〈太史公卒年考辨〉一文所推翻。[21]五說既皆無據，故太史公之卒年實無可考，征和二年〈報〉書完成後皆有可能。因此，本文時代上限只能定在西漢武帝征和二年（91 B.C.E.）十一月以後。

二、研究時間下限

　　本書研究的時間範圍，是以《漢書》成書爲下限。那麼《漢書》成書的確定年代究竟是何時呢？過去僅言《漢書》歷經班彪、班固、班昭、馬續四人而成，而少細究其成書年代。這裡先從《後漢書》

15　見郭沫若，〈太史公行年考有問題〉，《歷史研究》1955 年第 6 期；〈關於司馬遷之死〉，《歷史研究》1956 年第 4 期。

16　見袁傳璋，〈太史公卒年考辨〉，收入氏著，《太史公生平著作考論》。

17　見王國維，〈太史公行年考〉，其言「要之史公卒年雖未可驟知，然視爲與武帝相終始，當無大誤也」。該文收入氏著，《觀堂集林》，卷十一。

18　見王鳴盛，《十七史商榷》，卷一，「子長遊蹤」條。另程金造，〈司馬遷卒年之商榷〉力主此說，有詳細考證，該篇收入文史哲雜誌編輯部編，《司馬遷與史記》（北京：中華書局，1957）。

19　張鵬一《太史公年譜》列太史公之行事至昭帝元平元年（74B.C.E.）。

20　此說最早提出爲金代王若虛，見《滹南遺老集》（台北：藝文印書館，1966 據清光緒王灝輯刊本影印），卷十七，〈史記辨惑・疑誤辨〉。

21　見袁傳璋，〈太史公卒年考辨〉，收入氏著《太史公生平著作考論》。

的記載看起：

> 〈班彪列傳〉：「（班）固自永平中始受詔，潛精積思二十
> 餘年，至建初中**乃成**。」
> 〈列女傳〉：「兄固著《漢書》，其八〈表〉及〈天文志〉
> 未及竟而卒，和帝詔（班）昭就東觀臧書閣**踵而成之**。帝數
> 召入宮，令皇后諸貴人師事焉，號曰大家。每有貢獻異物，
> 輒詔大家作賦頌。及鄧太后臨朝，與聞政事。以出入之勤，
> 特封子成關內侯，官至齊相。時《漢書》始出，多未能通者，
> 同郡馬融伏於閣下，從昭受讀，後又詔融兄續**繼昭成之**。」
> 〈天文志〉：「孝明帝使班固敘《漢書》，而馬續述〈天文志〉。」

《後漢書》中，前後記載了三次《漢書》的「成書」。第一次是章
帝建初（76-83 C.E.）中，言《漢書》「乃成」。第二次是和帝（89-105
C.E.）時，言班昭「踵而成之」。第三次是殤帝至安帝，鄧太后臨
朝（106-121 C.E.）期間，言馬續「繼昭成之」。因此雖待馬續作〈天
文志〉後，《漢書》全書方終告完成，但言明帝、章帝、和帝時《漢
書》成書，應亦皆可通。

　　根據《後漢書・皇后紀上》，鄧太后臨朝的時間在殤帝延平元
年（106 C.E.）到安帝永寧二年（121 C.E.）之間。而根據《後漢書・
馬融傳》，馬融乃是在安帝永初四年（110 C.E.）任職東觀，後因上
奏忤鄧氏，十年不得調，其後至安帝元初六年（119 C.E.），方因兄
子喪自劾歸。馬融受讀《漢書》多年，此時如仍任職東觀，詔續《漢
書》不讓他參加是不合理的。因此，《漢書》成書的年份最有可能
是在馬融離開東觀之後，而鄧太后仍臨朝之時，也就是安帝元初六
年（119 C.E.）後到安帝永寧二年（121 C.E.）間。因此，本書所論

雖以班固爲主，但仍取安帝永寧二年（121 C.E.），作爲全書的研究
時代下限。

三、關鍵名詞的界定

對於本書所使用的某些關鍵名詞，對了避免混淆，必須在此先
進行意義上的界定：

（一）《太史公》、《太史公》書、《太史公書》、《太史公記》及《史記》

後世所通稱之《史記》，並非太史公著作之原名。對於《史記》
原名，學界歷來爭議不絕。

本書採用錢穆及阮芝生之說，[22]據錢穆〈太史公考釋〉一文考
證《史記》原名應爲《太史公》，而非《太史公書》：

> （楊）惲始讀外祖《太史公記》，頗為《春秋》，以材能稱。
> 《史記・龜策列傳》褚先生曰：「臣以通經術、受業博士、
> 幸得宿衛，竊好《太史公傳》。」《後漢書・東平王傳》：
> 「王上疏求諸子及《太史公書》。」此或稱「太史公記」，
> 或稱「太史公傳」，或稱「太史公書」，皆非正稱。「太史
> 公書」者，猶云諸子書，孟子、老子書。若正名以稱，則應

---

[22] 《史記》原名爲《太史公》，而非《太史公書》。錢穆〈太史公考釋〉一文首
倡此說，收入氏著，《中國學術思想史論叢（三）》（台北：東大圖書公司，
1976），頁 22-34；阮芝生，〈司馬遷之心──〈報任少卿書〉析論〉力證此說，
其說可從，見《臺大歷史學報》26 期。

> 曰《孟子》、《老子》、《太史公》，不得加書字。至曰記
> 曰傳，則舉一偏以概，更非其書之本稱。《後漢書‧范升傳》，
> 時難者以《太史公》多引《春秋》，升又上《太史公》違戾
> 五經謬孔子言，此始為其書之正稱矣。

而阮芝生〈司馬遷之心——〈報任少卿書〉析論〉一文，又據《漢
書‧藝文志》及《史記》中褚補文字，力證錢說為是。

事實上還有一個證據，可證錢、阮之說無誤。班固在《漢書‧
宣元六王傳》，述成帝時東平思王求書事曰：

> 後年來朝，上疏求諸子及太史公書。[23]

此處似以「太史公書」為《史記》之全名，然《漢書‧敘傳》中，
班固又述此事曰：

> 時書不布，自東平思王以叔父求太史公、諸子書，大將軍白
> 不許。語在〈東平王傳〉。[24]

前後比較，「太史公」後之「書」字可加可不加，其非原書名之一部
分可知。故《史記》原名當如《漢書‧藝文志》所載之《太史公》
為正稱，但在可能與人稱之「太史公」混淆時，可稱《太史公》書
以別之。[25]

然而在《太史公》流傳的過程中，《太史公書》、《太史公記》、

---

23 《漢書》，卷八十，〈宣元六王傳第五十〉，頁3324。
24 《漢書》，卷一百上，〈敘傳第七十上〉，頁4202。
25 《漢書‧藝文志》：「《太史公》百三十篇，十篇有錄無書。」見《漢書》，
卷三十，〈藝文志第十〉，頁1714。

《史記》等名稱多為人所使用。因此為了研究上的需要，本書將視不同時間背景，分別使用這幾個名稱。但不論哪一個名稱，都是指太史公所著百三十篇《史記》一書。為免混淆，特別在此作一說明。

（二）「今」、「當世」、「當代」

此外，本書中所使用的「今」、「當世」、「當代」等名詞，其意義皆指史書作者親歷親見之時代而言。

蓋董仲舒在《春秋繁露·楚莊王》，曾解釋《春秋》有所見世、所聞世、所傳聞之世，其云：

> 《春秋》分十二世以為三等：有見、有聞、有傳聞。有見三世，有聞四世，有傳聞五世。故哀、定、昭，君子之所見也，襄、成、文、宣，君子之所聞也，僖、閔、莊、桓、隱，君子之所傳聞也。[26]

蓋孔子《春秋》終於魯哀公十四年春西狩獲麟，而昭、定、哀公三世，皆為孔子所親歷親見之世，亦即孔子之「當世」。如果用今天的常用語，昭、定、哀公三世之史，便是孔子所寫之「當代」史。除了「當世」和「當代」外，《史記》中也常用「今」一詞，來代表太史公所見之世。例如書中所言「今上」，即指漢武帝而言。

因此本書中所謂「當代史」，並不依朝代劃分，所指乃史書主要內容之時間斷限，下及作者親歷親見之時代。為免爭議，特別在此作一定義。

---

[26]　（漢）董仲舒撰，（清）蘇輿義證，《春秋繁露義證》（北京：中華書局點校本，1992），卷一。

第二節　研究文獻回顧

　　從過去與本書相關的研究論著來看，前人主要有兩種不同的取徑，分述如下：

一、對於兩漢之際史學史的研究

　　對於兩漢之際史學史的研究，大致可分爲三期：

（一）20 世紀初至 80 年代

　　在二十世紀初，梁啓超雖然首先提出了「中國史學史」的概念，但此時的中國史學史仍屬於草創階段。如果不把概論性的史學專著[27]以及上課講義[28]計算在內，直至 1941 年才有第一部由魏應麒撰寫的中國史學史專著出版。[29]此後中國史學史進入了興盛時期，大量專著問世。

　　但直至 80 年代末爲止，所出版的中國史學史專著，如魏應麒《中國史學史》（1941）、王玉璋《中國史學史概論》（1942）、董允輝《中國史學史初稿》（1945）、金毓黻《中國史學史》（1946）、

---

[27]　如橫陽翼天氏（曾鯤化）編，《中國歷史》（東京：東新譯社，1903）、曹佐熙，《史學通論》（湖南：中路師範學堂印本，1909），皆在敘論中略有提及中國史學之發展史。

[28]　如衛聚賢在暨南大學、陸懋德在北平師範大學及蒙文通在四川大學，於 20 世紀 30 至 40 年代皆開授中國史學史之相關課程，並有相關講義鉛印本。詳見牛潤珍，〈20 世紀中國史學史著作述評〉，《中國研究動態》2001 年第 8 期。

[29]　魏應麒，《中國史學史》（長沙：商務印書館，1941）。

日人貝塚茂樹《中国古代史学の發展》（1949）、李宗侗《中國史學史》（1953）、日人內藤虎次郎《支那史學史》（1953）、張孟倫《中國史學史》（1983）、倉修良、魏得良《中國古代史學史簡編》（1983）、日人增井經夫《中國の歷史書：中國史學史》（1984）、劉節《中國史學史稿》（1985）、尹達《中國史學發展史》（1985）、高國抗《中國古代史學概要》（1985）白壽彝《中國史學史》（1986）、施丁《中國史學簡史》（1987）陶懋炳《中國古代史學史略》（1987）、鄒賢俊《中國古代史學史綱》（1989）等著作，在談漢代史學時，基本都是以《史記》、《漢書》爲主，而罕論及兩漢之際之史學發展。

縱有部分學者注意到這個問題，但所論亦篇幅寥寥。如金毓黻《中國史學史》第三章「司馬遷與班固的史學」，僅以三段文字略爲羅列史記缺篇、褚少孫、班彪等相關記載，篇幅不到兩頁。惟白壽彝〈劉向與班固〉一文，[30]談及兩漢之際史學問題，但皆以論述史學家之生平爲主，對於許多關鍵性的問題，基本沒有解決。總的來說，此時期的中國史學史研究，是較爲忽視兩漢之際史學發展的問題的。

（二）20 世紀 90 年代至 20 世紀末

在上個世紀 90 年代始，開始有台灣地區的學者論及兩漢之際史學發展的問題，如雷家驥《中古史學觀念史》（1990）之第四章第二節「馬班之間實證論的肯定與實錄史學的確定」，及杜維運《中

---

[30] 白壽彝，〈劉向與班固〉，收入氏著，《中國史學史論集》（北京：中華書局，1999）。該書收集白氏 1946 至 1993 年論文 36 篇，惟各篇不標示發表年份，故姑列此篇於第一時期。

國史學史》（1997）之第六章第二節「西漢後期的經學與史學」，
都以專節討論這段時期史學發展情況。

　　但總的來說，此時期對兩漢之際史學發展的研究仍存在兩個不
足之處：

1. 雷、杜二書雖開始注意這個問題，但並未引起其它學者的迴響。
   此時期之其它著作，如潘德深《中國史學史》（1994）、宋衍
   申《中國史學史綱要》（1996）、吳懷祺《中國史學思想史》
   （1996）、李炳泉、邱富生《中國史學史綱》（1997）、王樹
   民《中國史學史綱要》（1997）、瞿林東《中國史學史綱》（1999）
   等，仍延續第一期以《史記》、《漢書》為主的觀點，基本上
   極少談及兩漢之際史學的問題。

2. 雷、杜二書雖以專節論此，但其研究方法偏重對個別史家的研
   究。如雷家驥《中古史學觀念史》該節，超過一半的篇幅是談
   論班彪；而杜維運《中國史學史》，則重點在劉向。對此時期
   其餘的史家和史學發展，基本都以羅列史料為主，缺乏全面而
   深入的研究。

（三）21 世紀初迄今

　　至本世紀開始，越來越多的學者對此時期有專章或專文的討
論，研究範圍也愈為擴大。如許殿才《中國史學史第二卷》（2006），[31]
在書中的第五章「兩漢之際的史家與史學」，開始以專章論及兩漢
之際的史學發展。台灣地區朱浩毅《漢莽諸子與《太史公書》》

31　許殿才，《中國史學史第二卷》（上海：上海人民出版社，2006）。

（2002），[32]則是開始以此專題進行研究的碩士論文。可以說兩漢之際史學發展的主題，越來越受兩岸史學史學者的關注。但此時期的研究，仍存在量和質兩方面的不足。[33]

許殿才《中國史學史第二卷》，雖專章討論褚少孫、揚雄、劉向、劉歆、班彪等多名史家及其史學，但篇幅亦僅有 20 頁。相對於此專題的應有份量來說，是不足以開展深入研究的。

而朱浩毅《漢莽諸子與《太史公書》》，全書以劉向、揚雄、班彪三人對《太史公書》的評論爲研究主題，進行較爲細緻的探討。份量雖遠較前書爲多，但其討論兩漢之際史學發展，僅單從學術思想一方面立論，而忽略了兩漢政治方面的影響，這是十分可惜的。

二、對於《史記》、《漢書》的相關研究

《史記》、《漢書》是世界名著，中外學者研究發表之著述甚多。大陸方面，僅 1949-1988 年四十年間，就有專著 31 種，論文 469 篇（施丁，1989），在中國史學史研究七大熱點中排名首位；臺港研究，自 1970 年迄今，總數亦超過 700（電腦檢索）；日本方面的專著與論文，至 1995 年爲止則約略爲 400（藤田勝久，1995）。相較之下，近人對《漢書》的研究則實待加強。學者統計 1949-1988 年上半年大陸地區的《史》、《漢》研究論文，分別爲 357：75，

---

[32] 朱浩毅，《漢莽諸子與《太史公書》》（台北：中國文化大學史學研究所碩士論文，2002）。

[33] 如杜永梅，《兩漢之際的史學》（內蒙古大學歷史學研究所碩士論文，2004）一書，書中欲全面討論兩漢之際的史學與史家，但全書包括參考文獻僅 39 頁，研究質量均嚴重不足。

恰爲五與一之比。而以「中國期刊全文數據庫」進行關鍵詞搜索，1915-2008 年 2 月大陸地區的《史》、《漢》研究論文，分別爲 13528：9075，比例雖拉近到 1.5 比 1，但亦可見相較《史記》之普獲重視，對《漢書》的研究則仍爲不足。

專著論文雖多，但重點各有不同，與本書有關的論著，大致可分爲以下幾方面：

（一）《史記》的殘缺與補續問題：

此問題自三家注以來，前人考辨極多，如呂祖謙《東萊呂太史別集》、柯維騏《史記考要》、趙翼《廿二史劄記》、王鳴盛《十七史商榷》、梁玉繩《史記志疑》、劉咸炘《四史知意》等。但說法雖多，皆未能提出令人信服的證據。因此民初余嘉錫專針對此問題，作〈太史公書亡篇考〉長文，企圖對《史記》亡篇問題，作一全盤整理，以求定論。其用力之深，取材之全，可說是前無古人。但余氏過度信從張晏之說，比附牽強之處甚多，因此後人亦未信服其說。近代學者如曲穎生（《史記》八書存亡真僞疏辨，1954）、施之勉（《史記》闕書補書考，1976）、張大可（《史記》殘缺與補竄考辨，1982）等仍不斷推出新說，惟證據似皆嫌薄弱。其中雖亦有論證確實、考據精當的論文出現，如阮芝生〈再論禮樂二書之真僞〉（見〈貨殖與禮義——《史記·貨殖列傳》析論〉附論二，1996），可惜只限於〈禮〉、〈樂〉二書之討論，未能擴及《史記》全書。

而在近年專力於此問題者則有易平，其前後著有〈劉向班固所見《太史公書》考〉（1995）、〈楊惲與「太史公書」〉（1996）、

〈史記平原君虞卿列傳匈奴列傳篇次考訂〉（1997）、〈張晏《史記》亡篇之說新檢討〉（1999）、〈褚少孫補史新考〉（2000）等一系列文章，針對《史記》成書之後的殘缺與補續情形，作全面而系統的考證工作，但其說有許多重要論點仍尚待釐清。

因此，關於《史記》的殘缺與補續問題，近代雖有突破，但至今學者仍尚未建立共識，本書即希望對此問題再作一全面整理。

（二）關於漢代朝廷與民間對《史記》、《漢書》的態度問題：

目前已知之相關論著極少，主要有陳直〈漢晉人對史記的傳播及其評價〉（1957）一文。此文將漢晉史料中有關史記的材料，如傳播《太史公書》之始、續補《太史公書》之始，引用《史記》文字之始等加以匯集，對《史記》研究者幫助極大。惜多為條列材料，未能進一步加以論證，對《漢書》這方面的相關研究亦少。本書亦希望能在此基礎上，對相關問題作一更完整深入的認識。

（三）《史記》與《漢書》的比較研究

《史》、《漢》比較及馬班異同，乃是自漢代以來《史記》與《漢書》研究上的一大熱門課題，兩千年聚訟不絕。歷代學者之專著、散論、筆記與此相關者數以百計，較重要者如晉人傅玄、張輔、唐人劉知幾、宋人蘇洵、鄭樵、呂祖謙、王若虛、朱熹、陳傅良、葉適、洪邁、魏了翁、黃履翁、楊萬里、明人王鏊、茅坤、胡應麟、焦竑、黃淳耀、凌約言、凌稚隆、清人錢謙益、顧炎武、蔣中和、徐乾學、沈德潛、傅起龍、朱仕秀、邱逢年、熊士鵬、汪之昌、全祖望、牛運震、王鳴盛、趙翼、章學誠、陸繼輅、王筠、沈家本等不可勝數。

以系統性比較的專著來說，宋人倪思、劉辰翁《班馬異同評》、明人許相卿《史漢方駕》爲《史》、《漢》比較濫觴之作。近代以來如吳福助《史漢關係》（1975）、施丁《馬班異同三論》（1982）、[34]徐朔方《史漢論稿》（1984）、朴宰雨《「史記」「漢書」比較研究》（1987）等等，都是其中較全面且具代表性的著作。而徐復觀〈史漢比較研究之一例〉一文，[35]雖爲論文而非專書，但內容精闢，值得參考。

然而這些著作的共同點，不論是做文字、體例、風格、思想之比較異同，其方法多以橫向的著作內容或作者生平比較爲主。因而，它們都缺乏縱向的歷史脈絡演變的考察。

因此就以上論著來看，幾乎不見學者由政治與學術互動的角度，詳細討論《史》、《漢》之間二百餘年所發生的變化，以及這些變化對史學的影響。本書所期望加以著墨塡補的，正是這段空白之處。

第三節　研究目的、方法與全文結構

本書的研究目的，在於希望以《史記》到《漢書》的轉折過程爲中心，藉此對兩漢之際史學和政治的互動情形，作一全面而詳細

---

[34] 此篇實爲單篇論文，收入施丁，《司馬遷研究新論》（鄭州：河南人民出版社，1982）一書中。但全文長達 12 萬字，且觀點具有重要性，非一般期刊論文可比，故此以專著視之。

[35] 收入徐復觀，《兩漢思想史》（台北：台灣學生，1979），卷三。

的探討，進而闡明其在中國史學發展上之歷史意義。並期望此一研究，可以對傳統史學形成與演變之大關鍵，進行更深入的瞭解，並為學者考較《史》、《漢》異同闢一新途。

基於這樣的想法，本書的內容將在兩根軸線上展開。此研究的第一主軸，是探討兩漢之際政治對史學的影響，其具體體現為漢室的態度，對《史記》傳播、《漢書》形成及其間史學發展有何影響？此研究的第二主軸，則是觀察兩漢之際史學因政治影響產生了哪些變化？這些變化又如何塑造以正史為代表的傳統史學？第一根主軸是政治的向度，第二根主軸是學術的向度，本書即是循著政治與學術的交織關係而展開。

本書的第一章，將先做研究範圍與概念的界定。其後並進行相關研究文獻的回顧，由於相關文獻數量龐大，[36]本章中僅就具有代表性的重要論著做一概述。其他相關論文及著作，則將以隨文注出的方式在後文出現。而在第一章的最後，將對本書之研究目的、方法與全文結構再作一提要。

討論兩漢政治對史學的影響，必須先由《史記》在西漢的時代意義開始談起。本書的第二章，將以《史記》對古代史學及孔子《春秋》兩方面的繼承，分別加以論述。並以《史記》中的漢武帝為例，說明《史記》為何會對西漢的統治造成挑戰與衝擊？

政治受到以《史記》開端的新史學的挑戰，統治者必須構思政

---

[36] 以「中國期刊全文數據庫」進行《史記》關鍵詞搜索，僅 1915-2008 年 2 月大陸地區的《史記》研究論文，即達 13,528 篇之多。

策加以回應。本書的第三、四兩章，將就朝廷對待《史記》的政策，及當時學者的反應而言，分為四個時期的變化加以考述：即西漢的抑禁與傳抄時期、公布與刪削時期、補續與襃揚時期，以及東漢的論罪與取代時期。以明此四階段中史學與政治的互動，對《史記》、《漢書》及後世中國史學有何影響？

而隨著兩漢之際《史記》的傳播，史家也有著不同的反應。本書的第五章，將就兩漢之際諸子對《史記》的評價、補續《史記》諸家、史學新著作的出現等三方面，作一綜合討論。

在瞭解兩漢之際《史記》到《漢書》的發展過程後，本書的第六章將依此認識出發，重新探討《史記》和《漢書》的轉變問題，及其對於中國傳統史學產生了什麼樣的影響？其歷史意義何在？

本書的第七章則是結論。將綜合上述的研究，嘗試歸納出從《史記》到《漢書》在兩漢之際的轉折過程，並探討此種轉折之歷史意義。

第二章
《史記》對漢代政治的挑戰

在〈報任少卿書〉中，太史公曾自述其作《史記》之目的和決心：

> 僕竊不遜，近自託於無能之辭，網羅天下放失舊聞，考之行事，稽其成敗興壞之理，凡百三十篇，亦欲以究天人之際，通古今之變，成一家之言。……僕誠已著此書，藏之名山，傳之其人通邑大都，則僕償前辱之責，雖萬被戮，豈有悔哉！[1]

細讀這段自述，不免會發生這樣的疑問：寫作一部「網羅天下放失舊聞，考之行事，稽其成敗興壞之理」，欲以「究天人之際，通古今之變，成一家之言」的史學著作，為什麼會讓史公產生「雖萬被戮」的心理準備呢？

要清楚的瞭解這個問題，就必須從《史記》的出現對漢代政治所產生之衝擊和挑戰開始談起，這是日後《史記》在兩漢之際種種

---

[1] 　見《漢書》，卷六十二，〈司馬遷傳第三十二〉，頁 2735。本書為求統一，所標明之《史記》、《漢書》、《後漢書》出處及頁數，皆出自北京中華書局點校本。以下除特別說明外，皆用此本。

際遇的根源所在，更是從《史記》到《漢書》轉折過程的開端。本章所欲述明者，即在於此。

第一節　「弗廢史文」——史學的中衰與復興

要瞭解《史記》對漢代的衝擊和挑戰，必須先從秦以來中國史學的中衰開始談起。

太史公為何作《史記》？據《史記・太史公自序》所說，乃是因其父太史公司馬談（以下簡稱「太史公談」）之臨終託付。《史記・太史公自序》曰：

> 是歲天子始建漢家之封，而太史公留滯周南，不得與從事，故發憤且卒。而子遷適使反，見父於河洛之閒。太史公執遷手而泣曰：「余先周室之太史也。自上世嘗顯功名於虞夏，典天官事。後世中衰，絕於予乎？汝復為太史，則續吾祖矣。今天子接千歲之統，封泰山，而余不得從行，是命也夫，命也夫！余死，汝必為太史；為太史，無忘吾所欲論著矣。且夫孝始於事親，中於事君，終於立身。揚名於後世，以顯父母，此孝之大者。夫天下稱誦周公，言其能論歌文武之德，宣周邵之風，達太王王季之思慮，爰及公劉，以尊后稷也。幽厲之後，王道缺，禮樂衰，孔子脩舊起廢，論《詩》、《書》，作《春秋》，則學者至今則之。**自獲麟以來四百有餘歲，而諸侯相兼，史記放絕。**今漢興，海內一統，明主賢君忠臣死義之士，**余為太史而弗論載，廢天下之史文，余甚懼焉，汝**

其念哉！」遷俯首流涕曰：「小子不敏，請悉論先人所次舊
聞，弗敢闕。」[2]

在上面的這段文字中，太史公談很清楚的說明，他要兒子完成《史
記》，是因爲春秋以來「諸侯相兼，史記放絕」，[3]是來自於「廢天
下之史文」的恐懼。這種恐懼縈繞其心中，至其發憤將逝，未有一
時得歇。

　　然而，太史公談這種深切的恐懼究竟從何而來？過去學者則罕
論及此。蓋漢之前爲秦，據《史記》的記載，秦代對於史學的態度
是這樣的：

> 秦既得意，燒天下詩書，諸侯史記尤甚，爲其有所刺譏也。
> 詩書所以復見者，多藏人家，而史記獨藏周室，以故滅。惜
> 哉，惜哉！獨有《秦記》，又不載日月，其文略不具。[4]
> 丞相李斯曰：「……今諸生不師今而學古，以非當世，惑亂
> 黔首。……臣請史官非《秦記》皆燒之，……以古非今者
> 族。」[5]

是故在秦朝的制度裡，除了官定的《秦記》外，是要滅絕一切史籍
的。更詳細的說，其禁令包括兩方面：一是對歷史著作本身的消滅
（非《秦記》皆燒之），二是對著作者人身的消滅（以古非今者族）。

2　　見《史記》，卷一百三十，〈太史公自序第七十〉，頁3295。
3　　「史記」一詞，有廣狹二義。廣義乃史書之通稱，如此處之「諸侯相兼，史記
　　放絕」即是。狹義乃指太史公百三十篇之書，爲其著作之專稱。凡本書未標書
　　名號者，即指通稱而言；標示書名號者，即指專稱而言。
4　　見《史記》，卷十五，〈六國年表第三〉，頁686。
5　　見《史記》，卷六，〈秦始皇本紀第六〉，頁255。

　　而官定的《秦記》，又是怎樣的史書呢？今本《史記·秦始皇本紀》後，附有後人考證乃是據《秦記》文字者，[6]可以略窺其內容：

　　襄公立，享國十二年。初為西畤。葬西垂。生文公。

　　文公立，居西垂宮。五十年死，葬西垂。生靜公。

　　靜公不享國而死。生憲公。

　　憲公享國十二年，居西新邑。死，葬衙。生武公、德公、出子。

　　出子享國六年，居西陵。庶長弗忌、威累、參父三人，率賊賊出子鄗衍，葬衙。武公立。

　　武公享國二十年。居平陽封宮。葬宣陽聚東南。三庶長伏其罪。德公立。

　　德公享國二年。居雍大鄭宮。生宣公、成公、繆公。葬陽。初伏，以御蠱。

　　宣公享國十二年。居陽宮。葬陽。初志閏月。

　　成公享國四年，居雍之宮。葬陽。齊伐山戎、孤竹。

　　繆公享國三十九年。天子致霸。葬雍。繆公學著人。生康公。

　　康公享國十二年。居雍高寢。葬竘社。生共公。

　　共公享國五年，居雍高寢。葬康公南。生桓公。

　　桓公享國二十七年。居雍太寢。葬義里丘北。生景公。

　　景公享國四十年。居雍高寢，葬丘里南。生畢公。

　　畢公享國三十六年。葬車里北。生夷公。

　　夷公不享國。死，葬左宮。生惠公。

---

[6]　《史記·秦始皇本紀》注引《索隱》曰「此已下重序列秦之先君立年及葬處，皆當據《秦紀》為說」，見《史記》，卷六，〈秦始皇本紀第六〉，頁285。

惠公享國十年。葬車里(康景)。生悼公。

悼公享國十五年。葬僖公西。城雍。生剌龔公。

剌龔公享國三十四年。葬入里。生躁公、懷公。其十年，彗星見。

躁公享國十四年。居受寢。葬悼公南。其元年，彗星見。

懷公從晉來。享國四年。葬櫟圉氏。生靈公。諸臣圍懷公，懷公自殺。

肅靈公，昭子子也。居涇陽。享國十年。葬悼公西。生簡公。

簡公從晉來。享國十五年。葬僖公西。生惠公。其七年。百姓初帶劍。

惠公享國十三年。葬陵圉。生出公。

出公享國二年。出公自殺，葬雍。

獻公享國二十三年。葬囂圉。生孝公。

孝公享國二十四年。葬弟圉。生惠文王。其十三年，始都咸陽。

惠文王享國二十七年。葬公陵。生悼武王。

悼武王享國四年，葬永陵。

昭襄王享國五十六年。葬芷陽。生孝文王。

孝文王享國一年。葬壽陵。生莊襄王。

莊襄王享國三年。葬芷陽。生始皇帝。呂不韋相。

獻公立七年，初行為市。十年，為戶籍相伍。

孝公立十六年。時桃李冬華。

惠文王生十九年而立。立二年，初行錢。有新生嬰兒曰「秦且王」。

悼武王生十九年而立。立三年，渭水赤三日。

昭襄王生十九年而立。立四年，初為田開阡陌。

孝文王生五十三年而立。

莊襄王生三十二年而立。立二年，取太原地。莊襄王元年，大赦，脩先王功臣，施德厚骨肉，布惠於民。東周與諸侯謀秦，秦使相國不韋誅之，盡入其國。秦不絕其祀，以陽人地賜周君，奉其祭祀。

始皇享國三十七年。葬酈邑。生二世皇帝。始皇生十三年而立。

二世皇帝享國三年。葬宜春。趙高為丞相安武侯。二世生十二年而立。

右秦襄公至二世，六百一十歲。

觀《秦記》之大要，以記王世為主，其內容不外乎王號、享國年數、居寢、後嗣及極少數的記事。可知《史記》所言《秦記》「不載日月，其文略不具」，絕非虛言。

與東方六國之傳統史書相較，這種史書形式無疑極為簡略，在此茲舉《春秋》、《左氏春秋》為例：

（1）《春秋·宣公二年》（607 B.C.E.）：

二年，春，王二月，壬子。宋華元帥師，及鄭公子歸生帥師，戰于大棘，宋師敗績，獲宋華元。[7]

（2）《左氏春秋·宣公二年》（607 B.C.E.）：

二年，春。鄭公子歸生受命于楚，伐宋，宋華元、樂呂御之。二月壬子，戰于大棘，宋師敗績，囚華元，獲樂呂，及甲車

7　見《左傳·宣公二年》經文。

四百六十乘，俘二百五十人，馘百人。狂狡輅鄭人，鄭人入
于井，倒戟而出之，獲狂狡。

君子曰：失禮違命，宜其為禽也。戎昭果毅以聽之，之謂禮。
殺敵為果，致果為毅，易之戮也。將戰，華元殺羊食士，其
御羊斟不與。及戰，曰：「疇昔之羊，子為政。今日之事，
我為政」。與入鄭師，故敗。君子謂羊斟非人也，以其私憾，
敗國殄民，於是刑孰大焉。《詩》所謂人之無良者，其羊斟之謂乎，
殘民以逞。[8]

此兩書之年代，皆在《秦記》之前。《春秋》乃孔子修訂魯史而來，
內容雖有增刪，但亦可一窺魯國傳統官修史書之風格。其內容逐年
而記，月日詳備，史事完整，是比秦史更爲發達的史學形式。而《左
氏春秋》記述史事更爲詳盡，並已出現長篇之史評。三者相較，秦
人以《秦記》作爲其國史的主要形式，而取代了記載月日事件詳備
的魯《春秋》等史書，這在中國史學的發展上，無疑是一種倒退。

　　而秦人這樣的記史方式，不獨見於傳世文獻，在考古出土文書
中也可得到例證，如 1975 年發現的湖北雲夢睡虎地第 11 號秦墓出
土的《編年紀》。[9]爲免斷章取義之嫌，茲敘其全文如下：

昭王元年。

二年，攻皮氏。

三年。

四年，攻封陵。

8　　見《左傳・宣公二年》傳文。

9　　見睡虎地秦墓竹簡整理小組編，《睡虎地秦墓竹簡》（北京：文物出版社，1990）。

五年，歸蒲反。

六年，攻新城。

七年，新城陷。

八年，新城歸。

九年，攻析。

十年。

十一年。

十二年。

十三年，攻伊闕。

十四年，伊闕。

十五年，攻魏。

十六年，攻宛。

十七年，攻垣、枳。

十八年，攻蒲反。

十九年。

廿年，攻安邑。

廿一年，攻夏山。

廿二年。

廿三年。

廿四年，攻林。

廿五年，攻茲氏。

廿六年，攻離石。

廿七年，攻鄧。

廿八年，攻□。

廿九年，攻安陸。

卅年，攻□□山。

卅一年，□。

卅二年，攻啟封。

卅三年，攻蔡、中陽。

卅四年，攻華陽。

卅五年。

卅六年。

卅七年，□寇剛。

卅八年，關興。

卅九年，攻懷。

卌年

卌一年，攻邢丘。

卌二年，攻少曲。

卌三年。

卌四年，攻大（太）行，‧□攻。

卌五年，攻大野王。十二月甲午雞鳴時，喜產。

卌六年，攻□亭。

卌七年，攻長平。十一月，敢產。

卌八年，攻武安。

卌九年，□□□。

五十年，攻邯鄲。

五十一年，攻陽城。

五十二年，王稽、張祿死。

五十三年，吏誰從軍。

五十四年。

五十五年。

五十六年,後九月,昭死。正月,速產。

孝文王元年,立即死。

莊王元年。

莊王二年。

莊王三年,莊王死。

今元年,喜傅。

二年。

三年,卷軍。八月,喜揄史。

四年,□軍。十一月,喜□安陸□史。

五年

六年,四月,為安陸令史。

七年,正月甲寅,鄢令史。

八年

九年

十年

十一年,十一月,獲產。

十二年,四月癸醜,喜治獄鄢。

十三年,從軍。

十四年。

十五年,從平陽軍。

十六年,七月丁巳,公終。自占年。

十七年,攻韓。

十八年,攻趙。正月,恢生。

十九年,□□□□南郡備警。

廿年，七月甲寅，嫗終。韓王居□山。

廿一年，韓王死。昌平君居其處，有死□屬。

廿二年，攻魏梁。

廿三年，興，攻荊，□□守陽□死。四月，昌文君死。

廿四年，□□□王□□。

廿五年。

廿六年。

廿七年，八月己亥廷食時，產穿耳。

廿八年，今過安陸。

廿九年。

卅年。

　　湖北雲夢睡虎地第 11 號墓，為戰國晚期至秦始皇時期墓。共出土秦簡 1155 枚，可大略分為 10 種文書，其中即包括了《編年紀》。《編年紀》共 53 簡，出土位置在墓主頭部下方，簡長 23.2 厘米，寬 0.6 厘米，屬於一般文書的形制。簡文分上、下兩欄書寫，逐年記載秦昭王元年（306 B.C.E.）至秦始皇三十年（217 B.C.E.）秦滅六國之戰其間大事及墓主人喜的生平經歷等。

　　而細觀《編年紀》之內容，不過年月、王世、戰爭、大臣死，及喜家族成員之出生、為官等極簡約之記事，這和《秦記》之風格是一致的。由於墓主人喜的身份，為秦國治下縣吏，因此其《編年紀》的格式，應是參考官方史書而來。由此可知，這種簡略的記史方式，便是秦代所通行的「史書」形式，更可看出秦人忽視史學的心態。

　　秦亡之後，這種史學衰退的情況是否獲得改善呢？從西漢初年的情形來看，答案是否定的。因爲漢承秦制，結果連這種忽視史學傳統的心態也一併被繼承。這清楚的體現在兩個方面，一爲漢無先秦修史之官，一爲漢無先秦官修之史。

一、漢無先秦修史之官

　　蓋漢代雖有太史令，然其職司並非記史修史，而是掌天文曆數災異之官。如《史記・太史公自序》：

> 太史公既掌天官，不治民。[10]

《漢書・百官公卿表》記太史令爲「掌宗朝禮儀」之奉常（太常）屬官，《後漢書・百官志》更對漢代太史令之職掌內容有完整之記載：

> 太史令一人，六百石。
> 本注曰：掌天時、星曆。凡歲將終，奏新年曆。凡國祭祀、喪、娶之事，掌奏良日及時節禁忌。凡國有瑞應、災異，掌記之。
> 丞一人。明堂及靈台丞一人，二百石。
> 本注曰：二丞，掌守明堂、靈台。靈台掌候日月星氣，皆屬太史。[11]

故由西漢至東漢，太史令之職掌從未有修史一事，僅掌天時、星曆，

10　見《史記》，卷一百三十，〈太史公自序第七十〉，頁3293。
11　見《後漢書》，卷三十五，〈百官志第二十五〉，頁3572。

記國之瑞應、災異而已。證諸史傳所記兩漢太史令事蹟，亦是如此。
如《漢書・律曆志》：

> 至武帝元封七年，漢興百二歲矣，大中大夫公孫卿、壺遂、
> 太史令司馬遷等言「曆紀壞廢，宜改正朔」。……後二十七年，
> 元鳳三年，太史令張壽王上書言：「曆者天地之大紀，上帝所
> 為。傳黃帝調律曆，漢元年以來用之。今陰陽不調，宜更曆之過
> 也。」[12]

《漢書・公孫弘卜式兒寬傳》：

> 後太史令司馬遷等言：「曆紀壞廢，漢興未改正朔，宜可正。」
> 上乃詔寬與遷等共定漢太初曆。[13]

《漢書・王莽傳》：

> 故左將軍公孫祿徵來與議，祿曰：「太史令宗宣典星曆，候氣
> 變，以凶為吉，亂天文，誤朝廷……。」[14]

《後漢書・張衡列傳》：

> 衡善機巧，尤致思於天文、陰陽、曆算。常耽好玄經，……
> 安帝雅聞衡善術學，公車特徵拜郎中，再遷為太史令。遂乃
> 研覈陰陽，妙盡琁機之正，作渾天儀，著靈憲、筭罔論，言
> 甚詳明。

---

[12] 見《漢書》，卷二十一上，〈律曆志第一上〉，頁974。

[13] 見《漢書》，卷五十八，〈公孫弘卜式兒寬傳第二十八上〉，頁2633。

[14] 見《漢書》，卷九十九下，〈王莽傳第六十九下〉，頁4170。

從這些記載可以清楚看出，兩漢太史令乃是天官，而非後世認知上的史官，這應是上承秦制的結果。這也正是爲何在《漢書·藝文志》中，「太史令尹咸」負責校對的部分是「數術」，而非史書的原因。[15]

　　近代學者如李紀祥，也注意到這一點。其在〈《太史公書》由「子」之「史」考〉一文，舉周代太史情形爲證云：

> 周代之「太史」，據今人張辛〈說左史、右史〉一文之所考，實即主掌天事、天象、曆法等職之史官，常居王之右；與居王之左，掌記人事、冊命之「內史」不同；分別為兩種來源不同的史官系統。因此，司馬氏累世職官，典掌天官事，正是出於其先人為周室之太史，這個傳統雖然經司馬氏之累世傳承而於漢世仍司太史職，然這個太史職典掌的卻仍是天官事，而不是後世意義下的記錄或撰述歷史性格史書的史官，也不是另一系統性格下的掌人事、記錄王命的內史職。[16]

故李文在此得一結論，周代之太史掌天官事，內史掌人事王命，記錄歷史的史官乃是後起。[17]因此他認爲太史公書寫在《史記·太史

---

[15]　見《漢書》，卷三十，〈藝文志第十〉，頁 1701。

[16]　李紀祥，〈《太史公書》由「子」之「史」考〉，收入氏著，《史記五論》（台北：文津出版社，2007），此處引文見頁 8。

[17]　李氏書中又據「既掌天官，不治民」爲證，頁 9 推論：

此段述文中何以會出現一句「不治民」？我們的理解，正是來自於司馬氏世典天官之太史職的傳統，反映了司馬遷父子對自我本職的認知，係由太史、內史二種系統之分的傳統而來。

按李氏此說，似以太史掌天官故不治民事，內史掌文書故治民事，來分別兩種

公自序》的歷史文化傳統責任感,「與其世典太史之官司本職無關,
卻反而與司馬遷繼承孔子《春秋》的『其義則丘竊取之』的文化承擔意識
有關」。[18]

　　而後李文總結此一觀點:

> 司馬遷撰述《史記》的背景,並非來自太史令此一官學傳統,
> 因為太史一直自先秦以來迄於漢代,已經偏離了《史記》被
> 後世視為「史書」義涵的那種性質;而是來自於史公從歷史
> 文化中另外尋覓而繼承的孔子之自我興起與承擔歷史文化責
> 任的「家學」傳統。[19]

而在「自先秦以來迄於漢代,太史一職皆無記史之職掌」這樣的論
斷下,李文作出了以下兩點結論:(1)在當時學者的認知中,《史
記》為「家言」而非「史學」;(2)在史公的認知中,《史記》乃
是繼《春秋》,與世典太史無關。但這兩點看法,恐怕都是有問題
的。

　　蓋李氏之文,通篇在於論證《史記》一書具有「家言」、「諸

系統,然此說法恐有問題。王充在《論衡‧別通篇》中,很清楚的說明了漢代
人對「不治民」的觀念。其云:

> 或曰:「通人之官,蘭臺令史,職校書定字,比夫太史、太祝,職在文書,
> 無典民之用,不可施設。」

可知漢人亦以掌文書之官如蘭臺令史,為「不治民」,非獨典天官者為是。見
(漢)王充撰,劉盼遂集解,黃暉校釋,《論衡校釋》(北京:中華書局,1990),
卷十三,〈別通第三十八〉。

[18] 李紀祥,《史記五論》,頁11。

[19] 李紀祥,《史記五論》,頁15。

子書」之性格，此爲其貢獻所在。然謂《史記》有家言性質則可，謂其非史學則不可；謂其繼《春秋》則可，謂其與世典太史無關則不可。茲分析如下：

（一）《史記》在當時學者認知中，確實屬於史學的範疇

蓋漢代雖無史部之分類，而附之於六藝略春秋家，但當時確實存在史學分類的概念無疑。如班彪〈略論〉：

> 若《左氏》、《國語》、《世本》、《戰國策》、《楚漢春秋》、《太史公》書，今之所以知古，後之所由觀前，聖人之耳目也。[20]

在文中，班彪清楚的將《太史公》書與《左氏》、《國語》、《世本》、《戰國策》、《楚漢春秋》歸爲一類，認爲它們的共同特質是「今之所以知古，後之所由觀前」，這已是十分清楚的史學界定了。

此外，《漢書・司馬遷傳》贊又引用劉向、揚雄之說：

> 然自劉向、揚雄博極群書，皆稱遷有良史之材，服其善序事理，辨而不華，質而不俚，其文直，其事核，不虛美，不隱惡，故謂之「實錄」。[21]

從前後文來看，劉向、揚雄稱太史公爲良史，並非因爲天文，而是因其記事爲「實錄」。可知兩漢學者心中，對於史學的性質和《史記》

---

[20] 見《後漢書》，卷四十上，〈班彪列傳第三十上〉，頁1325。
[21] 見《漢書》，卷八十七，〈揚雄傳第五十七〉，頁3580。

應歸類爲史學這兩點，有著清楚的認識。

故《史記》雖帶有子學之特質，但因此論斷《史記》在當時並非史學，這是不能成立的。事實上，阮芝生曾於〈《史記》的特質〉一文中，論《史記》同時兼有經、史、子、集四部之性質，當以其說最爲允當。[22]

（二）太史公作《史記》，與世典太史之職掌密切相關

至於三代史官之性質，前賢如吳大澂、章太炎、王國維、張蔭麟、朱希祖、胡適、沈剛伯、徐復觀、勞榦、戴君仁、張辛等多已論之，此不贅述。但李文所言「自先秦以來迄於漢代」太史皆不治史，恐非事實。

由相關文獻來看，在漢代之前的春秋各國太史，確有記史修史之職掌無疑。姑舉三例可知，如《左傳·宣公二年》：[23]

> 秋，九月，……乙丑，趙穿攻靈公於桃園，宣子未出山而復。**大史書曰：「趙盾弒其君」，以示於朝。**宣子曰：「不然。」對曰：「子爲正卿，亡不越竟，反不討賊，非子而誰？」宣子曰：「嗚呼！我之懷矣，自詒伊慼，其我之謂矣。」孔子曰：「**董狐，古之良史也**，書法不隱。趙宣子，古之良大夫也，爲法受惡。惜也！越竟乃免。」

又如《左傳·襄公二十五年》：

---

[22] 阮芝生，〈《史記》的特質〉，《中國學報》29 期（漢城：韓國中國學會，1989）。

[23] 《十三經注疏》（台北：啓明書局據粹芬閣藏版影印，1959）。以下十三經引文皆出此本，除特別說明外，不另注出。

> 夏，五月，……乙亥，公問崔子，……侍人賈舉止眾從者，
> 而入閉門。甲興，公登臺而請，弗許。請盟，弗許。請自刃
> 於廟，勿許。……公踰牆，又射之，中股。反隊，遂弒之。……
> **大史書曰：「崔杼弒其君」，崔子殺之。其弟嗣書，而死者
> 二人。其弟又書，乃舍之。**

又如《左傳‧昭公二年》：

> 春，晉侯使韓宣子來聘，且告為政，而來見禮也。**觀書於大
> 史氏，見《易象》與魯《春秋》。**曰：「周禮盡在魯矣！吾
> 乃今知周公之德，與周之所以王也。」

綜合以上三例，可歸納出以下幾點：

（1）　不論是齊國或晉國之太史，都有記史之職責。而由晉國的情
　　　況來看，所記載的史事，還須立刻公布於朝中。

（2）　由魯國的情況來看，太史除了記錄史事外，還有豐富的藏
　　　書。而藏書的主要內容，至少有一部份是不斷修撰累積的史
　　　書（魯《春秋》，即不修《春秋》）。

　　　此外，《左傳‧昭公十五年》又曰：

> 且昔而高祖孫伯黶司晉之典籍，以為大政，故曰籍氏。及
> 辛有之二子董之。**晉於是乎有董史。**
> 杜注：辛有周人，二子適晉，為太史。

　　　這裡的董史，應即董狐之先祖。《呂氏春秋‧先識覽》亦曰：

> **晉太史屠黍見晉之亂也，見晉公之驕而無德義也，以其圖**

法歸周。[24]

可證不僅魯國如是，各國太史除修史外，尚有收藏典籍圖法之職掌。

（3） 太史之職，乃是世代相承，由齊國太史兄終弟及的情況可知。故《史記・太史公自序》自謂「司馬氏世典周史」，當非虛言。

（4） 而由孔子所贊董狐「古之良史」一詞，可知太史此種記史修史之職責，應是古已有之。且據韓宣子所言來看，其職掌亦可能來源於周公之制定，故曰「周禮盡在魯矣」！

故可知春秋時代各國之太史，皆有記史藏史之職責。

錢穆亦曾考證春秋太史之職掌，其云：

> 古者諸侯無私史，祝陀言成王賜魯卜宗祝史。定公四年。此魯之史也。……齊晉亦各有史官，書曰趙盾弑其君，崔杼弑其君，名非史官之君。故曰春秋天子之事。史官其先皆自周室逐漸分佈於列國。司馬遷自稱先世世典周史。惠襄之間，司馬氏去周適晉。其時有子馥叔帶之亂。分散或在衛，或在趙，或在秦。史記太史公自序。[25]

事實上，春秋各國太史不約而同，皆展現記史修史之職責與意識。

---

[24] （秦）呂不韋撰，陳奇猷校釋，《呂氏春秋新校釋》（上海：上海古籍出版社，2002），卷十六。

[25] 見錢穆，《國史大綱》（台北：臺灣商務印書館，1974），頁67。

依理推測，此當非分裂後各國自行發展的結果，而是上承西周甚至其前之太史傳統而來。

故謂周代之太史有天官之職掌則可，然因此推論其無記史修史之職掌則不可，這是必須分辨清楚的。太史官除掌天文外，乃世守記史修史之官，此必爲先秦之史實無疑。

而先秦以來這種太史修史之大傳統，竟至秦漢而中絕。無怪乎太史公談臨終之遺言，先以先祖爲太史事相告，繼以「則續吾祖矣」相勉，後以孝之大者相昺，終以論載史事相託，其因正在於此。這種以世官相守之職責爲榮耀的心態，乃真三代社會之遺緒。

二、漢無先秦官修之史

漢無先秦官修之史，這可從《漢書・藝文志》中找到證據。據《漢書・藝文志》中「六藝略春秋家」所記，自漢興迄太史公間之史籍，大略有以下幾部，茲分述如下：

（一）《楚漢春秋》九篇

此書爲漢初陸賈所作，今已亡，其部分內容尚見史注及類書稱引。據唐代劉知幾《史通・六家》言：

> 晏子、虞卿、呂氏、陸賈，其書篇第，本無年月，而亦謂之《春秋》。

這段話有兩點值得注意：

（1） 《楚漢春秋》一書「本無年月」，並非一般史書之體例。

（2）　《楚漢春秋》之形式，與《晏子春秋》、《虞氏春秋》、《呂氏春秋》相仿。據《史記‧十二諸侯年表》序：

> 趙孝成王時，其相虞卿上采春秋，下觀近勢，亦著八篇，為《虞氏春秋》。呂不韋者，秦莊襄王相，亦上觀尚古，刪拾春秋，集六國時事，以為八覽、六論、十二紀，為《呂氏春秋》。[26]

今考《楚漢春秋》之遺文，皆為敘故實之性質，確與《晏子春秋》、《呂氏春秋》相近，而與《春秋》經及《左式春秋》體例完全不同。

故陸賈《楚漢春秋》一書，與先秦以來國史體例全不相合，當非官修之史可知。

（二）《太古以來年紀》二篇

此書已亡，內容無所考證。然金毓黻《中國史學史》云此「當為三代以往之紀年，為《史記》所本」。[27]故此書為編年之紀，應無疑問。

然由書名及篇數來看，此書所記時間範圍似由太古至漢代，而篇數僅有兩篇，可知其內容並甚簡略，當類《秦記》之書。

（三）《漢著記》百九十卷

此書又名《漢著紀》或《漢注記》，已亡。顏師古注曰：「若

---

[26]　見《史記》，卷十四，〈十二諸侯年表第二〉，頁510。

[27]　金毓黻，《中國史學史》（石家莊：河北教育出版社，2000），頁68。

今之起居注」，過去學者多襲其說。然朱希祖〈漢十二世著紀考〉[28]一文，據《漢書‧五行志》所載十二著紀之文考證，其內容多屬天人災異之事，故認為《漢著記》未必屬於起居注，顏說未為得實。

金毓黻《中國史學史》亦云：

> 考《漢書‧五行志》曾舉《漢著紀》之名，自高祖至孝平，凡十二世。〈律曆志〉亦屢稱《著紀》，所記悉為年世，或曰食朔晦之數。[29]

故此書實非起居注，乃依年世記日食朔晦及災異。而對照前引《後漢書‧百官志》所說太史令「凡國有瑞應、災異，掌記之」，《漢著記》當即漢代太史令所記天文瑞應災異之書，並非記載史事之書籍。

（四）《漢大年紀》五篇

此書已亡，金毓黻《中國史學史》云：

> 或謂《漢書本紀注》臣瓚所說《漢帝年紀》，悉出《漢大年紀》。或又謂其體似《大事記》，其詳不可考矣。[30]

今此書雖不可考，然由書名及篇數來推測，其內容應亦記帝王年世與大事等，乃類《秦記》或《編年記》之書，應無大誤。

---

[28] 朱希祖，〈漢十二世著紀考〉，原發表於《北京大學季刊》二卷三號，後收入氏著，《中國史學通論》（重慶：獨立出版社，1943），附論二。

[29] 金毓黻，《中國史學史》，頁68。

[30] 金毓黻，《中國史學史》，頁68。

以上四部書中，《楚漢春秋》不是史書，《漢著記》乃記天文災異之書，《太古以來年紀》、《漢大年紀》則類《秦記》。故知太史公作《史記》之前，西漢未出現如《春秋》一類記載年月人事詳備之史書，故可謂漢無先秦官修之史。

綜合以上所述，漢有史官，然史官之職責不在修史，故謂漢無先秦修史之官；漢有官史，然其或無年月，或不記人事，或文略不具，故謂漢無先秦官修之史。

是故站在太史公談之立場來看，自漢興以來六十餘年，天下雖已脫離戰亂之禍和暴秦的統治，但朝廷卻承秦之弊而無意於恢復史學，天下亦再無像樣之史書。長此以往，先秦以來中華之古史傳統，將爲之中絕。這也就是他爲何如此憂慮「史記放絕」、「廢天下之史文」的真正原因。

更進一步來說，司馬氏之祖先世典太史，如今司馬談又身居太史之職，是以他人或可忽視史學衰滅之危機，司馬氏則不可忽視史學衰滅之危機。縱然漢代朝廷對太史一職，曰「文史星曆近乎卜祝之間，固主上所戲弄，倡優畜之，流俗之所輕也」，[31]實抱持輕視的態度。[32]司馬氏也要以父子之力重興中國史學，此即太史公之志也。

---

[31] 此〈報任少卿書〉中太史公之語，見《漢書》，卷六十二，〈司馬遷傳第三十二〉，頁 2732。

[32] 漢代官職有六百石之太史令，而實無二千石太史公，衛宏所記乃是訛傳。阮芝生，〈司馬遷之心——〈報任少卿書〉析論〉一文（《臺大歷史學報》26 期〔2000〕），已對此有初步論證。針對此點，他日將專文再作詳考。

　　阮芝生在〈司馬遷的心〉一文中，曾對太史公談之遺言。有較為全面的分析：

> 分析司馬談的臨終之言，具有三層意思。第一、希望自己死後，司馬遷能復為太史，賡繼祖業，以免使太史世家、天官世業，就此中斷。第二、為太史後不要忘記自己生前所欲論著的事業，這是司馬談自覺對歷史文化所負的責任，現在自己既不能完成，只有付給兒子，所以說「余甚懼焉」，並引《孝經》「揚名於後世，以顯父母，此孝之大者」的話來勉勵他。第三、當此五百大期，此一論著應該能繼承並效法孔子的《春秋》，所以說「則學者至今則之」，「自獲麟以來，四百有餘歲，而諸侯相兼，史記放絕。」又說：「先人有言，自周公卒五百歲而有孔子，孔子卒後至於今五百歲，有能紹明世、正《易》傳、繼《春秋》、本《詩》、《書》、《禮》、《樂》之際，意在斯乎！意在斯乎！」可見司馬談是以孔子與《春秋》自期並期司馬遷的，這就是司馬談的遺命。[33]

　　阮文於太史公談之遺言，分析通透。其三層意思，前兩點乃是欲繼先秦以來太史之絕業，希望在當代寫一部真正的史書，使中華史學傳統得以恢復。本節所欲論析和補充的，正是這兩點。但除此之外，還有第三點「繼《春秋》」的部分，則留待下節討論。

---

[33] 見阮芝生，〈司馬遷的心〉，《國立臺灣大學文史哲學報》第二十三期（1974），頁 201。

第二節 「撥亂反正」——以《史記》繼《春秋》

如前所述，太史公父子著作《史記》的目的有二，第一是賡續先秦太史記史修史之祖業，第二是繼承孔子私人著述之《春秋》。[34] 前者乃王官學之舊傳統，後者則為百家言之新風氣。

但不論目的為何，對於習慣於百年無修史之官，亦無官修之史的漢人來說，《史記》一書卻無異是橫空出世，帶給了他們前所未有思想上的衝擊。這一點，在《史記・太史公自序》所記太史公和壺遂的問答中，反映的十分清楚。由於此段問答極為重要，因此本節全文錄之：

> 太史公曰：「先人有言：『自周公卒五百歲而有孔子，孔子卒後至於今五百歲，有能紹明世，正《易》傳，繼《春秋》，本《詩》、《書》、《禮》、《樂》之際？』意在斯乎！意在斯乎！小子何敢讓焉。」
>
> 上大夫壺遂曰：「昔孔子何為而作《春秋》哉？」太史公曰：「余聞董生曰：『周道衰廢，孔子為魯司寇，諸侯害之，大夫壅之。孔子知言之不用，道之不行也，是非二百四十二年之中，以為天下儀表，貶天子，退諸侯，討大夫，以達王事

---

[34] 太史公之《春秋》乃學於《公羊傳》之宗師董子，其與壺遂之問答亦引董子為說。阮芝生，〈論史記中的孔子與春秋〉一文（《臺大歷史學報》第 23 期〔1999〕），亦經由對《史記》中所見《春秋》之全面整理，確定《史記》所言欲繼之《春秋》，係指《春秋公羊傳》無疑。故本節之解釋，悉據公羊家之說而來，以明太史公本義。

而已矣。』子曰：『我欲載之空言，不如見之於行事之深切
著明也。』夫《春秋》，上明三王之道，下辨人事之紀，別
嫌疑，明是非，定猶豫，善善惡惡，賢賢賤不肖，存亡國，
繼絕世，補敝起廢，王道之大者也。《易》著天地陰陽四時
五行，故長於變；《禮》經紀人倫，故長於行；《書》記先
王之事，故長於政；《詩》記山川谿谷禽獸草木牝牡雌雄，
故長於風；《樂》樂所以立，故長於和；《春秋》辯是非，
故長於治人。是故《禮》以節人，《樂》以發和，《書》以
道事，《詩》以達意，《易》以道化，《春秋》以道義。撥
亂世反之正，莫近於《春秋》。《春秋》文成數萬，其指數
千。萬物之散聚皆在《春秋》。《春秋》之中，弒君三十六，
亡國五十二，諸侯奔走不得保其社稷者不可勝數。察其所以，
皆失其本已。故《易》曰『失之豪釐，差以千里』。故曰『臣
弒君，子弒父，非一旦一夕之故也，其漸久矣』。故有國者
不可以不知《春秋》，前有讒而弗見，後有賊而不知。為人
臣者不可以不知《春秋》，守經事而不知其宜，遭變事而不
知其權。為人君父而不通於《春秋》之義者，必蒙首惡之名。
為人臣子而不通於《春秋》之義者，必陷篡弒之誅，死罪之
名。其實皆以為善，為之不知其義，被之空言而不敢辭。夫
不通禮義之旨，至於君不君，臣不臣，父不父，子不子。夫
君不君則犯，臣不臣則誅，父不父則無道，子不子則不孝。
此四行者，天下之大過也。以天下之大過予之，則受而弗敢
辭。故《春秋》者，禮義之大宗也。夫禮禁未然之前，法施
已然之後；法之所為用者易見，而禮之所為禁者難知。」

壺遂曰：「孔子之時，上無明君，下不得任用，故作《春秋》，垂空文以斷禮義，當一王之法。今夫子上遇明天子，下得守職，萬事既具，咸各序其宜，夫子所論，欲以何明？」

太史公曰：「唯唯，否否，不然。余聞之先人曰：『伏羲至純厚，作《易》八卦。堯舜之盛，《尚書》載之，禮樂作焉。湯武之隆，詩人歌之。《春秋》采善貶惡，推三代之德，襃周室，非獨刺譏而已也。』漢興以來，至明天子，獲符瑞，封禪，改正朔，易服色，受命於穆清，澤流罔極，海外殊俗，重譯款塞，請來獻見者，不可勝道。臣下百官力誦聖德，猶不能宣盡其意。且士賢能而不用，有國者之恥；主上明聖而德不布聞，有司之過也。且余嘗掌其官，廢明聖盛德不載，滅功臣世家賢大夫之業不述，墮先人所言，罪莫大焉。余所謂述故事，整齊其世傳，非所謂作也，而君比之於《春秋》，謬矣。」[35]

茲分析如下：

（1）　此段問答，全文圍繞《史記》和《春秋》的關係展開。因此，在討論這段問答之前，必須先對孔子為何作《春秋》作一瞭解。阮芝生在《從公羊學論春秋的性質》[36]第二章「春秋之志」中，對此問題作了周詳精到的分析：

　　1. 就時代背景言：孟子、史公俱以孔子之作《春秋》，乃起

---

[35]　見《史記》，卷一百三十，〈太史公自序第七十〉，頁3298。

[36]　阮芝生，《從公羊學論春秋的性質》，收入《國立臺灣大學文史叢刊》之二十八（臺北：臺大文學院，1969）。

於周道衰微之故，所謂「世衰道微」、「周道缺」、「周室微」，皆此意也。孔子生當此「邪說暴行有作」、「臣弒其君，子弒其父」之亂世，爲此懼，故作《春秋》，其目的即欲「撥亂世反之正」也。

2. 就孔子之抱負與際遇言之：世衰道微，邪說暴行有作，孔子感時世之喪亂，懷救世之熱忱，思欲有以正之，故欲求仕行道。然孔子周遊列國，諸侯害之，大夫壅之，終莫得用。孔子志在以道撥亂反正，今道既不行，恐其歿後名實不稱，無以自見，故作《春秋》傳其撥亂反正之道於後世，使後之君子知其道而繼起也。

3. 就《春秋》一書之內容合看：孔子作《春秋》之目的，實在於「立一王之法」。蓋所以能撥亂反正者，已有此一王之法也。今周道既衰，宜有新王繼起，故作《春秋》以當新王，立一王之法，以俟後聖。後聖能鑒行此一王之法，則能爲天下所歸往，而撥亂反正也。

夫《春秋》者，孔子之志也。[37]一言以蔽之，孔子作《春秋》之目的即在「撥亂反正」。這一點在《公羊傳·哀公十四年》中，說的極爲清楚：「君子曷爲爲《春秋》？撥亂世，反諸正，莫近諸《春秋》。」

（2） 明白孔子爲何作《春秋》後，再來看壺遂的問題。壺遂一開

---

[37] 《孝經鉤命決》：「孔子曰：『吾志在《春秋》，行在《孝經》』」，見）（唐）歐陽詢等奉敕纂，《藝文類聚》（明萬曆丁亥毗陵王元貞校刊本），卷二十六引。

始便問：「昔孔子何爲而作《春秋》哉」？難道壺遂是真的不知道孔子作《春秋》的目的，所以才請教太史公嗎？

當然不是，從壺遂後面所說的「孔子之時，上無明君，下不得任用，故作《春秋》，垂空文以斷禮義，當一王之法」來看，他很清楚孔子作《春秋》之目的。因此，他根本是明知故問。

（3） 壺遂是聰明人，也是老實人，故史公評價他是「深中隱厚」之君子。[38]這樣的君子人，爲何要對史公明知故問？事實上，壺遂關心的不是「昔孔子何爲而作《春秋》哉」，而是「今夫子何爲而作《太史公》哉」？

孔子生於亂世，故爲「撥亂反正」而作《春秋》，壺遂清楚這一點。在他來看，太史公也清楚這一點。而壺遂所不解的是，太史公自言其書乃爲「繼《春秋》」而作，難道太史公也認爲現在是個亂世嗎？如果不是亂世，又爲何要再作一「撥亂反正」之書呢？

因此他好心的提示史公，「今夫子上遇明天子，下得守職，萬事既具，咸各序其宜」。生於治世，實在是不需要也不宜「撥亂反正」的。

38 　《史記·韓長孺列傳》：「太史公曰：余與壺遂定律曆，觀韓長孺之義，壺遂之深中隱厚。世之言梁多長者，不虛哉！壺遂官至詹事，天子方倚以爲漢相，會遂卒。不然，壺遂之內廉行脩，斯鞠躬君子也」。見《史記》，卷一百八，〈韓長孺列傳第四十八〉，頁 2865。

（4）　事實上，壺遂確實一言點中了太史公作《史記》之真正目的。

在史公來看，漢所承秦制，本即亂制，而漢武之世更是個如
始皇之亂世（關於這一點，詳見本章第三節之分析），太史
公正是爲「撥亂世，反諸正」而作《史記》。因此他在上段
文字中不但說要「繼《春秋》」，更明白點出「撥亂世反之
正，莫近於《春秋》」。史公所以將此段問答全文抄錄於《史
記・太史公自序》，正欲寓此微辭。

（5）　但即使真相是這樣，此時史公不宜也不能對壺遂直言承認，
因此只好用「唯唯，否否」之疑辭相應，說其書乃「述故事，
整齊其世傳」而已，不敢比之《春秋》。

但由史公開宗明義述「先人有言」時，即提出作書之目的在
「繼《春秋》」，如果不敢比之《春秋》，豈不是自打嘴巴？
更何況，如果只是「述故事，整齊其世傳」之著作，又何能
上比周公、孔子？又怎麼敢對父親說「小子何敢讓焉」？可
見史公這完全是托辭、謙辭，他的目的還是要比之《春秋》，
來作一部新的史書。

（6）　除了以上的問答外，《史記》自比《春秋》之意，在其記事
斷限中，也可得到證明。蓋《春秋》一書上起魯隱讓國，下
迄西狩獲麟；而《史記》最原始的構思，則是上起陶唐禪讓，
下迄漢武獲麟。[39]兩者皆始於讓位，而終於獲麟，前後呼應

---

[39]　《史記・太史公自序》：「於是卒述陶唐以來，至于麟止」。見《史記》，卷
一百三十，〈太史公自序第七十〉，頁3300。

之意十分清楚。

（7）　　而《春秋》全書，篇末以「制《春秋》之義，以俟後聖」終篇；《史記》全書，最後亦結之以「俟後世聖人君子」。由此看來，《史記》自比於《春秋》之意，當無庸置疑。

因此細察此段問答全文，便可明白兩事：第一，太史公所以作《史記》，正是爲繼孔子《春秋》「撥亂反正」之志。第二，太史公這樣的想法，是包括壺遂在內的當時一般人所無法理解，也無法接受的。但太史公作《史記》，不是寫給當時一般人看的，而是寫給後世的「聖人君子」看的，因此不管時人能否理解或接受，他也不會改變其志。

那麼，《史記》又是如何繼《春秋》呢？過去學者，已有劉正浩、[40]阮芝生、[41]楊向奎、[42]賴長揚、[43]吳汝煜、[44]張添丁[45]等都曾論及。其中整理最爲周詳者，爲張添丁《司馬遷春秋學》一書，全書以五十萬字全面探析《史記》所採錄於《春秋》三傳經義及史料之跡，得出《史記》「義主《公羊》，事主《左氏》」之結論。而論述最爲精當者，爲阮芝生〈試論司馬遷所說的「通古今之變」〉一文，

---

[40]　劉正浩，〈太史公左氏春秋義述〉，《國立臺灣師範大學國文研究所集刊》第6號，1962。

[41]　阮芝生先有〈試論司馬遷所說的「通古今之變」〉一文，已述其要，收錄於《沈剛伯先生八秩榮慶論文集》（台北：聯經出版社，1976），頁253-284。其後又有〈論史記中的孔子與春秋〉一文，更道其詳，見《臺大歷史學報》第23期。

[42]　楊向奎，〈司馬遷的歷史哲學〉，《中國史研究》1979年第1期。

[43]　賴長揚，〈司馬遷與春秋公羊學〉，《史學史研究》1979年第4期。

[44]　吳汝煜，〈史記與公羊學〉，《徐州師院學報》1982年第2期。

[45]　張添丁，《司馬遷春秋學》（臺北：國立政治大學中國文學研究所博士論文，1985）。

其闡明史公通古今之變後，得出「以禮義防於利」之結論，然此乃本於孔子之《春秋》，故其曰「《春秋》者，禮義之大宗也」。此乃史公作史大義之所本，亦是《史記》繼《春秋》處。

上述列舉諸作，或長於材料之整理，或長於義理之分析，但因這個問題牽涉複雜，嚴格來說至今仍未得到完全的解決。「《史記》如何繼《春秋》」乃一大題目，遠非本節之篇幅所能詳述，須另為一專著方能說明清楚。而本章之重點，在於探討《史記》對於漢代的衝擊和挑戰，故以下將只針對前人罕有論及之部分，也就是《史記》所繼《春秋》「繩當世」之義來加以討論。

眾所周知，孔子之《春秋》記事止於哀公十四年之「西狩獲麟」，此年夫子七十一歲，兩年後夫子即卒。是故《春秋》所論述者，非僅「古」之人事也，其書約四分之一的篇幅，下及於作者親歷親見當世之事，即「今」之史事。也就是撰寫當代史，這是值得注意的一大特點。

董仲舒《春秋繁露‧楚莊王》云：

> 《春秋》分十二世以為三等：有見、有聞、有傳聞。有見三世，有聞四世，有傳聞五世。故哀、定、昭，君子之所見也，襄、成、文、宣，君子之所聞也，僖、閔、莊、桓、隱，君子之所傳聞也。所見六十一年，所聞八十五年，所傳聞九十六年。[46]

由董子的解釋來看，《春秋》對古今的劃分，是依距作者的遠近而

---

[46] （漢）董仲舒撰，（清）蘇輿義證，《春秋繁露義證》，卷一。

有「所傳聞世」、「所聞世」、「所見世」三個階段。因此《春秋》的「今」，當指「所見世」無疑，而這也是所謂的「當世」。故《史記・孔子世家》論孔子之作《春秋》云：

> 子曰：「弗乎弗乎，君子病沒世而名不稱焉。吾道不行矣，吾何以自見於後世哉？」乃因史記作《春秋》。上至隱公，下訖哀公十四年，十二公。……約其文辭而指博……**推此類以繩當世**。貶損之義，後有王者舉而開之。《春秋》之義行，則天下亂臣賊子懼焉。[47]

而《史記・十二諸侯年表》序中也提到《春秋》「爲有所刺譏褒諱挹損之文辭」，[48]《漢書・藝文志》曾對此加以解釋：

> **《春秋》所貶損大人當世君臣**，有威權勢力，其事實皆形於傳，是以隱其書而不宣，所以免時難也。[49]

《史記・匈奴列傳》贊語中亦說：

> 太史公曰：孔氏著《春秋》，隱桓之閒則章，至定哀之際則微，**爲其切當世之文而罔褒**，忌諱之辭也。

正因《春秋》具有撰寫當代史之最重要特點，太史公才會反覆在書中強調，《春秋》乃「繩當世」、「切當世」之書，有「貶損大人當世君臣」之意。而《春秋》注重「當世」之目的，正是爲了撥「今」之亂世而反諸正也。

---

[47] 《史記》，卷四十七，〈孔子世家第十七〉，頁1943。
[48] 《史記》，卷十四，〈十二諸侯年表第二〉，頁509。
[49] 《漢書》，卷三十，〈藝文志第十〉，頁1715。

　　《史記》既上繼《春秋》「撥亂反正」之志,其所言亂世又是指當世而言,則必然傳承《春秋》重視當代史的特質。這從以下兩點,可以清楚的看出:

(一)《史記》敘事的斷限

　　在《史記・太史公自序》中,曾三次談到其著史之斷限:[50]

> 於是卒述陶唐以來,至于麟止。
>
> 余述歷黃帝以來至太初而訖,百三十篇。
>
> 上記軒轅,下至于茲。

「麟止」(元狩)、「太初」是武帝之年號,「于茲」更是史公最後成書之時。故不論是哪一個下限,基本上都指史公親見之「當世」無疑。

(二)《史記》內容之比重

　　觀察《史記》之敘事比重,其敘二千年事中,漢興近百年在時間上不過二十分之一,但其篇幅卻占百三十篇中近七十篇,即十分之五以上。從這樣不對稱的比重,更可看出史公對於「當世」的重視。

　　嚴格來說,由《史記・今上本紀》中的「今上」二字,可以看出史公的「今」,指的便是與其同時的武帝一朝。而《史記》對武帝一朝史事的記載比例,更是遠遠超過其它時代。單就百三十篇篇目來看,便可發現其中直接相關者多達二十九篇,又間接相關者多

50　《史記》,卷一百三十,〈太史公自序第七十〉,頁3300、3321、3319。

達二十七篇，茲分別條列其篇名與敘目如下：

（1）　直接相關：即內容之全部或大部，以武帝一朝爲重點，或下
　　　　及武帝時代者。

1. 漢興五世，隆在建元，外攘夷狄，內脩法度，封禪，改正
　　朔，易服色。作〈今上本紀〉第十二。

2. 漢興已來，至於太初百年，諸侯廢立分削，譜紀不明，有
　　司靡踵，彊弱之原云以世。作〈**漢興以來諸侯王年表**〉
　　第五。

3. 維高祖元功，輔臣股肱，剖符而爵，澤流苗裔，忘其昭穆，
　　或殺身隕國。作〈**高祖功臣侯者年表**〉第六。

4. 惠景之閒，維申功臣宗屬爵邑，作〈**惠景閒侯者年表**〉第
　　七。

5. 北討彊胡，南誅勁越，征伐夷蠻，武功爰列。作〈**建元以**
　　來侯者年表〉第八。

6. 諸侯既彊，七國爲從，子弟衆多，無爵封邑，推恩行義，
　　其埶銷弱，德歸京師。作〈**建元以來王子侯者年表**〉第
　　九。

7. 國有賢相良將，民之師表也。維見漢興以來將相名臣年
　　表，賢者記其治，不賢者彰其事。作〈**漢興以來將相名**
　　臣年表〉第十。

8. 受命而王，封禪之符罕用，用則萬靈罔不禋祀。追本諸神名山大川禮，作〈封禪書〉第六。

9. 維禹浚川，九州攸寧；爰及宣防，決瀆通溝。作〈河渠書〉第七。

10. 維幣之行，以通農商；其極則玩巧，并兼茲殖，爭於機利，去本趨末。作〈平準書〉以觀事變，第八。

11. 五宗既王，親屬洽和，諸侯大小爲藩，爰得其宜，僭擬之事稍衰貶矣。作〈五宗世家〉第二十九。

12. 三子之王，文辭可觀。作〈三王世家〉第三十。

13. 吳楚爲亂，宗屬唯嬰賢而喜士，士鄉之，率師抗山東滎陽。作〈魏其武安侯列傳〉第四十七。

14. 智足以應近世之變，寬足用得人。作〈韓長孺列傳〉第四十八。

15. 勇於當敵，仁愛士卒，號令不煩，師徒鄉之。作〈李將軍列傳〉第四十九。

16. 自三代以來，匈奴常爲中國患害；欲知彊弱之時，設備征討，作〈匈奴列傳〉第五十。

17. 直曲塞，廣河南，破祁連，通西國，靡北胡。作〈衞將軍驃騎列傳〉第五十一。

18. 大臣宗室以侈靡相高，唯弘用節衣食為百吏先。作〈**平津侯主父列傳**〉第五十二。

19. 漢既平中國，而佗能集楊越以保南藩，納貢職。作〈**南越列傳**〉第五十三。

20. 吳之叛逆，甌人斬濞，葆守封禺為臣。作〈**東越列傳**〉第五十四。

21. 燕丹散亂遼閒，滿收其亡民，厥聚海東，以集真藩，葆塞為外臣。作〈**朝鮮列傳**〉第五十五。

22. 唐蒙使略通夜郎，而邛筰之君請為內臣受吏。作〈**西南夷列傳**〉第五十六。

23. 子虛之事，大人賦說，靡麗多誇，然其指風諫，歸於無為。作〈**司馬相如列傳**〉第五十七。

24. 黥布叛逆，子長國之，以填江淮之南，安剽楚庶民。作〈**淮南衡山列傳**〉第五十八。

25. 正衣冠立於朝廷，而羣臣莫敢言浮說，長孺矜焉；好薦人，稱長者，壯有溉。作〈**汲鄭列傳**〉第六十。

26. 自孔子卒，京師莫崇庠序，唯建元元狩之閒，文辭粲如也。作〈**儒林列傳**〉第六十一。

27. 民倍本多巧，姦軌弄法，善人不能化，唯一切嚴削為能齊之。作〈**酷吏列傳**〉第六十二。

28. 漢既通使大夏，而西極遠蠻，引領內鄉，欲觀中國。作〈大宛列傳〉第六十三。

29. 〈太史公自序〉第一百三十。

（2） 間接相關：即內容雖以武帝前史事為主，但旁及武帝一朝者。

1.〈周本紀〉（封周子南君事）

2.〈孝景本紀〉

3.〈禮書〉

4.〈樂書〉

5.〈曆書〉

6.〈天官書〉

7.〈孔子世家〉（孔安國為博士事）

8.〈外戚世家〉

9.〈荊燕世家〉

10.〈齊悼惠王世家〉

11.〈蕭相國世家〉

12.〈絳侯周勃世家〉

13.〈梁孝王世家〉

14.〈仲尼弟子列傳〉

15.〈樊酈滕灌列傳〉

16.〈張丞相列傳〉

17.〈酈生陸賈列傳〉

18.〈傅靳蒯成列傳〉

19.〈季布欒布列傳〉

20.〈袁盎鼂錯列傳〉

21.〈張釋之馮唐列傳〉

22.〈萬石張叔列傳〉

23.〈田叔列傳〉

24.〈游俠列傳〉

25.〈佞幸列傳〉

26.〈龜策列傳〉

27.〈貨殖列傳〉

武帝一朝僅佔二千年事中的五十四年，比例不過 2.7%。但《史記》中專爲武帝時人所作紀傳，竟達二十九篇之多，佔全書篇目 22%以上；與其相關的記載，更多達五十六篇之多，約涉及全書篇目之四成。由此足證史公對於「今」之重視，這也正是太史公在〈報任少卿書〉中，自許其書「通古今之變」的原因。

因此《史記》繼承孔子《春秋》者，除義法之外，更在於對當代史的重視。在史公來看，唯有撰寫當代史，方能將古今結合爲一體，不斷對當世政治有所指導，以維繫周公、孔子所傳之理想於不墜，這才能說是「通古今之變」，也才是他心目中理想的史學。如後世繼《史記》者，皆仿史公代代「下至于茲」，不斷撰作新的當代史，則今日中國史學恐怕又是一番全新的面貌。

然而載之空論，不如見諸實例。在第三節中，將以《史記》中所見「今上」（漢武帝）爲例，作爲其繼《春秋》「繩當世」精神之重要例證。

第三節 「貶損當世」——對漢代政治的挑戰

對太史公而言，其著《史記》是為了「撥亂世，反諸正」，是故必須有所「刺譏褒諱挹損之文辭」以「繩當世」、「切當世」。但對希望永保其一家一姓地位的當代統治者來說，這其實就是「微文譏刺，貶損當世」。[51]因此對於習慣百年史學衰微的漢廷來說，《史記》正是一種來自學術界前所未有的新挑戰。

《史記》中到底有哪些地方，是針對當代的統治有所譏刺和挑戰呢？由於本節篇幅所限，無法在此作全盤討論。在此僅能茲舉《史記》中對史公所親見，且所佔全書份量最重之「今上」武帝時代，[52]作一重要例證來說明。

關於《史記》對漢武帝的評價，在過去一直存在兩種截然不同的看法。一派學者認為太史公對漢武帝的評價，大抵譏刺武帝所短為多，主張此說的有衛宏、[53]魏明帝、[54]呂祖謙[55]等；另一派則認為，

---

[51] 此班固〈典引〉中所見漢明帝語，見《文選》，卷四十八（北京：中華書局影北京圖書館藏宋淳熙八年刻本，1974）。

[52] 武帝一朝雖然只佔《史記》兩千餘年記事中的五十年左右，但今本《史記》百三十篇中，和武帝直接或間接相關的篇目達五十六篇之多。

[53] 《史記集解·太史公自序》引衛宏，《漢書舊儀注》云：「司馬遷作〈景帝本紀〉，極言其短及武帝過」。

[54] 而《三國志·魏書·王肅傳》載魏明帝與王肅之問答云：「帝又問：『司馬遷以受刑之故，內懷隱切，著《史記》非貶孝武，令人切齒。』對曰：『……此為隱切在孝武，而不在於史遷也。』」。

[55] 《東萊呂太史別集》（臺北：藝文印書館景印本，1972），卷十四，〈辨史記十篇有錄無書〉：「〈武紀〉終不見者，豈非指切尤甚，雖民間亦畏禍而不藏乎」。

根據〈太史公自序〉中「今上本紀」之敘目云「漢興五世,隆在建元」,「則必不作詆毀語可知」,[56]主張此說的有梁玉繩、[57]余嘉錫[58]等。

雖然近代關於漢武帝的專書和論文,數量眾多;但是全面討論太史公對「今上」之看法與評價的專文,則爲數甚少。如施丁〈司馬遷寫當代史〉[59](1979)、〈司馬遷寫「今上(漢武帝)」〉[60](1982)兩篇,其根據《史記》中其他有關武帝的材料,分爲任用酷吏、征伐匈奴、封禪求神、物盛而衰、獨尊儒術等幾方面來談,認爲太史公寫武帝,完全是本著「實錄」的精神,絕非「謗書」。而逯耀東則是將《史記》中的「今上」,分爲內、外兩方面來談論。關於「內修法度」的部份,有〈司馬遷「通古今之變」的「今」的開端〉[61](1993)一文,認爲太史公以〈魏其武安侯列傳〉、〈汲黯列傳〉、〈儒林列傳〉、〈酷吏列傳〉等篇,敘述武帝絕對君權的形成及其原因;關於「外攘夷狄」的部份,則有〈司馬遷對匈奴問題處理的限制〉[62](1994)及〈《史記》〈匈奴列傳〉的次第問題〉[63](1995)兩篇

56　見《詁經精舍文集》(北京:中華書局排印本,1985),卷八,汪繼培,〈史記闕篇補篇考〉。

57　見《史記志疑》(臺北:學生書局影本,1970),卷七。

58　見《太史公書亡篇考・景紀第三》,收於氏著《余嘉錫論學雜著》(北京:中華書局,1963)。

59　施丁,〈司馬遷寫當代史〉,《歷史研究》1979 年第 7 期。

60　收於施丁、陳可青編著,《司馬遷研究新論》(鄭州:河南人民出版社,1982)。

61　逯耀東,〈司馬遷「通古今之變」的「今」之開端〉,《輔仁歷史學報》第 5 期(1993)。

62　逯耀東,〈司馬遷對匈奴問題處理的限制〉,《輔仁歷史學報》第 6 期(1994.12)。

63　逯耀東,〈《史記》〈匈奴列傳〉的次第問題〉,《中國歷史學會史學會刊》

文章，認爲武帝之所以征伐匈奴，其目的在於雪恥，即所謂「高皇帝遺朕平城之憂，高后時單于書絕悖逆」。而關於《史記》中的武帝封禪，則有逯耀東〈漢武帝封禪與史記封禪書〉[64]（1991），及阮芝生〈三司馬與漢武帝封禪〉[65]（1996）兩篇文章。前者認爲《史記》中有兩個黃帝，一個是神仙的黃帝，一個是歷史的黃帝，而太史公將神仙的黃帝放在〈封禪書〉中，將歷史的黃帝放在〈五帝本紀〉中。而後者則以武帝與始皇相較，認爲武帝以「封禪」爲名，沉迷求仙不死之黃帝傳說，太史公寫〈封禪書〉及〈五帝本紀〉實有諷諫之意。

以上幾篇文章，議論皆有獨到之處。本節希望在前人的基礎上，全面整理《史記》之相關記載，[66]來瞭解太史公對「今上」各方面的評價，以求發掘前人未盡之餘意。

考察現存《史記》中唯一和〈今上本紀〉直接相關的材料，就只剩下〈太史公自序〉的〈今上本紀〉敘目。〈自序〉曰：「漢興五世，隆在建元，外攘夷狄，內脩法度，封禪，改正朔，易服色。作〈今上本紀〉第十二」。故今日要研究〈今上本紀〉的作意，應該以此爲主要線索來一一加以分析，方能力求太史公之真意：

第 27 期（1995.9）。

[64] 逯耀東，〈漢武帝封禪與史記封禪書〉，收入《第二屆史學史國際研討會論文集》（台中：青峰出版社，1991）。

[65] 阮芝生，〈三司馬與漢武帝封禪〉，《國立臺灣大學歷史學系學報》第 20 期（1996）。

[66] 對此，筆者曾全面整理《史記》中有關漢武帝之記載，彙編而成「《史記》今上長編」。詳見呂世浩，〈從五體末篇看《史記》的特質——以〈平準〉、〈三王〉、〈今上〉三篇爲主〉（台北：國立臺灣大學歷史學研究所碩士論文，1998），第四章第二節。

一、漢興五世，隆在建元

過去主張《史記》對武帝評價褒多於貶者，其主要根據就是來自於〈自序〉敘目所說的「漢興五世，隆在建元」。但是前人主張此說者，多半忽略了一個關鍵性的問題，太史公所說的「漢興五世」，指的究竟是哪五世？或者說的更直接一點，這「五世」之中是否包括武帝一朝？

如果以高祖、惠帝、呂后、文帝、景帝當作「五世」來算，[67]而不包括武帝在內，則「漢興五世，隆在建元」之意，應是指漢朝發展到武帝即位，到達文治武功的最高峰（《說文》：「隆，豐大也」；《爾雅》：「隆，盛也」）。以此而論，〈今上本紀〉確有可能為褒揚武帝之作。

但是，太史公所說的「五世」並非如此，《史記‧儒林列傳》中明確的指出：

> **是時方外攘四夷**，公孫弘治春秋不如董仲舒，而弘希世用事，位至公卿。董仲舒以弘為從諛。弘疾之，乃言上曰：「獨董仲舒可使相膠西王。」膠西王素聞董仲舒有行，亦善待之。董仲舒恐久獲罪，疾免居家。至卒，終不治產業，以脩學著書為事。**故漢興至于五世之閒，唯董仲舒名為明於春秋，其**

67　事實上，是有這種算法的。《史記‧司馬相如列傳》中司馬相如的〈喻蜀父老辭〉就說：「漢興七十有八載，德茂存乎六世」，《正義》注「六世」為「高祖、惠帝、高后、孝文、孝景、孝武」。不過這是司馬相如的算法，不是太史公的算法。

傳公羊氏也。[68]

「是時方外攘四夷」乃是武帝時事，故可知史公所謂「五世」的算法，是明顯把武帝一世也算在其內的。[69]蓋「建元」時爲武帝即位之初，「隆在建元」一詞，不只是和「建元」之前的四世相比，也是和「建元」之後的整個武帝時代相比。明白這一點，則「漢興五世，隆在建元」，指的正是武帝即位後，天下由盛而衰的情況。這不但不是褒詞，反而有譏諷武帝之意。

這在《史記》的本文中，是可以找到證據的。如《史記・平準書》中，有一段極精闢的文字來形容武帝即位前後的變化：

> **至今上即位數歲**，漢興七十餘年之閒，國家無事，非遇水旱之災，民則人給家足，都鄙廩庾皆滿，而府庫餘貨財。京師之錢累巨萬，貫朽而不可校。太倉之粟陳陳相因，充溢露積於外，至腐敗不可食。眾庶街巷有馬，阡陌之閒成群，而乘字牝者儐而不得聚會。守閭閻者食粱肉，爲吏者長子孫，居官者以爲姓號。故人人自愛而重犯法，先行義而後絀恥辱焉。當此之時，網疏而民富，役財驕溢，或至兼并豪黨之徒，以武斷於鄉曲。宗室有土公卿大夫以下，爭于奢侈，室廬輿服

68　見《史記》，卷一百二十一，〈儒林列傳第六十一〉，頁3128。

69　除史公外，這種算法亦見於其它漢代著作。如劉向，《新序・善謀》（台北：藝文印書館據清光緒蔣鳳藻校刊本影印，1968），引武帝時御史大夫韓安國言曰：「臣聞高皇帝嘗圍於平城，匈奴至而投鞍高於城者數所。平城之危，七日不食，天下歌之。及解圍反位，無忿怨之色，雖得天下，而不報平城之怨者，非以力不能也。夫聖人以天下爲度者也，不以己之私怨，傷天下之公義，故遣嬌敬結爲私親，至今爲五世利」，亦以高帝至武帝爲「五世」。

僭于上，無限度。物盛而衰，固其變也。

自是之後，嚴助、朱買臣等招來東甌，事兩越，江淮之閒蕭
然煩費矣。唐蒙、司馬相如開路西南夷，鑿山通道千餘里，
以廣巴蜀，巴蜀之民罷焉。彭吳賈滅朝鮮，置滄海之郡，則
燕齊之閒靡然發動。及王恢設謀馬邑，匈奴絕和親，侵擾北
邊，兵連而不解，天下苦其勞，而干戈日滋。行者齎，居者
送，中外騷擾而相奉，百姓抏獘以巧法，財賂衰秏而不贍。
入物者補官，出貨者除罪，選舉陵遲，廉恥相冒，武力進用，
法嚴令具。興利之臣自此始也。[70]

在史公來看，「建元」時代實乃世變之關鍵。故用「自是之後」，
來對比出武帝即位前後，天下由富厚安寧到衰敝不安的變化。因此
所謂「隆在建元」的本意，乃是說漢代歷經高惠文景四代的休養生
息，在武帝即位之初達到了最高峰，而後因為武帝的縱情極欲，終
至由盛而衰的結果。

　　《後漢書‧儒林列傳》中，也記載這樣一段評論：

　　（孔）僖與崔篆孫駰復相友善，同遊太學，習《春秋》。因
　　讀吳王夫差時事，僖廢書歎曰：「若是，所謂畫龍不成反為
　　狗者。」駰曰：「然。昔孝武皇帝始為天子，年方十八，崇
　　信聖道，師則先王，五六年閒，號勝文、景。及後恣己，忘
　　其前之為善。」[71]

---

[70]　見《史記》，卷三十，〈平準書第八〉，頁1420。

[71]　見《後漢書》，卷七十九上，〈儒林列傳第六十九上〉，頁2160。

崔駰所說「五六年閒，號勝文、景。及後恣己，忘其前之爲善」，正是指「隆在建元」之後，盛極而衰的情況。因此，史公敘目以「漢興五世，隆在建元」開端曰，實非褒詞明矣。

二、外攘夷狄

在《史記》中，與「今上」直接相關的二十九篇文章裡，以「外攘夷狄」爲主題的篇章，就多達十一篇。[72]《史記》中的「夷狄」，包括了匈奴、南越、東越、朝鮮、西南夷和西域諸國，而其中尤以匈奴最要。何以見得呢？因爲在這十一篇中，〈建元以來侯者年表〉、〈韓長孺列傳〉、〈李將軍列傳〉、〈匈奴列傳〉、〈衛將軍驃騎列傳〉、〈平津侯主父列傳〉等六篇，直接與征伐匈奴相關。而通西南夷是爲了通西域，通西域則是爲了夾擊匈奴，故〈西南夷列傳〉和〈大宛列傳〉等兩篇，也是圍繞著征伐匈奴的主軸進行。從這個篇幅，就可以看出「征伐匈奴」在《史記》中的重要性。

武帝之前，漢朝對匈奴一直採取劉敬所建議的「和親」政策。爲什麼要和親？因爲漢初的國力不足以對抗匈奴。高祖曾經動員三十二萬大軍前去征伐，最後卻被匈奴圍困於平城，差點就回不來。因此劉敬想出了這個方法，其目的不只在於避免戰爭，更重要的是要藉此能「兵可無戰以漸臣也」，[73]也就是利用聯姻和贈送財物的

---

[72] 共有〈建元以來侯者年表〉、〈韓長孺列傳〉、〈李將軍列傳〉、〈匈奴列傳〉、〈衛將軍驃騎列傳〉、〈平津侯主父列傳〉、〈南越列傳〉、〈東越列傳〉、〈朝鮮列傳〉、〈西南夷列傳〉、〈大宛列傳〉。

[73] 《史記‧劉敬叔孫通列傳》劉敬語。見《史記》，卷九十九，〈劉敬叔孫通列傳第三十九〉，頁2719。

方式，不以戰爭手段，而以文化的同化手段，達到安撫臣服匈奴的目的。

這樣的政策是很有用的，這可以《史記·匈奴列傳》中記載的前後變化便可看出。在高祖、高后時代，匈奴人極爲張狂，屢次入侵，「大攻圍馬邑」、「攻太原，至晉陽下」、「侵盜代、雲中」、「常往來侵盜代地」、「往來苦上谷以東」，甚至「爲書遺高后」以羞辱之。到了文帝時代，匈奴雖然仍「居河南爲寇」、「謀入邊爲寇」、「三萬人入上郡，三萬人入雲中」，但入侵的次數和規模已開始變小。至景帝時代，匈奴「時小入盜邊，無大寇」。而到武帝即位初期，「匈奴自單于以下皆親漢，往來長城下」，雙方更是進入前所未有的良好關係。這樣的結果，完全是和親政策所帶來的。

聯姻使得漢和匈奴的關係更加親密，而每歲所贈送的財物，更使得匈奴人日漸習慣中原的文物。文帝時的中行說，就看出了和親政策的真正用意是同化匈奴，他勸諫匈奴單于說：「今單于變俗好漢物，漢物不過什二，則匈奴盡歸於漢矣」。但匈奴人明知此乃同化手段，仍不能拒絕漢的好物，可見和親政策的成功。

由此觀之，「和親」雖然屈辱，卻是一種「不戰而屈人之兵」的高明同化手段。如果武帝繼續維持，那麼使匈奴和漢成爲一家，並不是不可能的夢想。但是武帝不如是想，他從建元即位之初，就從內外兩方面開始準備征伐匈奴，一雪百年國恥。對內則練兵，《史記·佞幸列傳》云：「上即位，欲事伐匈奴，而（韓）嫣先習胡兵，以故益尊貴」。[74]對外則聯盟，《史記·大宛列傳》云：「張騫，

74　韓嫣後爲竇太后賜死，而竇太后崩於建元六年，故韓嫣習胡兵事必在建元年間。

漢中人,建元中為郎。是時天子問匈奴降者,皆言匈奴破月氏王,以其頭為飲器,月氏遁逃而常怨仇匈奴,無與共擊之。漢方欲事滅胡,聞此言,因欲通使。道必更匈奴中,乃募能使者。騫以郎應募,使月氏」,[75]武帝遣張騫出使月氏,正是為聯合月氏夾擊匈奴。

此時漢朝的國力發展到了最高峰,確實是有足夠的條件和匈奴一戰。因此太史公在〈建元以來侯者年表〉序中,說出了武帝的真正心意:

> 況乃以中國一統,明天子在上,兼文武,席卷四海,內輯億
> 萬之眾,豈以晏然不為邊境征伐哉![76]

然而當時群臣並不同意武帝的這種看法,其理由就如同韓長孺說的「千里而戰,兵不獲利」,[77]出師遠征匈奴實在是事倍功半的行為。

但武帝未因群臣之反對而死心,他改採王恢的提議,設下了「馬邑之謀」,詐騙匈奴入邊,一舉將之消滅。然而馬邑之謀失敗了,而匈奴人又不甘受騙,《史記・匈奴列傳》云:

> 自是之後,匈奴絕和親,攻當路塞,往往入盜於漢邊,不可
> 勝數。[78]

由「自單于以下皆親漢」到「入盜於漢邊,不可勝數」,局面急轉

---

[75] 見《史記》,卷一百二十三,〈大宛列傳第六十三〉,頁3157。

[76] 見《史記》,卷二十,〈建元以來侯者年表第八〉,頁1027。

[77] 《史記・韓長孺列傳》韓長孺言。見《史記》,卷一百八,〈韓長孺列傳第四十八〉,頁2861。

[78] 見《史記》,卷一百十,〈匈奴列傳第五十〉,頁2905。

直下，想要再回到之前的融洽和平局面已不可能，雙方惟有走上戰爭一途。論國力和人口，匈奴當然不是漢的對手。但這場征伐匈奴的戰爭，卻也使得漢付出超乎想像的代價。太史公在《史記・平準書》中說：

> 及王恢設謀馬邑，匈奴絕和親，侵擾北邊，兵連而不解，天下苦其勞，而干戈日滋。行者齎，居者送，中外騷擾而相奉，百姓抏獘以巧法，財賂衰耗而不贍。入物者補官，出貨者除罪，選舉陵遲，廉恥相冒，武力進用，法嚴令具。興利之臣自此始也。[79]

故征伐匈奴影響所及，不只是兵馬的死傷和財富的耗斂，還包括風俗的淪喪、吏治的敗壞和酷法的濫用。

其實，太史公對武帝征伐匈奴政策的看法，就寫在〈匈奴列傳〉的「太史公曰」中：

> 世俗之言匈奴者，患其徼一時之權，而務諂納其說，以便偏指，不參彼己；將率席中國廣大，氣奮，人主因以決策，是以建功不深。堯雖賢，興事業不成，得禹而九州寧。且欲興聖統，唯在擇任將相哉！唯在擇任將相哉！[80]

堯得禹則九州安寧，武帝所以天下不寧，即在不擇任賢將相。《史記》所以將〈李將軍列傳〉和〈衛將軍驃騎列傳〉，置於〈匈奴列傳〉之前後，目的就是強調用將的重要性。

---

[79]　見《史記》，卷三十，〈平準書第八〉，頁1420。
[80]　見《史記》，卷一百十，〈匈奴列傳第五十〉，頁2919。

如〈李將軍列傳〉言李廣之才氣「天下無雙」，其爲右北平太守，則匈奴「避之數歲，不敢入右北平」。其能消邊患於無形，才是太史公心中理想的將領。然李廣終生不得封侯，何故？因爲武帝重用將領，首先考慮的不是才能卓越，而是親近愛幸。

觀武帝一生最重用之三將：衛青、霍去病、李廣利，其身份全是外戚。外戚不僅可獲得超拔，如衛青初次出兵，就拜爲車騎將軍，便與久有戰功的李廣同列。且只要是外戚出身，其軍隊的素質和配備一定遠勝其他部隊，如〈李將軍列傳〉言武帝對衛青「自以精兵走之」，〈衛將軍驃騎列傳〉言霍去病則「所將常選」、「敢力戰深入之士皆屬驃騎」。

又如武帝晚年所寵幸的外戚李廣利，第一次命其爲將征大宛，結果慘敗而回，「還至敦煌，士不過什一二」。[81]武帝不因其敗而換將，反而再次增兵，「赦囚徒材官，益發惡少年及邊騎，歲餘而出敦煌者六萬人，負私從者不與。牛十萬，馬三萬餘匹，驢騾橐它以萬數。多齎糧，兵弩甚設，天下騷動，傳相奉伐宛，凡五十餘校尉。……益發戍甲卒十八萬，酒泉、張掖北，置居延、休屠以衛酒泉，而發天下七科適，及載糒給貳師。轉車人徒相連屬至敦煌」，[82]以傾國之力給予增援，方能獲勝。

但非親近愛幸者如李廣，以〈李將軍列傳〉記元狩四年之役爲例，武帝爲怕李廣爭功，故意命令他走路途較遠而水草少的東道，「毋令當單于」。於是李廣失道，最後憤而自殺。

81　見《史記》，卷一百二十三，〈大宛列傳第六十三〉，頁3175。
82　見《史記》，卷一百二十三，〈大宛列傳第六十三〉，頁3176。

　　由此可知，武帝之用將全憑親幸。其所親幸者不管表現如何，必定一再給予機會。反之，非其所親幸者縱然才氣天下無雙如李廣，也要「毋令當單于」，不給他有建功之機會。

　　但一個人成為外戚，是因為姊妹得到天子愛幸，與其是否有為將之才華毫無關係。因此外戚是否為良將，可說全靠運氣。運氣好的話，如衛、霍既為外戚，又是良將；運氣不好的話，如李廣利便先敗於大宛，再敗於匈奴。故太史公述李廣自刎，引其言曰「豈非天哉」；論霍去病之成功，則曰「亦有天幸」。便是諷刺武帝擇將，不求之於人而求之於天。

　　既然武帝之用將相，端賴個人之好惡，則為下者必以討好人主是尚。故史公言衛、霍為將之道，則曰「以和柔自媚於上」；[83]言公孫弘為相之道，則曰「每朝會議，開陳其端，令人主自擇，不肯面折庭爭」。[84]張守節就針對太史公的贊語，加以闡發：

> 堯雖賢聖，不能獨理，得禹而九州安寧。以刺武帝不能擇賢
> 將相，而務諂納小人浮說，多伐匈奴，故壞齊民。故太史公
> 引禹聖成其太平，以攻當代之罪。[85]

太史公眼見如此將相，才會發出「唯在擇任將相哉」的長歎！

　　而在〈匈奴列傳〉的贊語中，史公又曰：

> 孔氏著《春秋》，隱桓之閒則章，至定哀之際則微，為其切

---

[83]　見《史記》，卷一百一十一，〈衛將軍驃騎列傳第五十一〉，頁2939。

[84]　見《史記》，卷一百一十二，〈平津侯主父列傳第五十二〉，頁2950。

[85]　見《史記》，卷一百一十，〈匈奴列傳第五十〉注引《正義》，頁2920。

當世之文而罔褒，忌諱之辭也。[86]

此傳之贊語既曰「罔褒」，可見太史公並不贊同武帝的對外征伐。但又不能直言，於是只能用隱略之微辭，來表達自己真正的看法。蓋史公以〈韓長孺列傳〉及〈平津侯主父列傳〉作為討論漢匈和戰問題的始終，[87]傳中不厭其詳全錄四人之奏議，蓋韓長孺反對伐匈奴，而後來同時上書的主父偃、徐樂、嚴安三人，也都反對伐匈奴。韓長孺不過以為「擊之不便，不如和親」，而主父、徐、嚴三人，則都呼籲武帝要以亡秦為鑑，一昧「靡敝中國，快心匈奴」，最後只會走上和亡秦一樣的結局。這恐怕正是太史公對武帝征伐匈奴的真正看法。

三、內脩法度

從《史記》來看，武帝一生所為和修法度相關者，主要有四：

（一）獨尊儒術，廣厲學官

武帝即位之初，是漢代經濟、社會發展的最高峰期，隨之而來的便是天下人對於禮樂教化的需要。想要興禮樂教化，就必須重用於此有專學專長之儒者，故〈儒林列傳〉曰：「及竇太后崩，武安侯田蚡為丞相，絀黃老、刑名百家之言，延文學儒者數百人」，[88]

---

[86] 見《史記》，卷一百十，〈匈奴列傳第五十〉，頁 2919。

[87] 在逯耀東〈《史記》〈匈奴列傳〉的次第問題〉一文中，認為太史公以「〈韓長孺列傳〉的論對匈奴的和戰，作為討論匈奴問戰之始。而以主父偃『諫伐匈奴』作為討論漢匈和戰問題的終結，則可見其始終」，其說可從。見《中國歷史學會史學會刊》第 27 期（1995）。

[88] 見《史記》，卷一百二十一，〈儒林列傳第六十一〉，頁 3118。

於是儒者開始受到任用，儒學也日漸興盛。而其中的代表性人物，就是公孫弘，〈儒林列傳〉曰：「而公孫弘以《春秋》，白衣爲天子三公，封以平津侯，天下之學士靡然鄉風矣」。[89] 漢初丞相，非有軍功，則爲貴戚。而公孫弘以一介儒生，居然能封侯拜相，這對天下的儒者，產生了極大的鼓勵作用。

然而，公孫弘的拜相，真的代表「儒學」受到重視嗎？細觀《史記》中對公孫弘的描述，就可以發現太史公並不如此認爲。如〈平津侯主父列傳〉云其：

> 每朝會議，開陳其端，令人主自擇，不肯面折庭爭，……習文法吏事，而又緣飾以儒術，上大說之。[90]

〈儒林列傳〉曰：

> 而弘希世用事，位至公卿，董仲舒以弘爲從諛。[91]
> 固（轅固生）之徵也，薛人公孫弘亦徵，側目而視固。固曰：「公孫子，務正學以言，無曲學以阿世！」[92]

因此從這些評論看來，史公認爲公孫弘之受重用，完全是因爲他的「從諛」、「曲學阿世」，而其儒術不過是用來緣飾文法吏事的工具而已。

縱覽〈儒林列傳〉，申公、轅固生以正直罷歸，董仲舒以廉直

---

[89] 見《史記》，卷一百二十一，〈儒林列傳第六十一〉，頁3118。
[90] 見《史記》，卷一百一十二，〈平津侯主父列傳第五十二〉，頁2950。
[91] 見《史記》，卷一百二十一，〈儒林列傳第六十一〉，頁3128。
[92] 見《史記》，卷一百二十一，〈儒林列傳第六十一〉，頁3124。

不容；而兒寬承意從容，得爲御史大夫，公孫弘曲學從諛，而能封侯拜相。由此可知在史公看來，「今上」心中並不真正愛重儒術，亦不過當成是緣飾其統治的工具而已。

　　而公孫弘對儒學影響最大，也是最爲史公所不滿的，便是其「廣厲學官」政策。太史公在〈儒林列傳〉篇首即言：

　　余讀功令，至於廣厲學官之路，未嘗不廢書而歎也！[93]

所謂「廣厲學官」，就是替儒生開一條利祿之路，使他們可由有司試其經學後爲官。然自此之後，儒學由「正世之學」淪爲「干祿之具」，儒者也由「爲王者師」降爲「試於有司」。《史記・汲鄭列傳》曾云：

　　天子方招文學儒者，上曰吾欲云云，黯對曰：「陛下內多欲而外施仁義，柰何欲效唐虞之治乎！」上默然，怒，變色而罷朝。[94]

蓋武帝之欲不改，則所謂興儒術、施仁義，亦皆不過「緣飾」之用。而儒者不能正其行，反爲利祿而緣飾其治，也難怪太史公要因此而嘆息了。

（二）興利百端，與民爭利

　　蓋《史記》所記武帝修法最詳者，莫過〈平準書〉。〈平準書〉

---

[93]　關於這一點的詳細討論，請參閱阮芝生，〈試論司馬遷所說的「通古今之變」〉，收入《沈剛伯先生八秩榮慶論文集》。

[94]　見《史記》，卷一百二十，〈汲鄭列傳第六十〉，頁3106。

中所記武帝諸法，有武功爵之法，有更錢造幣之法，有鹽鐵之法，有算緡告緡之法，有均輸之法，有入穀補官之法，有入財補郎之法，有畜牧邊縣之法，有出馬之法，有酎金失侯之法，最後則有平準之法。然此般種種法度之興，其目的皆與聚斂天下之財有關。

〈平準書〉於漢初則曰「約法省禁」，至武帝則云「法嚴令具」、「法令明察」、「法既益嚴」，故在史公看來，武帝的「內修法度」，和他的興利爭利實有密不可分的關係。

蓋武帝多欲，而要滿足自己的欲，就必須誇功求利。太史公作〈平準書〉，書中凡敘三十七變，正是爲了寫明武帝因多欲而虛耗，因虛耗而興利百端，與民爭利之經過，最後並舉亡秦爲例，以諷武帝之竭天下之財以自奉，實與暴秦無異。[95]

（三）嚴刑峻法，任用酷吏

太史公寫〈循吏列傳〉，敘「奉職循理，亦可以爲治」之循吏五人，無一是武帝時人；反之，太史公寫〈酷吏列傳〉，敘「武健嚴酷」之酷吏十三人，其中十人皆武帝時人。可見在太史公心中，「任用酷吏」乃是今上爲政的一大特色。

爲什麼「今上」要任用酷吏？《史記・太史公自序》說的很有趣：「民倍本多巧，姦軌弄法，善人不能化，唯一切嚴削爲能齊之。」[96]表面看來，好像是因爲百姓姦巧，故武帝不得不用酷吏。

---

[95]　關於這一點，詳見呂世浩，〈平準與世變──《史記・平準書》析論〉一文，有完整分析。《燕京學報》新 12 期（2002）。

[96]　見《史記・太史公自序》酷吏列傳之敘目。

可是〈平準書〉才說過，武帝即位之初，天下百姓「人人自愛而重犯法，先行義而後絀恥辱焉」。[97]為何武帝即位之後，就會變成「倍本多巧，姦軌弄法」？蓋其因就在「今上」的多欲逐末，興利百端，以致百姓為求自保，不得不抏弊弄法。於是天下因此風俗日壞，而「今上」不思反省，力圖恭儉以化，反而任用酷吏，以嚴刑峻法治民。故太史公在《史記‧循吏列傳》贊語云：

> 法令所以導民也，刑罰所以禁姦也。文武不備，良民懼然身
> 修者，官未曾亂也。奉職循理，亦可以為治，何必威嚴哉？[98]

可知史公心中對武帝以嚴法酷吏為治，是極不以為然的。

而〈酷吏列傳〉傳中所書十人「皆以酷烈為聲」，而且一個甚於一個。然酷吏之所以能橫行，非其有過人之力，不過假天子之威而已。是以太史公寫此十人行法，「上所欲擠者，因而陷之」，「上所欲釋者，久繫待問而微見其冤狀」，「專以人主意指為獄」；結果則是「上以為能」、「天子聞之，以為能」、「天子以為盡力無私」。[99]說穿了，這些酷吏不過是武帝的工具而已。因此縱觀〈酷吏列傳〉，太史公在酷吏的背後，寫的其實就是「今上」。

在〈張釋之馮唐列傳〉中，史公引張釋之之言，評論秦以酷吏為治曰：

> 秦以任刀筆之吏，吏爭以亟疾苛察相高，然其敝徒文具耳，

---

[97] 見《史記》，卷三十，〈平準書第八〉，頁1420。

[98] 見《史記》，卷一百一十九，〈循吏列傳第五十九〉，頁3099。

[99] 本段所有引文，除特別註明外，皆出《史記‧酷吏列傳》。

無惻隱之實。以故不聞其過,陵遲而至於二世,天下土崩。[100]

前後對照,可知在史公看來,武帝如此重用酷吏,實與暴秦無異。

(四)集權中央,強幹弱枝

武帝一朝之重要政策之一,即是清除或削弱地方諸侯勢力,鞏固中央集權。太史公在〈漢興以來諸侯王年表〉序中曾說:

> 天子觀於上古,然後加惠,使諸侯得推恩分子弟國邑,故齊分為七,趙分為六,梁分為五,淮南分三,及天子支庶子為王,王子支庶為侯,百有餘焉。……諸侯稍微,大國不過十餘城,小侯不過數十里,上足以奉貢職,下足以供養祭祀,以蕃輔京師。而漢郡八九十,形錯諸侯間,犬牙相臨,秉其阨塞地利,彊本幹,弱枝葉之勢,尊卑明而萬事各得其所矣。[101]

從這段文字來看,太史公似乎是贊同這個政策的。但他卻在序末又強調:

> 臣遷謹記高祖以來至太初諸侯,譜其下益損之時,令時世得覽。**形勢雖彊,要之以仁義為本。**

這又是什麼意思呢?

蓋漢因功臣之力而得天下,始則封爵之誓云:「使河如帶,泰山若厲,國以永寧,爰及苗裔」,[102]以示君臣永不相負之意。然至

---

[100] 見《史記》,卷一百二,〈張釋之馮唐列傳第四十二〉,頁 2752。

[101] 見《史記》,卷十七,〈漢興以來諸侯王年表第五〉,頁 802。

[102] 見《史記》,卷十八,〈高祖功臣侯者年表第六〉,頁 877。

武帝一朝，以坐「酎金」之微罪為名，[103]奪臣下之國者共計一百零六人，自高祖以來封侯者僅餘五人。觀當年盟誓何等之固，如今奪國何等之易，故史公於〈高祖功臣侯者年表〉序特別強調「至太初百年之閒，見侯五，餘皆坐法隕命亡國」，又嘆「網亦少密焉」，實有微詞也。而方苞論此曰：

> 漢武以列侯莫求從軍，坐酎金失侯者百餘人，遷不敢斥言其過，故微詞以見義，言古之道，篤於仁義以安勳舊，而今任法刻削，不同於古，帝王殊禮異務，各以自就其功緒，豈可混而一之乎？刺武帝用一切之法以侵奪群下，而成其南誅北討之功也。[104]

事實上，集權中央並不始於武帝，在武帝之前的秦始皇便已如此。昔秦以詐力削平天下，集權中央，以為形勢之強可保萬世，結果二世即亡。史公於〈秦始皇本紀〉贊語，全引賈誼之《過秦論》，總結秦亡之因曰：

> 然后以六合為家，殽函為宮，一夫作難而七廟墮，身死人手，為天下笑者，何也？仁義不施而攻守之勢異也。[105]

---

[103] 所謂的「酎金」，《漢書‧孝武紀》注引服虔曰：「因八月獻酎祭宗廟時，使諸侯各獻金來助祭也」；而所謂的「坐酎金失國」，《漢書‧孝武紀》注引如淳曰：「《漢儀注》：諸侯王歲以戶口酎黃金於漢廟，皇帝臨受獻金，金少不如斤兩，色惡，王削縣，侯免國」。

[104] 見（清）方苞撰，《史記注補正》，收於張舜徽主編，《二十五史三編》（長沙：岳麓書社影本，1994）。

[105] 見《史記》，卷六，〈秦始皇本紀第六〉，頁282。

〈漢興以來諸侯王年表〉序與〈秦始皇本紀〉贊語，皆結之以「勢」及「仁義」，史公之用意便在彰顯武帝「不施仁義」，一昧追求中央形勢之強，專思以詐力奪人之國，此種作法又與暴秦何異？

故綜合以上四點，「獨尊儒術，廣厲學官」是爲了以儒術緣飾文法，「興利百端，與民爭利」是爲了聚斂天下之財，「嚴刑峻法，任用酷吏」是以嚴刑酷吏繩臣下百姓，「集權中央，強幹弱枝」是以詐力之法來侵奪群下。故武帝所修之法度，除以儒術緣飾外，其實皆與暴秦無異。由此觀之，太史公所謂「內脩法度」者，此中實含譏刺之意無疑。

四、封禪

封禪者，乃「受命告代，報本追功，巡守考績」之大典也，其目的在「登封告成，爲民報德」。[106] 不論是報本或是報德，其用意皆非迷信，而是表達一種對天地、對百姓負責任的態度。

然而〈封禪書〉中寫「今上」，卻開宗明義說「今天子初即位，尤敬鬼神之祀」，其內容又不斷記載武帝一再崇信方士的種種愚行。因此在太史公來看，今上並不真正瞭解封禪的意義，其所崇敬者不過迷信而已。

武帝貴爲天子，富有四海，爲什麼還要迷信？〈封禪書〉中借方士欒大之言，說出了武帝心中真正想要的東西：「黃金可成，而

---

[106] 此引自阮芝生〈三司馬與漢武帝封禪〉一文。關於《史記》中所言封禪，此文分析最爲詳盡。見《國立台灣大學歷史學系學報》第20期（1996）。

河決可塞,不死之藥可得,僊人可致」。[107]此四者實道盡武帝一生所求,而尤以「不死」為最要。

蓋河決不塞,那是武帝自己不去塞。蓋元光三年黃河決於瓠子,武帝曾使汲黯、鄭當時塞河,而輒復壞。於是他聽信武安侯及望氣用數者所言「塞之未必應天」,於是「久之不事復塞」。[108]一直到元封二年,河決已二十三年,因「天子既封禪巡祭山川」,才「意外」發現河害如此嚴重,於是順道塞河。武帝在「瓠子之詩」裡自言「不封禪兮安知外」,[109]可見他根本沒把河決之事放在心上。在他的心中,「封禪」比「河決」要重要太多了。

至於成黃金和求仙人,從〈封禪書〉中方士少君對武帝之言可知,它們的目的是為了「封禪」,而「封禪」的目的還是為「不死」:

> 祠竈則致物,致物而丹沙可化為黃金,黃金成以為飲食器則益壽,益壽而海中蓬萊僊者乃可見,見之以封禪則不死,黃帝是也。[110]

所以武帝真正想要的,是像方士所說的黃帝一樣,以帝王之尊,而能成仙不死。因此他在聽了黃帝的傳說後,才會感慨的說:「嗟乎!吾誠得如黃帝,吾視去妻子如脫躧耳」。[111]

---

[107] 見《史記》,卷二十八,〈封禪書第六〉,頁1390。

[108] 見《史記》,卷二十九,〈河渠書第七〉,頁1409。

[109] 關於《史記·河渠書》作意的詳細分析,請參閱阮芝生,〈《史記·河渠書》析論〉,《國立台灣大學歷史學系學報》15期(1990)。

[110] 見《史記》,卷二十八,〈封禪書第六〉,頁1385。

[111] 見《史記》,卷二十八,〈封禪書第六〉,頁1393。

　　就為了求不死，武帝不斷的信用方士。在〈封禪書〉中，史公記武帝之屢屢求仙，而皆「莫能得」、「其方益衰，神不至」、「無所見」、「考入海及方士求神者，莫驗」、「終無有驗」、「無有效」，可知此事之子虛烏有。然武帝執迷不悟，於是「海上燕齊怪迂之方士多更來言神事矣」，「海上燕齊之閒，莫不搤捥而自言有禁方，能神僊矣」，「予方士傳車及閒使求僊人以千數」，「方士更言蓬萊諸神若將可得」，「復遣方士求神怪采芝藥以千數」，赫然成為一場鬧劇。

　　其實武帝到晚年「益怠厭方士之怪迂語矣」，心中也明知方士是騙他，但他就是不死心，希望能圖僥倖，所以「然益遣，冀遇之」，「然羈縻不絕，冀遇其真」。太史公冷眼旁觀武帝的迷信之舉，在〈封禪書〉篇末寫出了他的感想：「自此之後，方士言神祠者彌眾，然其效可睹矣」。[112]

　　然〈封禪書〉不只寫漢武帝之封禪，也寫秦始皇之封禪。始皇亦屢信方士而求仙人不死之藥，而史公結之以「始皇封禪之後十二歲，秦亡。……此豈所謂無其德而用事者邪」。[113]故牛運震亦云：

> 〈封禪書〉譏諷嘲笑，可謂盡情極致矣。……封禪求仙，秦皇漢武事跡略同，太史公敘二君事多作遙對暗照之筆。蓋武帝失德處，不便明加貶語，而借秦皇特特相形，正以見漢武無殊於秦皇也。[114]

---

[112] 本段所有引文，皆出《史記‧封禪書》。

[113] 見《史記》，卷二十八，〈封禪書第六〉，頁1371。

[114] 見（清）牛運震，《史記評注》，卷四（空山堂乾隆辛亥刻本）。

是故史公所謂「無其德而用事者」，明指始皇之封禪非爲民報德，而是爲己求不死。其所欲暗諷者，正是明武帝之封禪實與秦皇無異。

五、改正朔，易服色

太史公在〈曆書〉中曾說：「王者易姓受命，必慎始初，改正朔，易服色，推本天元，順承厥意」。[115]蓋漢興之初，爲休養生息，一切悉襲秦法，不願再事更張。然自武帝即位之初，便積極籌備「改正朔，易服色」之工作，如〈封禪書〉曰：「元年，漢興已六十餘歲矣，天下艾安，搢紳之屬皆望天子封禪改正度也，而上鄉儒術，招賢良，趙綰、王臧等以文學爲公卿，欲議古立明堂城南，以朝諸侯，草巡狩封禪改曆服色事未就」。[116]直到太初元年，這個工作終於完成，如〈封禪書〉云：「夏，漢改曆，以正月爲歲首，而色上黃，官名更印章以五字，爲太初元年」，[117]〈禮書〉亦云：「乃以太初之元改正朔，易服色，封太山，定宗廟百官之儀，以爲典常，垂之於後云」。[118]

由此觀之，武帝一朝禮樂似至此粲然大備。然太史公在〈禮書〉之中，則記述了當時改正朔、易服色及制禮的真實經過：

> 今上即位，招致儒術之士，令共定儀，十餘年不就。或言古者太平，萬民和喜，瑞應辨至，乃采風俗，定制作。上聞之，

---

[115] 見《史記》，卷二十六，〈曆書第四〉，頁1256。

[116] 見《史記》，卷二十八，〈封禪書第六〉，頁1384。

[117] 見《史記》，卷二十八，〈封禪書第六〉，頁1402。

[118] 見《史記》，卷二十三，〈禮書第一〉，頁1160。

制詔御史曰：「蓋受命而王，各有所由興，殊路而同歸，謂因民而作，追俗為制也。議者咸稱太古，百姓何望？漢亦一家之事，典法不傳，謂子孫何？化隆者閎博，治淺者褊狹，可不勉與！」乃以太初之元改正朔，易服色，封太山，定宗廟百官之儀，以為典常，垂之於後云。[119]

蓋先王之禮目的在防欲止爭，使「欲不窮於物，物不屈於欲」，皆順天理之自然，非以人力強設也。故史公在〈禮書〉的一開頭就說：「洋洋美德乎！宰制萬物，役使羣眾，豈人力也哉」。[120]然武帝乃多欲之人，其憚古禮之制欲，故集儒生共定儀，十餘年不就。而儒生言制禮之前提為「古者太平，萬民和喜，瑞應辨至」，恰與當時四方騷擾、百姓貧困、災異數見的情況相反。可見儒生認為當時的武帝沒有制作禮樂的資格，故武帝聞而惡之，才會下詔要儒生「因民而作，追俗為制」。由此可見，武帝改正朔、易服色及制漢禮的目的，並非為了百姓，不過是好名而已。

　　昔秦始皇初并天下，亦「改正朔，易服色」，認為「方今水德之始，改年始，朝賀皆自十月朔。衣服旄旌節旗皆上黑。……剛毅戾深，事皆決於法，刻削毋仁恩和義，然後合五德之數。」，[121]其後因多施暴政而速亡。在史公看來，「改正朔，易服色」是為了使天下更化，有了更美好的新開始。如今武帝不顧天下之衰敝，多欲而聚斂，好用嚴刑酷吏，其統治皆與暴秦無異。則其「改正朔，易

119　見《史記》，卷二十三，〈禮書第一〉，頁 1160。
120　見《史記》，卷二十三，〈禮書第一〉，頁 1161。
121　見《史記》，卷六，〈秦始皇本紀第六〉，頁 237。

服色」不過形式而已，又有何意義？

　　綜合以上所述，縱觀《史記》中的「今上」，其「外攘夷狄」是爲了求一己之快心，「內修法度」則是外飾儒術，內用酷法，竭天下資財以自奉，用一切之法以削奪群下，「封禪」是爲求仙不死，「改正朔，易服色」卻仍沿襲秦治而不改。故武帝之所作所爲，皆與始皇無異，所差一日之長者，不過秦始皇是赤裸裸的推行嚴刑峻法，而漢武帝則是用儒術緣飾文法而已。

　　是故《史記》一書，處處以始皇譏刺武帝。反映這一點最清楚的，乃是〈平準書〉。蓋〈平準書〉以「漢興，接秦之樊」一詞開端，歷述經文景之休養生息，天下由衰敝而殷富，此後則因武帝之多欲而多事，因多事而多費，因多費而患貧，於是以詐力之術斂天下之財，致使天下再次衰敝之經過。其贊語則以始皇結尾，言其「於是外攘夷狄，內興功業，海內之士力耕不足糧饟，女子紡績不足衣服」，最後總之云：

　　　古者嘗竭天下之資財以奉其上，猶自以為不足也。無異故云，事勢之流，相激使然，曷足怪焉。

文中所謂「古者」，指的是秦始皇；而與古者「無異」者，正是指漢武帝。一言「外攘夷狄，內興功業」，一言「外攘夷狄，內修法度」，前後對照之意昭然若揭。而〈平準書〉全文以秦亡始篇，以秦亡終篇，又總結以「物盛則衰，時極而轉，一質一文，終始之變」，正是暗示武帝聚斂之舉不止，終將蹈秦亡之覆轍。[122]

---

[122] 「一質一文」一詞，寓改朝換代之意，如《文選・設論・班孟堅答賓戲》（北

　　由此觀之，在太史公的心中，武帝不過是另一個始皇的重生；而襲秦之亂道而不改的漢朝，也不過是另一個秦朝的延續。史公實已對當世之統治者不抱任何希望，只能寄託其「以禮義防於利」之「百王大法」[123]於後世。昔孔子於《春秋》書末，結之以「制《春秋》之義，以俟後聖」，[124]以明其道之不能行於當世，故著《春秋》以自見；而太史公由武帝之所為，亦知周公、孔子之道之不能行於當世，《史記‧太史公自序》總結全書曰「俟後世聖人君子」，其深意正在於此。

　　京：中華書局影北京圖書館藏宋淳熙八年刻本，1974）李善注引《春秋元命包》曰：「正朔三而改，文質再而復」。而「終始之變」，亦此意也，如《三國志‧魏書‧陳思王植傳》（北京：中華書局，1963）：「太祖既慮終始之變，以楊脩頗有才策，而又袁氏之甥也，於是以罪誅脩」。

[123] 此包世臣語，其言《史記》「明為百王大法，非僅一代良史而已」（《藝舟雙楫‧論史記六國表敘》，清咸豐元年〔1851〕白門倦遊閣刊本）。而阮芝生於此語有極為精要之論析，詳見〈《史記》的特質〉，《中國學報》29 期（漢城：韓國中國學會，1989）。

[124] 《公羊傳‧哀公十四年》：「君子曷為為《春秋》？撥亂世，反諸正，莫近諸《春秋》。則未知其為是與？其諸君子樂道堯舜之道與？末不亦樂乎堯舜之知君子也？制《春秋》之義，以俟後聖，以君子之為亦有樂乎此也。」

第三章
從《史記》到《漢書》的轉折過程（上）

　　如本書第一章所述，在過去討論兩漢史學的論著中，多半偏重的是《史記》與《漢書》橫向的比較，而忽略了從《史記》到《漢書》的縱向發展。即使少數注意至此者，亦偏重史學本身的發展，而忽略了兩漢之際政治與史學的關係。

　　事實上，對當時的統治者來說，《太史公》（《史記》原名）及其所代表的當代史學，是一種全新型態的挑戰。作者的出發點，固然是「撥亂反正，以禮義防於利」；但對漢廷來說，卻是「微文譏刺，貶損當世」，這是統治者無法容忍的。但這樣的認識，並非在《史記》成書後就立刻全面形成，而是有一個漸變推移的過程。

　　以朝廷對待《史記》的政策，及當時學者的反應，作為兩個主軸來加以觀察，便可發現兩漢之間的史學，共經歷了四個時期的變化：即西漢的抑禁與傳抄時期、公布與刪削時期，西漢末至新莽的補續與褒揚時期，以及東漢的論罪與取代時期。這四個階段中史學與政治的互動，不但影響了《史記》日後的命運，同時也促成了《漢書》的出現，對後世史學的影響可以說是既深且鉅。

第一節 抑禁與傳抄時期：藏之名山與傳之其人

本時期自《史記》成書至太史公之外孫楊惲宣布《史記》傳本，其上限爲武帝征和二年（91 B.C.E.）十一月以後，下限爲宣帝地節四年（66 B.C.E.）至五鳳二年（56 B.C.E.）間，約爲 30 年左右，是漢代朝廷對待《太史公》流傳政策的第一時期。

在討論漢代朝廷對待《史記》的政策之前，必須先從《史記》一書藏、傳兩本的分合流變開始說起。

一、《太史公》藏、傳兩本的源起

《史記》在最早成書的時候，應該是完備無缺的。據《史記‧太史公自序》提到：

> 凡百三十篇，五十二萬六千五百字，為《太史公》書。[1]
> 太史公曰：余述歷黃帝以來至太初而訖，百三十篇。[2]

篇數、字數都已數的清清楚楚，不太可能有草創未成的部份存在。〈太史公自序〉又說：

> 藏之名山，副在京師，俟後世聖人君子。[3]

也就是說《史記》成書時，史公一共留下兩個本子，一本「藏之名山」，一本「副在京師」。而〈報任少卿書〉也提到：

---

[1]　《史記》，卷一百三十，〈太史公自序第七十〉，頁 3319。
[2]　《史記》，卷一百三十，〈太史公自序第七十〉，頁 3321。
[3]　《史記》，卷一百三十，〈太史公自序第七十〉，頁 3319。

　　僕誠已著此書，藏之名山，傳之其人通邑大都，則僕償前辱之
責，雖萬被戮，豈有悔哉！然此可為智者道，難為俗人言也。[4]

這裡也提到的《史記》有兩個本子，一本同樣是「藏之名山」，一
本則是「傳之其人通邑大都」。

　　太史公為什麼刻意留下兩個《史記》的本子，又為何在〈太史
公自序〉中要說明篇數、字數呢？這和下列幾點原因相關：

（一）《春秋》成書時已有遭迫害之虞

　　《史記》以繼承孔子《春秋》為志，而《春秋》成書時已有遭
統治者迫害之虞。太史公曾在《史記・十二諸侯年表》序中提到：

　　是以孔子明王道，干七十餘君，莫能用，故西觀周室，論史
記舊聞，興於魯而次《春秋》，上記隱，下至哀之獲麟，約其
辭文，去其煩重，以制義法，王道備，人事浹。七十子之徒
口受其傳指，為有所刺譏襃諱挹損之文辭，不可以書見也。[5]

而在《漢書・藝文志》中，班固也說明這一點：

　　《春秋》所貶損大人當世君臣，有威權勢力，其事實皆形於
傳，是以隱其書而不宣，所以免時難也。[6]

---

[4]　《漢書》，卷六十二，〈司馬遷傳第三十二〉，頁 2735。〈報任少卿書〉始見
　　　於東漢班固《漢書・司馬遷傳》，其後漢末荀悅《漢紀》，卷十四，「天漢二
　　　年條」亦節選，而以南朝梁昭明太子蕭統編，《昭明文選》，卷四十一收錄最
　　　全。其中《漢書・司馬遷傳》和《昭明文選》收錄者，內容文字小有出入，但
　　　於此段引文則全同。

[5]　《史記》，卷十四，〈十二諸侯年表第二〉，頁 509。

[6]　《漢書》，卷三十，〈藝文志第十〉，頁 1715。

特別提出「免時難」，可見政治勢力對史學可能的摧殘和威脅，在當時已經深植人心。而「不可以書見」或「隱其書而不宣」，即是防範政治迫害的辦法。

（二）秦代刻意消滅史學

至秦始皇統一天下後，政治勢力對史學的摧殘到達了最高峰。《史記·六國年表》序中提到：

> 秦既得意，燒天下詩書，諸侯史記尤甚，為其有所刺譏也。[7]

這裡值得注意的是，秦和春秋時諸侯君臣不滿史學的原因，都是因為「譏刺」。但不同的是，春秋時諸侯君臣是針對某些特定著作，而秦卻是具有普遍性的，要刻意消滅大多數的史學。這和秦的立國思想基礎，以及戰國時「法先王」與「法後王」的學術論爭有關，將另作專文論述。

而《史記·秦始皇本紀》，則將消滅史學的原因和方法，說的更清楚：

> 丞相李斯曰：「……今諸生不師今而學古，以非當世，惑亂黔首。……臣請史官非《秦記》皆燒之，……以古非今者族。」[8]

這裡所說的「以古非今者」，除了六經和戰國時流傳的各家著作之外，自然也包括「有所譏刺」的史學在內。

---

[7] 《史記》，卷十五，〈六國年表第三〉，頁686。
[8] 《史記》，卷六，〈秦始皇本紀第六〉，頁255。

而消滅史學的方法有二：一是對歷史著作本身的消滅（非《秦記》皆燒之），二是對著作者人身的消滅（以古非今者族）。如前所述，其造成的結果，便是中國傳統史學的頓挫和中衰，於是方有日後《史記》的另開新局。

（三）漢代時以「誹謗」論罪

至漢代，表面上似乎一改秦道，對學術持尊重鼓勵的態度。但對學者而言，仍不免有迫害學術之疑慮。

如文帝前二年（180 B.C.E.）有廢「誹謗妖言」之罪的詔令：

> 上曰：「古之治天下，朝有進善之旌，誹謗之木，所以通治道而來諫者。今法有誹謗妖言之罪，是使眾臣不敢盡情，而上無由聞過失也。將何以來遠方之賢良？其除之。民或祝詛上以相約結而後相謾，吏以為大逆，其有他言，而吏又以為誹謗。此細民之愚無知抵死，朕甚不取。自今以來，有犯此者勿聽治。」[9]

在漢代，「誹謗」是屬於「不道」罪的一種，[10]「秦漢時誹謗法係指為人臣者對皇帝或朝廷政令之非議、批評，凡史料中有謗訕、怨望、偶語、非所宜言……等文辭」，[11] 都可歸之於此罪。從上引詔令來看，在西漢初年仍有誹謗妖言之罪的存在，而且罪至「抵死」。

---

[9]　《史記》，卷十，〈孝文本紀第十〉，頁 436。

[10]　關於這一點的詳細討論，請參考大庭脩，《秦漢法制史の研究》（東京：創文社，1982），第二章第三節〈漢律における「不道」の概念〉。

[11]　關凱元，《從言語犯罪到文字犯罪——論漢唐宋誹謗法之演變》（台北：國立政治大學歷史學研究所碩士論文，2004），頁 3。

但文帝之後，「誹謗妖言」之罪就真的「勿聽治」了呢？事實上在西漢之世，高后、文帝、哀帝一共三次下令除去誹謗或妖言罪，[12]但整個西漢都存在此類罪名，甚至一直沿用到東漢，而且刑罰極其嚴厲，如昭帝時眭弘上書請求皇帝禪讓，結果以「祅言惑眾」論罪而誅殺；[13]宣帝時嚴延年口頭譏刺當朝大臣，「坐怨望非謗政治，不道，棄市」；[14]東漢順帝時趙騰上言災變，譏刺朝政，以「誹謗」論罪，最後減死一等，仍伏重法。[15]而太史公自己的外孫楊惲，也先因「誹謗」罪免官，後因「妖言」腰斬。[16]

而在《史記》中，史公也特別記載了與其同時的兩個例子，一是大農顏異因腹誹而論死：

> 而大農顏異誅。初，異為濟南亭長，以廉直稍遷至九卿。上與張湯既造白鹿皮幣，問異。異曰：「今王侯朝賀以蒼璧，直數千，而其皮薦反四十萬，本末不相稱。」天子不說。張湯又與異有郤，及有人告異以它議，事下張湯治異。異與客語，客語初令下有不便者，異不應，微反脣。湯奏當異九卿見令不便，不入言而腹誹，論死。自是之後，有腹誹之法比，

---

[12] 《漢書・刑法志》：「至高后元年，乃除三族罪、祅言令」；《漢書・哀帝紀》：「除任子令及誹謗詆欺法」。

[13] 《漢書》，卷七十五，〈眭兩夏侯京翼李傳第四十五〉，頁3154。

[14] 《漢書》，卷九十，〈酷吏傳第六十〉，頁3671。

[15] 《後漢書》，卷五十六，〈張王种陳列傳第四十六〉，頁1816。

[16] 《漢書・景武昭宣元成功臣表》，「平通侯楊惲」條：「五鳳三年，坐為光祿勳誹謗政治，免」；《史記・建元以來侯者年表》，「平通侯楊惲」條：「到五鳳四年，作為妖言，大逆罪腰斬，國除」。

而公卿大夫多諂諛取容矣。[17]

二是公孫弘欲以誹謗之罪族誅汲黯：

> 中尉汲黯進曰：「凡王者作樂，上以承祖宗，下以化兆民。
> 今陛下得馬，詩以為歌，協於宗廟，先帝百姓豈能知其音邪？」
> 上默然不說。丞相公孫弘曰：「黯誹謗聖制，當族。」[18]

由於「誹謗」罪的包含範圍甚廣，著作史書「以古非今」應亦包含在「誹謗」罪之列。有同時的顏異和汲黯的例子在，太史公對此自然有所防備。

（四）為免亡佚或篡亂

　　縱使不論來自統治者迫害的可能性，太史公也可能為了防範此書日後因戰亂亡佚或遭人篡亂，所以多留下一個本子。武帝時，太史公父子負責石室金匱的圖書整理工作，眼見秦火劫餘典籍「書缺簡脫」[19]的散亂情形，不由得不心生戒懼，故其在《史記・六國年表》序中慨嘆：

> 詩書所以復見者，多藏人家；而史記獨藏周室，以故滅。惜哉，惜哉！[20]

太史公認為「獨藏」是古代史記被消滅之主因，因此才刻意留下藏、

---

[17]　《史記》，卷三十，〈平準書第八〉，頁1433。

[18]　《史記》，卷二十四，〈樂書第二〉，頁1178。

[19]　《漢書・藝文志》：「至秦患之，乃燔滅文章，以愚黔首。……迄孝武世，書缺簡脫，禮壞樂崩」。見《漢書》，卷三十，〈藝文志第十〉，頁1701。

[20]　《史記》，卷十五，〈六國年表第三〉，頁686。

傳兩本，目的就是希望日後其中一個本子缺佚時，還有另一個本子可以校補。而〈自序〉中對全書篇數和字數特別加以強調，更是爲了怕人篡亂己作。

自春秋歷經秦、漢，史學發展雖歷經幾番起伏，但史家面對政治迫害的風險卻一直存在。《史記》欲重建以「撥亂反正」爲核心精神的當代史學，則必然爲統治者所忌憚。如前所述，來自政治勢力可能的迫害，一則是對太史公人身的迫害，一則是對《史記》一書的迫害。《史記》成書後，太史公對人身迫害已不放在心上，如〈報任少卿書〉中所說：「雖萬被戮，豈有悔哉」！但對《史記》一書的毀害，則不得不防。是以留下兩個本子分藏兩地，其因在此。這樣的做法未見於前代，乃史公之新創，可知史公對於政治力量迫害史學的防範之心。

二、藏、傳兩本的所在

史公既然留下了兩部完整的《史記》本子，又分別放在何處呢？對這一點，後來的學者有截然不同的兩種看法。

第一種看法認爲，「藏之名山」本是傳給了太史公之女，秘存華陰史公家中，後來傳到了太史公的外孫楊惲手上，而「副在京師」本則進呈御府，存於中秘。[21]第二種看法認爲，「藏之名山」本是

---

[21] 此說始於近代陳直，其後馮學忠、袁傳璋亦主張此說。見陳直，〈漢晉人對《史記》的傳播及其評論〉，收入氏著，《文史考古論叢》（天津：天津古籍出版社，1988）；馮學忠，〈《史記》正本藏何處〉，收入《司馬遷與《史記》論集》第一輯（西安：陝西人民出版社，1994）；袁傳璋，《太史公生平著作考論》，頁182，「今本《史記》源流考略」。

藏在西漢官方秘府中，「副在京師」本則是傳給了太史公之女，而後傳到其外孫楊惲手上。[22]

　　這兩種看法分歧的原因，是來自於「名山」一詞理解的不同。「名山」可當名山大川解，如《史記‧封禪書》：

　　　太史公曰：「余從巡祭天地諸神名山川而封禪焉。」[23]

又如《史記‧六國年表序》：

　　　《禮》曰：「天子祭天地，諸侯祭其域內名山大川。」[24]

如果是這個解釋，那華山自屬名山之一，「藏之名山」說成「藏於華陰」是可能的。

　　但「名山」也可以作藏書之書府解，如《史記‧太史公自序》「藏之名山，副在京師」注引《索隱》曰：

　　　正本藏之書府，副本留京師也。《穆天子傳》云：「天子北征，至于羣玉之山，河平無險，四徹中繩，先王所謂策府」。郭璞云：「古帝王藏策之府」，則此謂藏之名山是也。[25]

如依此解，則「藏之名山」說成「藏於中秘」也能說得通。

22　此說近代易平、易寧力主之，請參考易平、易寧，〈《史記》早期文獻中的一個根本問題──《太史公書》「藏之名山，副在京師」考〉，見《南昌大學學報（人社版）》第 35 卷第 1 期（2004）。

23　《史記》，卷二十八，〈封禪書第六〉，頁 1404。

24　《史記》，卷十五，〈六國年表第三〉，頁 685。

25　《史記》，卷一百三十，〈太史公自序第七十〉，頁 3321。

　　究竟哪一個解釋，才是比較正確的呢？從《史記·太史公自序》及〈報任少卿書〉的前後文來看，應該是第二個解釋比較合理。《史記·太史公自序》言「藏之名山，副在京師」，以藏本與副本並列。而〈報任少卿書〉言「藏之名山，傳之其人通邑大都」，以藏本與傳本並列。如果《太史公》真的只留下了兩個本子，[26]那麼副本和傳本就應該是同一個本子。而從日後太史公外孫楊惲宣布《太史公》書之事來看，傳本應該就是傳到了楊惲手上。而《太史公》除了楊惲傳本外，另一個本子確在秘府，由此推知即「藏之名山」本。

　　然而易平更進一步主張，「藏之名山」的藏本實藏於太史公府，[27]這一點就只能存疑了。從〈報任少卿書〉及《史記·太史公自序》來看，將《史記》入藏秘府，這是史公原定的計畫，這是無庸置疑的。而西漢之太史官署有藏書之職能，此亦無疑問。[28]但《史記》成書時，史公已非太史令，乃中書謁者令，此時太史官署恐非

---

[26] 事實上，〈太史公自序〉說的「副在京師」，和〈報任少卿書〉說的「傳之其人通邑大都」，是否真的就是同一個本子？太史公會不會根本留下了三個本子，正本藏之名山，副本藏於京師秘府，傳本則後來傳到楊惲手上？蒙導師阮芝生教授提示，有此「《史記》三本說」之可能性，但在未有進一步證據之前，只能暫存不論。

[27] 見易平，〈褚少孫補《史》新考〉，《臺大歷史學報》第 25 期（2000）。及易平、易寧，〈《史記》早期文獻中的一個根本問題──《太史公書》「藏之名山，副在京師」考〉一文中，又進一步重申了這個觀點。見《南昌大學學報（人社版）》第 35 卷第 1 期。

[28] 《漢書·藝文志》顏注引如淳曰：「劉歆《七略》曰：『外則有太常、太史、博士之藏，內則有延閣、廣內、祕室之府』」。見《漢書》，卷三十，〈藝文志第十〉，頁 1701。

其所管轄，[29]故應無法順理成章的得出入藏太史公府之結論。國家書府共有多處，《漢書‧藝文志》顏注引如淳曰：「劉歆《七略》曰：『外則有太常、太史、博士之藏，內則有延閣、廣內、祕室之府』」。[30]因此，史公將《史記》收藏於國家書府的任何一處，應該都是有可能的。

三、藏本的初期情況

藏、傳兩本的脈絡既然清楚，接下來便可討論《史記》在成書之後的流傳情形，首先先由藏於秘府的藏本開始。《漢書‧藝文志》：

> 漢興，改秦之敗，大收篇籍，廣開獻書之路。迄孝武世，書缺簡脫，禮壞樂崩，聖上喟然而稱曰：「朕甚閔焉！」於是建藏書之策，置寫書之官，下及諸子傳說，皆充祕府。[31]

秘府古已有之，然武帝時建立了管理的辦法（「建藏書之策」），及專門抄寫書籍的官員（「置寫書之官」），並擴充了收藏的範圍（「下及諸子傳說」）。而由太史公「藏之名山」一言來看，入藏秘府應為其成書前已有的計畫，成書後便主動進獻。[32]

---

[29] 據《漢書‧百官公卿表》的記載，太史乃奉常屬官，中書謁者令乃少府屬官，兩者不相統轄。

[30] 見《漢書》，卷三十，〈藝文志第十〉，頁1701。

[31] 《漢書》，卷三十，〈藝文志第十〉，頁1701。

[32] 今本《史記‧漢興以來諸侯王年表》序有「臣遷謹記高祖以來至太初諸侯，譜其下益損之時，令時世得覽。形勢雖彊，要之以仁義為本」。此處「臣遷」之自稱，即有可能是上書於朝廷時之用詞。但余嘉錫，〈太史公書亡篇考‧遷沒後亡十篇褚先生補缺第二〉則認為：「漢人稱臣乃自謙之詞，不必對君」（見

但入藏秘府之書，除非經過皇帝允許，否則一般人是不能看到的。最清楚的一個例子，便是成帝時東平思王求秘書不得之事，語在《漢書・宣元六王傳》：

> 後年來朝，上疏求諸子及《太史公》書，上以問大將軍王鳳，對曰：「臣聞諸侯朝聘，考文章，正法度，非禮不言。今東平王幸得來朝，不思制節謹度，以防危失，而求諸書，非朝聘之義也。諸子書或反經術，非聖人，或明鬼神，信物怪；《太史公》書有戰國從橫權譎之謀，漢興之初謀臣奇策，天官災異，地形厄塞：皆不宜在諸侯王。不可予。不許之辭宜曰：『五經聖人所制，萬事靡不畢載。王審樂道，傳相皆儒者，旦夕講誦，足以正身虞意。夫小辯破義，小道不通，致遠恐泥，皆不足以留意。諸益於經術者，不愛於王。』」對奏，天子如鳳言，遂不與。[33]

又《漢書・敘傳》亦曰：

> 時書不布，自東平思王以叔父求《太史公》書、諸子書，大將軍白不許。語在〈東平王傳〉。

《漢書・敘傳》所說的「時書不布」，指的就是秘府中的藏書，特別是指《太史公》書。[34]東平思王劉宇其身份貴為王爵，尊為漢成帝之叔父，而欲求秘府藏書不可得，可見秘府藏書規禁之嚴格。

《余嘉錫論學雜著》上冊〔北京：中華書局，1953〕，頁 9）。兩說皆有可能，但不影響史公藏其書於中秘的推斷。

[33] 《漢書》，卷八十，〈宣元六王傳第五十〉，頁 3324。

[34] 關於這一點，牽涉到兩漢之際《史記》第三個本子的流傳，將在後文中詳述。

　　而從相關文獻來看，能看秘府藏書者，除了天子和負責秘府藏書的相關官員外，只有少數身份尊貴至極或經由天子特許的人物才能看到秘府藏書。如〈宣元六王傳〉所記，大將軍王鳳明顯是看過秘府所藏的諸子及《太史公》書的；而西漢末揚雄〈答劉歆書〉說：「有詔令尙書給筆墨，得觀於石室」，余嘉錫據此言：「然則中秘之藏，人臣非受詔不得觀矣」。[35]

　　除此之外，擅自出借或抄寫秘府藏書者，皆會受到嚴厲的處分。出借秘書論罪之例，如《漢書・百官公卿表》「宣帝地節四年」條：

　　蒲侯蘇昌為太常，十一年坐籍霍山書。泄祕書，免。[36]

所謂「籍霍山書」，顏注曰：「以祕書借霍山」，貴爲九卿的太常蘇昌即因此罪而免官。而霍山也同樣因爲抄寫了秘書而論罪，如《漢書・霍光金日磾傳》：

　　（霍）山又坐寫祕書，（霍）顯為上書獻城西第，入馬千匹，以贖山罪。[37]

「寫秘書」究竟是什麼程度的罪呢？過去研究者罕論及此，但從傳世及出土文獻中，可以大致推測出來。

　　秦漢有所謂的「贖罪」，是與「死罪」、「刑罪」、「耐罪」等相並列的刑罰種類之一。「贖罪」的性質則可分兩類，一類是「規

[35]　余嘉錫，〈古書通則〉，收入《余嘉錫說文獻學》一書（上海：上海古籍出版社，2001）。

[36]　《漢書》，卷十九，〈百官公卿表第七〉，頁796。

[37]　《漢書》，卷六十八，〈霍光金日磾傳第三十八〉，頁2956。

定刑」，也就是法律直接判處「贖罪」；一類是「替換刑」，也就是本應判處死刑、肉刑、勞役刑者，因身份尊貴或皇帝特許等原因，允許以繳納財物贖罪。[38]

從前文判斷，霍顯（霍光之妻）是主動上書要求以財物贖罪，故知此處的贖罪應是第二類的「替換刑」。如是「規定刑」，就應該是直接判處，不需上書。而秦漢贖罪本有「輕重相稱」之原則，如居延漢簡所出土的〈罪人得入錢贖品〉殘冊：[39]

大司農臣延奏罪人得入錢贖品		EPT56.35
贖完城旦舂六百石	直錢四萬	EPT56.36
髡鉗城旦舂九百石	直錢六萬	EPT56.37

而《漢書·武帝紀》記載天漢四年（97 B.C.E.），武帝下詔：

秋九月，令死罪入贖錢五十萬減死一等。[40]

兩年後的太始二年（95 B.C.E.），又再次重申：

秋，旱，九月，募死罪人入贖錢五十萬減死一等。[41]

---

[38] 關於秦漢「贖罪」的研究，較全面者可參考日人富谷至，《秦漢刑罰制度の研究》（東京都：同朋舍，1998），第二章第五節和第四章第二節的相關討論。較新者可參考朱紅林，〈竹簡秦漢律中的「贖罪」與「贖刑」〉，《史學月刊》2007 年 5 期。

[39] 見甘肅省文物考古研究所等編，《居延新簡：甲渠候官》（北京：中華書局，1994）。爲霍山贖罪事，發生在宣帝地節四年（66B.C.E.）。而此處的「大司農臣延」，依《漢書·百官公卿表》所記，應是宣帝五鳳元年（57B.C.E.）至元帝初元元年（48B.C.E.）的「大司農延」，兩者約當同一時期，可爲參照。

[40] 《漢書》，卷六，〈武帝紀第六〉，頁 205。

也就是說自武帝晚年始，贖罪中之最重——贖死——的價格是五十萬錢，這應是當時法定的最高贖錢額度。

而由漢代物價來看，霍顯所提出的贖罪價格「獻城西第，入馬千匹」，其價值遠超過五十萬錢。漢代馬匹之價格變動甚大，在特殊情況下最高可至百萬錢，最低可至四千錢。但從出土漢簡來看，一般約在五千錢至萬錢之間。[42] 故馬千匹，最低價格都有四百萬錢。何況再加上寸土寸金的長安城西宅第，[43] 其價格遠超過贖死的五十

---

[41]　《漢書》，卷六，〈武帝紀第六〉，頁 206。

[42]　漢代馬價，可信據者約有下列幾處：

（1）《九章算術・方程》：「馬價五千四百五十四錢」。

（2）《居延漢簡甲乙編》簡 37.35：「用馬五匹直二萬」。

（3）《史記・平準書》：「馬一匹則百金」。

（4）《漢書・武帝紀》：「平牡馬匹二十萬」。

（5）《後漢書・孝靈帝紀》：「馬一匹至二百萬」。

陳直，〈漢代的米穀價及內郡邊郡物價情況〉一文（收入氏著，《兩漢經濟史料論叢》〔西安：陝西人民出版社，1957〕）則言：「案居延木簡馬一匹最高十千，最低五千」，雖不知確實出處，然應有依據。其文又引居延漢簡「馬一匹五千五百」、「馬五千三百」兩處，據查出處為居延漢簡 206.010：「☑馬錢五千三百已入千二百付隧卒麗吝少四千一百」及 143.019：「甲渠候長李長贛馬錢　五千五百」兩條材料。但漢代「馬錢」一詞，不一定是指活馬的價錢，有時是指不只一匹的死馬錢，姑存不論。而武帝末年因征匈奴戰爭而馬匹大量死傷，造成馬價高漲，宣帝時距此不遠，馬價應不致太低。

[43]　漢代宅第價格，隨時代、地點、間數等起伏甚大，如「鄭子真宅舍」殘碑（《隸釋》，卷十五）：

　　□所居宅舍一區直百萬，故鄭子真地中起舍一區作錢☑

　　故鄭子真舍中起舍一區七萬，故潘蓋樓舍并二區十一☑

　　故呂子近樓一區五萬，故像樓舍一區二萬五千☑

　　扶毋舍一區萬二千，□□鳳樓一區三萬，□□車舍一區萬，□□奉樓一區

萬錢。因此,「寫秘書」在漢代必爲超過死罪之重罪可知。

既然擅自借閱或抄寫秘府藏書,其罪輕則免官,重則處死。則《史記》藏本一入秘府,除了少數人外,一般人是看不到的,更別說是抄寫流傳。因此,《漢書·司馬遷傳》所說:

> 遷既死後,其書稍出。宣帝時,遷外孫平通侯楊惲祖述其書,遂宣布焉。[44]

其中的「其書稍出」,即太史公死後到楊惲宣布《史記》前,《史記》部分內容以單篇的形式流傳在外,[45]雖不知其具體篇目、數量,但由前引對秘府藏書的厲禁來看,當非出於藏本可知。

四、傳本的初期情況

那麼《史記》的傳本,又是傳給了誰呢?蓋傳本雖爲楊惲所公布,但依楊惲之年紀來看,他恐怕不是史公所說的「傳之其人」。[46]

蓋史公作〈報任少卿書〉爲征和二年(91 B.C.E.)十一月,〈報〉書中稱:

> 僕誠已著此書,藏之名山,傳之其人通邑大都,則僕償前辱

二萬,□□子信舍一區萬(以上爲節引),故知漢代房價自萬錢至百萬錢皆有可能。

[44] 《漢書》,卷六十二,〈司馬遷傳第三十二〉,頁 2707。

[45] 此點爲易平,〈楊惲與《太史公書》〉(《大陸雜誌》第 93 卷第 1 期,頁 33-40)所提出,其說可從。

[46] 《漢書·司馬遷傳》「傳之其人通邑大都」條下,顏師古注曰:「其人謂能行其書者」,但並未提到「其人」具體指誰。

之責，雖萬被戮，豈有悔哉！[47]

如前文所述，當時《史記》尚未成書，史公是否已找到可傳之人也不能確定。但從「傳之其人通邑大都」一語加以推測，此時史公心中或有一個或數個的理想人選，其人則居於「通邑大都」。而到了〈太史公自序〉中說：

> 凡百三十篇，五十二萬六千五百字，為《太史公》書。序略，以拾遺補藝，成一家之言，厥協六經異傳，整齊百家雜語，藏之名山，副在京師，俟後世聖人君子，第七十。[48]

也就是說《史記》成書時，史公已確定了這個人選，因此範圍從「通邑大都」縮小到了「京師」。

楊惲生年，史籍無載，但他於昭帝元平間（74 B.C.E.）入仕為郎，此時上距征和二年（91 B.C.E.）已有 18 年。雖不知其任為郎官之年齡，但漢代郎官需備宿衛，一般情況下年齡不致太大。[49]由此上推，史公在世時，楊惲應仍年幼，甚至還未出生都有可能。[50]更何況從《漢書・公孫劉田王楊蔡陳鄭傳》所說：

> （楊）忠弟惲，字子幼，以忠任為郎，補常侍騎。惲母，司

---

[47]　《漢書》，卷六十二，〈司馬遷傳第三十二〉，頁 2735。

[48]　《史記》，卷一百三十，〈太史公自序第七十〉，頁 3319。

[49]　如楊惲在〈報孫會宗書〉中，亦自述「幸賴先人餘業得備宿衛」可知。見《漢書》，卷六十六，〈公孫劉田王楊蔡陳鄭傳第三十六〉，頁 2894。

[50]　如〈霍光金日磾傳〉記：「時年十餘歲，任光為郎」，可知漢代顯貴子弟自十餘歲起，即可任郎官。見《漢書》，卷六十八，〈霍光金日磾傳第三十八〉，頁 2931。

　　馬遷女也。惲始讀外祖《太史公記》，頗為《春秋》。[51]

楊惲似乎沒見過史公本人，只是讀過他的書，其《太史公記》恐非史公親傳，而是因其母得以覽觀。因此就常理言，楊惲應非史公指定之傳人。

　　而由傳本的流傳經過來看，可能成為史公和楊惲間傳人者，只有兩人。一是楊惲之母，也就是史公之女；二是楊惲之父，也就是曾任丞相的楊敞。在《漢書・公孫劉田王楊蔡陳鄭傳》中，對楊敞的生平是這樣記載的：

> 楊敞，華陰人也。給事大將軍莫府，為軍司馬，霍光愛厚之，稍遷至大司農。元鳳中，稻田使者燕蒼知上官桀等反謀，以告敞。敞素謹畏事，不敢言，乃移病臥。以告諫大夫杜延年，延年以聞。蒼、延年皆封，敞以九卿不輒言，故不得侯。後遷御史大夫，代王訢為丞相，封安平侯。

> 明年，昭帝崩。昌邑王徵即位，淫亂，大將軍光與車騎將軍張安世謀欲廢王更立。議既定，使大司農田延年報敞。敞驚懼，不知所言，汗出洽背，徒唯唯而已。延年起至更衣，敞夫人遽從東箱謂敞曰：「此國大事，今大將軍議已定，使九卿來報君侯。君侯不疾應，與大將軍同心，猶與無決，先事誅矣。」延年從更衣還，敞、夫人與延年參語許諾，請奉大將軍教令，遂共廢昌邑王，立宣帝。宣帝即位月餘，敞薨，諡曰敬侯。子忠嗣，以敞居位定策安宗廟，益封三千五百戶。[52]

<hr>

[51] 《漢書》，卷六十六，〈公孫劉田王楊蔡陳鄭傳第三十六〉，頁2889。

[52] 《漢書》，卷六十六，〈公孫劉田王楊蔡陳鄭傳第三十六〉，頁2888。

過去部分學者，相信太史公是將其書傳給女兒的最主要原因，便是根據上文這段謀欲廢帝的故事。在這段故事中，楊敞唯唯諾諾和畏事驚懼的形象，與其夫人當機立斷的表現對比明顯。因此，王國維稱之「以一女子而明決如此，洵不愧爲（史）公女也」；[53]易平則在引述上文故事時，直接加上「敞夫人（案：司馬遷女）當機立斷」的案語，直接肯定這就是太史公的女兒。[54]

由於太史公的高大形象，身爲《史記》的研究者和愛好者，自然也希望相信這個睿智明快的女性，就是太史公的女兒。然而，這裡的敞夫人和太史公之女真的是同一個人嗎？

答案恐怕會讓大家失望。由《漢書‧公孫劉田王楊蔡陳鄭傳》來看，楊敞前後至少娶過兩名女性爲正妻，〈傳〉言：

> 初，惲受父財五百萬，及身封侯，皆以分宗族。後母無子，財亦數百萬，死皆予惲，惲盡復分後母昆弟。

從這裡的記載可以清楚知道：（一）楊惲的生母是太史公之女，而除了生母之外，他還有一名後母。（二）楊惲之後母，在楊惲之父楊敞故去後，方才逝世。

而根據〈傳〉文的記載，謀欲廢帝事發生在昭帝元平元年（74 B.C.E.），緊接著宣帝即位，月餘楊敞即薨逝。那麼除非在這一個

53　見王國維，〈太史公行年考〉，收入氏著，《觀堂集林》（台北：藝文印書館據民國十二（癸亥）年烏程蔣氏密韻樓本影印，1956），卷十一。

54　見易平、易寧，〈《史記》早期文獻中的一個根本問題——《太史公書》「藏之名山，副在京師」考〉，《南昌大學學報（人社版）》第 35 卷第 1 期（2004），頁 89。

多月內，楊惲之母即故去，然後楊敞又大違常情，立刻在服喪期間內另娶新妻，否則這位「敞夫人」絕不可能是太史公之女。

那麼楊惲之母會不會並非楊敞之正妻，而是妾侍一類呢？這也不太可能。蓋太史公前為太史令，後為中書謁者令，尊寵任職。楊敞在給事霍光幕府之前，則默默無聞。兩者並非門第懸殊，太史公如何可能嫁女作妾？更何況，在謀欲廢帝一事中，「敞夫人」之地位亦似正妻而非妾侍。

故由常情推測，楊惲之生母（太史公之女）當在昭帝元平元年（74 B.C.E.）之前已過世，參與廢帝事者乃楊惲之後母。

其實，只要稍為梳理《漢書‧公孫劉田王楊蔡陳鄭傳》中對楊敞和楊惲的相關記載，便可清楚知道「敞夫人」與太史公之女並非一人。過去學者竟不辨此，只能說大家對太史公敬愛之心太強，同情之心太甚，以致在主觀上寧可「相信」這位明智的夫人就是史公之女了。

因此，問題又回到了原點。史公究竟將傳本傳給了誰？是這位在史書幾乎默默無聞的史公之女？或是唯諾畏事的女婿楊敞呢？其實這個問題的答案，是一而二，二而一的。

按楊惲的年齡來推算，他出仕為郎上距太史公作〈報任少卿書〉十八年。而且，楊惲還有一個哥哥楊忠。依常理推測，其母嫁給楊敞的時間，應在十八年以上，也就是作〈報任少卿書〉之前。因此，史公此時所謂「傳之其人」，如果是指自己的女兒，他不可能會不考慮女婿的問題。因為女子出嫁從夫，女婿的態度將影響其書的命

運甚巨。反過來說，如果是傳給了女婿楊敞，也就等於是傳給了自己的女兒。從後來《史記》一書的流傳來看，傳給女婿和女兒，其後又教出了能祖述並公布其書的外孫，確實不失為一個好的選擇。

何況楊敞此人，雖然在廢立之事上失於畏怯，但並不如一般人印象中的不堪。而讓他表現失常的廢立昌邑王之事，就當時人立場來看，以人臣廢立皇帝，乃是自商代伊尹以來近二千年所罕有之巨變。其表現驚惶失措，實在不足以深責。而其任職大將軍幕府，能深得霍光之愛厚，可見並非無能之人。《漢書・公孫劉田王楊蔡陳鄭傳》稱其「素謹畏事」，遇事「不敢言」，當不致重遭史公下獄之覆轍。此人由軍司馬開始，一路做到大司農、御史大夫、丞相，算得上是處世為官有道。相對來說，應該是不錯的傳人選擇。

綜合以上所述，自《史記》成書至其外孫楊惲宣布《史記》傳本為止，約三十年期間，是漢代朝廷對待《史記》流傳政策的第一時期。此時史公為避免政治對其史學的迫害，採用了自古未有的創新之舉，將其書分為藏、傳兩本，分別加以收藏。藏本藏於朝廷秘府，受朝廷對秘府藏書的嚴屬抑禁政策所限制，凡觸犯者幾近死罪，故其內容未見流傳在外。傳本則由史公傳於女婿和女兒，其部分篇章並在此時期被傳抄流出，其後全書為外孫楊惲所祖述及公布。

總的來說，此時期的《史記》似未引起朝廷的特別注意，亦未特別查禁此書（關於這點，將留待下節一併詳述）。而在民間，則逐漸引起少數人的喜好和傳抄，此為第一時期的概況。

第二節　公布與刪削時期（一）：楊惲與褚少孫

本時期自楊惲宣布《史記》傳本至成帝賜班斿秘書之副爲止，其上限爲宣帝地節四年（66 B.C.E.）至五鳳二年（56 B.C.E.）間，下限爲成帝河平三年（26 B.C.E.）至鴻嘉三年（18 B.C.E.）間，約爲 40 年左右，是漢代朝廷對待《史記》流傳政策的第二時期。

此時期與《史記》相關的共有四件大事，一是楊惲宣布《史記》傳本；二是褚少孫對《史記》的撰續；三是漢代朝廷將《史記》刪削十篇，也就是後世所謂「十篇缺」的出現；四是成帝賜班斿秘書之副，其中即包括《太史公》書，這是西漢《史記》在藏、傳兩本外的第三個本子，過去罕爲人所論及。由於此時期事繁變眾，多須考證，因此所需篇幅較大，茲分爲前後兩節處理。

一、楊惲宣布《太史公》傳本的時間

在第一時期，《史記》流傳不廣，亦未引起朝廷過度注意。但這樣的局面，在太史公的外孫楊惲宣布了家藏的《史記》傳本後，開始發生了改變。《漢書·司馬遷傳》：

> 遷既死後，其書稍出。宣帝時，遷外孫平通侯楊惲祖述其書，遂宣布焉。[55]

《史記》傳本宣布後，引起了當時許多學者的興趣，如宣元間的博

---

[55]　《漢書》，卷六十二，〈司馬遷傳第三十二〉，頁 2707。

士褚少孫就是一個例子。[56]其極為喜好《史記》一書，前後十餘年在長安四處求取此書。在今本《史記》中，褚少孫留下了許多以「褚先生曰」為題的撰續《史記》文字，成為考察當時《史記》傳播情形的重要史料。其實，當時雅好《史記》並加以補續者，應遠不只褚少孫一位。

　　由〈傳〉文來看，楊惲宣布《史記》傳本是在宣帝時，此時其身份為平通侯。楊惲為平通侯的時間，是在宣帝地節四年（66 B.C.E.）至五鳳二年（56 B.C.E.）間，因此他宣布《史記》傳本就在這段時間內。

二、所謂「宣布」的意義

　　而這裡所謂的「宣布」，是什麼意思呢？據易平〈楊惲與《太史公書》〉一文認為：[57]

> 楊惲「宣布」《太史公書》或有以下三事：（1）向世人宣告「副在京師」傳本歸他所有。（2）宣示《太史公書》百三十篇篇目或各篇篇旨。（即史公《自序》各篇贊文。）也就是公開《太史公自序》或《自序》部分內容。（3）將副本的部分篇卷傳示餘人。

對於易平提出的這三點，第一和第二點基本沒有問題。但在第三點上，易平力主楊惲未公布《太史公書》全本，而只是其中的一部份。

---

[56]　據易平考證，褚少孫乃宣元間博士。參易平，〈褚少孫補《史》新考〉，《臺大歷史學報》第 25 期（2000）。

[57]　易平，〈楊惲與《太史公書》〉，《大陸雜誌》第 93 卷第 1 期（1997），頁 34。

〈楊惲與《太史公書》〉一文，解釋這一點說：[58]

> 楊惲在宣帝元康至五鳳初以平通侯任中郎將、諸吏光祿勳，
> 他宣布《太史公書》時，褚生在郎署。倘若楊惲將副本悉予
> 「傳寫以公於世」，褚生當得先睹之便，何煩「往來長安中」
> 求篇索傳，更不會出現求《三王世家》、《龜策列傳》「終
> 不能得」的情況。以上事實表明，**楊惲宣布《太史公書》時，
> 並沒有把全書百三十篇公之於世或傳寫予人。**

但這一點是否能成立，還是有疑義的。

　　考察楊惲之生平，其於昭帝元平間（74 B.C.E.）入仕為郎，地
節四年（66 B.C.E.）封平通侯，累遷中郎將、諸吏光祿勳。五鳳二
年（56 B.C.E.）免官，四年（54 B.C.E.）罪誅。[59]而據易平〈褚少孫
補《史》新考〉一文考證，褚少孫則是於宣帝元康（65-62 B.C.E.）
初入仕為郎，後遷侍郎，甘露（53-50 B.C.E.）間為博士，補《太史
公》書則在宣、元之際，後於元帝初元末卒於博士官。[60]由此推算，
楊、褚兩人同居門下達十年之久，這也正是易平所說「倘若楊惲將
副本悉予傳寫以公於世，褚生當得先睹之便」的原因。但褚少孫卻
在其所補《太史公》書的文字（以下簡稱「褚〈補〉」）中說：

> 臣幸得以文學為侍郎，好覽觀太史公之列傳。傳中稱〈三王
> 世家〉文辭可觀，求其世家終不能得。竊從長老好故事者取

58　易平，〈楊惲與《太史公書》〉，《大陸雜誌》第 93 卷第 1 期，頁 34。

59　關於楊惲生平，可參閱《漢書》之〈宣帝紀〉、〈景武昭宣元成功臣表〉、〈百
　　官公卿表〉、〈公孫劉田王楊蔡陳鄭傳〉等相關記載。

60　易平，〈褚少孫補《史》新考〉，《臺大歷史學報》第 25 期。

其封策書，編列其事而傳之，令後世得觀賢主之指意。

褚補〈三王世家〉[61]

臣往來長安中，求〈龜策列傳〉不能得，故之大卜官，問掌故文學長老習事者，寫取龜策卜事，編于下方。

褚補〈龜策列傳〉[62]

試想，如果褚少孫看過楊惲家藏《太史公》傳本，又何必「往來長安中」？又怎麼會「終不能得」？因此，易平做出楊惲必定未公布《太史公》全書之結論。

那麼，何故楊惲不肯公布《太史公書》百三十篇全本呢？易平認為，這是因為《太史公書》乃是漢朝重點禁書。他在〈楊惲與《太史公書》〉及〈褚少孫補《史》新考〉兩文中，反覆聲明這一點：

究其原由，無外《太史公書》副本雖歸楊惲所有，但它畢竟是漢廷重點禁書。《漢書‧宣元六王傳》之《東平思王傳》記載了大將軍王鳳拒絕劉宇求《太史公書》的理由：

《太史公》書有戰國從橫權譎之謀，漢興之初謀臣奇策，天官災異，地形厄塞：皆不宜在諸侯王。不可予。

這並非王鳳個人意見，亦非僅僅是對諸侯王而言。**王鳳實際上表達漢朝最高統治集團禁傳《太史公書》的基本立場與觀點。**故於先漢之世，始終沒有跡象表明官方對該書開禁。楊

[61] 《史記》，卷六十，〈三王世家第三十〉，頁2114。

[62] 《史記》，卷一百二十八，〈龜策列傳第六十八〉，頁3226。

惲在漢宣帝時又怎敢冒政治風險將全書傳寫公諸於世。

〈楊惲與《太史公書》〉[63]

而《太史公書》又非同一般秘書，如王鳳所言，該書不但有
「戰國從橫權譎之謀」，更有「漢興之初，謀臣奇策，天官
災異，地形厄塞」之類記錄。凡此文獻檔案材料，均屬朝廷
機密，事關國家安全，故「不宜在諸侯王」，遑論其他人。
**王鳳此言明確宣示官方禁錮《太史公書》的旨意。直到西漢
晚期，官方書禁仍未見有鬆動的跡象。**

〈褚少孫補《史》新考〉[64]

在此易平作出結論，認爲《太史公書》在漢代非同一般秘書，其內
容屬朝廷機密，係朝廷重點禁書。因此，西漢官方有明確禁錮《太
史公書》的旨意，直到西漢晚期，官方書禁仍未見鬆動。所以楊惲
如公布全書，將冒政治風險。

這也就是說，易平認爲漢代朝廷禁傳的不只是秘府藏書，而是
針對《太史公書》本身。這樣的禁錮，同時包括了官方和民間所藏
的《太史公書》。

乍看之下，易平所提出的兩點：「楊惲未公布全書」與「漢代
官方禁錮《太史公書》」，似乎都言之成理。但細審之下，其實皆
缺乏根據：

---

[63]　易平，〈楊惲與《太史公書》〉，《大陸雜誌》第 93 卷第 1 期，頁 34。

[64]　易平，〈褚少孫補《史》新考〉，《臺大歷史學報》第 25 期，頁 156。

（一）褚少孫未見《太史公》全書，乃個人因素，不代表楊惲未宣布全書

細考褚〈補〉文字，其說實有一大可疑之處。即褚少孫雅好並補續《太史公》書多年，而竟隻字不提楊惲及其宣布之事。按易平所說時間，褚少孫補《史》必在楊惲公布《太史公》書後，以褚少孫對《太史公》書的喜愛，以楊惲及其宣布之事對《太史公》書的重要性，褚少孫身在京師，又怎會不知？如果知道，又怎會隻字不提？這是大違常情的。

事實上，如果詳考當時背景與褚〈補〉內容，便可知並非楊惲未公布《太史公》傳本全書，恐是褚少孫求書遭到拒絕，不得其門而入：

（1） 據《漢書》所記，楊惲之為人「以材能稱，好交英俊諸儒」、「輕財好義」、「然惲伐其行治，又性刻害，好發人陰伏，同位有忤己者，必欲害之，以其能高人，由是多怨於朝廷」。[65]由此不難看出楊惲為人自矜其才，性格急刻，好惡分明的一面。凡是他認為是「英俊諸儒」者，便輕財好義，刻意結交；凡是為其不喜者，便發人陰伏，多方詬害。

而從楊惲〈傳〉中的記載，更可看出他好高下人物，口不擇言的這一點來：

1. 高昌侯車犇入北掖門，惲語富平侯張延壽曰：「聞前曾有

《漢書》，卷六十六，〈公孫劉田王楊蔡陳鄭傳第三十六〉，頁2889。

犇車抵殿門，門關折，馬死，而昭帝崩。今復如此，天時，非人力也。」

2. 左馮翊韓延壽有罪下獄，惲上書訟延壽。郎中丘常謂惲曰：「聞君侯訟韓馮翊，當得活乎？」惲曰：「事何容易！脛脛者未必全也。我不能自保，真人所謂『鼠不容穴，銜窶數者』也。」

3. 惲上觀西閣上畫人，指桀紂畫謂樂昌侯王武曰：「天子過此，一二問其過，可以得師矣。」畫人有堯舜禹湯，不稱而舉桀紂。

4. 惲聞匈奴降者道單于見殺，惲曰：「得不肖君，大臣為畫善計不用，自令身無處所。若秦時但任小臣，誅殺忠良，竟以滅亡；令親任大臣，即至今耳。古與今如一丘之貉。」

5. 又惲兄子安平侯譚為典屬國，謂惲曰：「西河太守建平杜侯前以罪過出，今徵為御史大夫。侯罪薄，又有功，且復用。」惲曰：「有功何益？縣官不足為盡力。」

以上四點是批評宣帝，一點是批評同朝大臣。連同朝皇帝及大臣都不放在眼裡，何況他人！

（2）依常理推測，褚少孫既好《太史公》書，又與楊惲同居郎署為官，縱使身份高下有別，亦當拜謁曲求。既然楊惲如此好惡分明，想必只要是他心中刻意結交的「英俊諸儒」，應該不難求閱其所藏之《太史公》書。那麼，褚少孫在楊惲心中是否是這樣的人物呢？

今本《史記‧建元以來侯者年表》後附有褚先生之補〈表〉，
裡面記載著褚少孫對楊惲的評價：

> **平通侯**
>
> 楊惲，家在華陰，故丞相楊敞少子，任為郎。好士，**自喜
> 知人，居眾人中常與人顏色**。以故高昌侯董忠引與屏語，
> 言霍氏謀反狀，共發覺告反侯，二千戶，為光祿勳。到五
> 鳳四年，作為妖言，大逆罪腰斬，國除。[66]

以褚少孫與楊惲同居郎署十年的經歷，補〈表〉中所說的「自
喜知人，居眾人中常與人顏色」，當非道聽途說，而是他與
楊惲實際接觸的經驗。如果楊惲對他曾稍假辭色，並借閱部
分《太史公》書篇章，依常情推測，褚少孫不應不提楊惲公
布或借書之事。因此，褚少孫應該是沒借到書，不只沒借到
書，恐怕更在眾人面前受到了楊惲的「顏色」。因借書而受
此辱，無怪乎褚少孫認為楊惲其「知人」不過「自喜」而已，
實不知人也。更無怪乎其於所補文字中，不願多談楊惲，轉
而另覓他途，「往來長安中」向其他「長老好故事者」求書
了。

（3）　退一步說，如果楊惲曾公布全書，褚少孫雖被楊惲拒絕，大
可向其它人借閱此書，他又怎會求書「終不能得」呢？

事實上，在還沒有印刷術之前，古代圖書取得極為不易，古
人亦多不輕易借書予人。如《西京雜記》中有這麼一個故事：

66　《史記》，卷二十，〈建元以來侯者年表第八〉，頁1066。

> 匡衡，字稚圭。……邑人天姓文不識，家富多書，衡乃與
> 其傭作而不求償。主人怪問衡，衡曰願得主人書遍讀之。
> 主人感嘆，資給以書，遂成大學。[67]

可見漢人借書，居然到了要以無償幫傭來感動主人的地步。
即使到了後世印刷術發達的時代，藏書家亦不輕易借書。如
清末民初湖南藏書家葉德輝，曾在其《藏書十約》中寫道：
「非有書互抄之友，不輕借抄；非其同志著書之人，不輕借
閱」，[68]而清代袁枚〈黃生借書說〉中說：「余幼好書，家
貧難致。有張氏藏書甚富，往借不與，歸而形諸夢」，[69]古
人借書之難，由此可見一斑。

因此，以楊惲的性格，以他對《太史公》一書的重視，以漢代
書籍流通之困難，縱然他宣布《太史公》全書，也應該借閱是給少
數他所看重的「英俊諸儒」才能傳抄。但後來楊惲罪誅，牽連甚眾，
以當時的政治情勢來看，這些與楊惲交厚之人，未必願意聲張此事。

事實上，楊惲以大逆罪被誅後，其生平交厚之親友，如楊譚、
韋玄成、張敞、孫會宗等皆受株連，輕則免官，重則繫獄或亡命。
如《漢書‧公孫劉田王楊蔡陳鄭傳》：

> 得所予會宗書，宣帝見而惡之。廷尉當惲大逆無道，要斬。
> 妻子徙酒泉郡。（楊）譚坐不諫正惲，與相應，有怨望語，

---

[67] （晉）葛洪，《西京雜記》（北京：中華書局據抱經堂本排印，1991），卷二。
[68] 葉德輝，《藏書十約》（清光緒壬寅〔1902〕長沙葉氏刊行本）。
[69] 袁枚，〈黃生借書說〉，收入《小倉山房文集》（清乾隆嘉慶間小倉山房刊本），
卷二十二。

免為庶人。召拜成為郎，諸在位與惲厚善者，未央衛尉韋玄成、京兆尹張敞及孫會宗等，皆免官。[70]

上文提到的楊譚，乃楊敞之孫，楊惲兄子，在今本褚補《史記·建元以來侯者年表》「安平侯」條作「楊翁君」，記其事曰：

子翁君代立，為典屬國。三歲，以季父惲故出惡言，繫獄當死，得免，為庶人，國除。[71]

而《漢書·韋賢傳》記韋玄成免官事：

數歲，（韋）玄成徵為未央衛尉，遷太常。坐與故平通侯楊惲厚善，惲誅，黨友皆免官。[72]

《漢書·趙尹韓張兩王傳》亦記張敞免官亡命事：

（張敞）為京兆九歲，坐與光祿勳楊惲厚善，後惲坐大逆誅，公卿奏惲黨友，不宜處位，等比皆免，而敞奏獨寢不下。……使者奏敞賊殺不辜。天子薄其罪，欲令敞得自便利，即先下敞前坐楊惲不宜處位奏，免為庶人。敞免奏既下，詣闕上印綬，便從闕下亡命。[73]

在這樣的情況下，就算有人看過或傳抄了《太史公》全書，又焉敢聲張，否則豈不是告訴人自己與楊惲交情非淺，更別說是借給褚少孫了。

---

[70] 《漢書》，卷六十六，〈公孫劉田王楊蔡陳鄭傳第三十六〉，頁 2898。

[71] 《史記》，卷二十，〈建元以來侯者年表第八〉，頁 1062。

[72] 《漢書》，卷七十三，〈韋賢傳第四十三〉，頁 3110。

[73] 《漢書》，卷七十六，〈趙尹韓張兩王傳第四十六〉，頁 3223。

因此，褚少孫沒見過《太史公》全書，是因為楊惲看不起他而不願借閱，這不代表別人也沒見過，更不代表楊惲未曾宣布《太史公》全書。

（二）《太史公》書終西漢一代並非禁書

易平又主張，從王鳳之言可推斷《太史公》書乃漢朝重點禁書，西漢官方更有明確禁錮《太史公書》的旨意，直到西漢晚期，官方書禁仍未見鬆動。事實上，這是過度延伸，由以下四點可知：

（1） 如果《太史公》書是重點禁書，那麼傳播禁書者應該有罪，更別說是向天下宣布自己家藏有全套重點禁書了。而楊惲宣布《太史公》書，當時尚為平通侯，此事天下皆知，並未因此而獲罪。他日後失侯及罪誅，是因為口不擇言，妄論君上，與《太史公》書毫無關係。可知昭帝至宣帝時，朝廷並不以《太史公》書為禁書。

（2） 如果《太史公》書是重點禁書，那麼求取傳抄禁書者也應該有罪。而褚少孫自郎官至博士，前後十餘年「往來長安中」，四處求取《太史公》書。在天子腳下，四處搜求重點禁書，而從未因此獲罪，甚至還步步高升，未免不合情理。可知宣帝至元帝時，朝廷也不以《太史公》書為禁書。

（3） 易平文章中所引大將軍王鳳言，是經過刪節的。今引《漢書・宣元六王傳》原文如下：

> （東平思王）後年來朝，上疏求諸子及《太史公》書，上以問大將軍王鳳，對曰：「臣聞諸侯朝聘，考文章，正法

度，非禮不言。今東平王幸得來朝，不思制節謹度，以防
危失，而求諸書，非朝聘之義也。諸子書或反經術，非聖
人，或明鬼神，信物怪；《太史公》書有戰國從橫權譎之
謀，漢興之初謀臣奇策，天官災異，地形厄塞：**皆不宜在
諸侯王**。不可予。不許之辭宜曰：『五經聖人所制，萬事
靡不畢載。王審樂道，傅相皆儒者，旦夕講誦，足以正身
虞意。夫小辯破義，小道不通，致遠恐泥，皆不足以留意。
諸益於經術者，不愛於王。』」對奏，天子如鳳言，遂不
與。[74]

東平思王來朝是河平二年（27 B.C.E.）事，而從成帝和王鳳
的問答可以看出，成帝和王鳳都未言《太史公》書為禁書。
而王鳳對《太史公》一書，只是說「不宜」。《說文》：「宜，
所安也」，[75]《增韻》：「宜，適理也」。[76]不宜者，理所未
安而已，這和禁錮或論罪的程度實相去甚遠。可知在成帝初
年之前，漢代官方仍不以《太史公》書為禁書。

更何況，王鳳原文是「『皆』不宜在諸侯王」，也就是他所
認為「不宜」者，同時包括諸子書及《太史公》書。如果「不
宜」就代表禁書，那麼王鳳同樣認為「不宜」的諸子書，是
否也是禁書？兩漢讀諸子書者甚眾，是否也都冒政治風險？
這是講不通的。可知元帝至成帝時，朝廷也不以《太史公》

---

[74]　《漢書》，卷八十，〈宣元六王傳第五十〉，頁 3324。

[75]　（漢）許慎，《說文解字》（北京：中華書局影本，1963）。

[76]　（宋）毛晃增注，毛居正重增，《增修互注禮部韻略》（北京：北京圖書館出
版社景印元至正十五年日新書堂刻本，2005）。

書爲禁書。

（4） 成帝後期至王莽，私家補續或評論《太史公》書者甚眾（此
點將在後文詳述）。依常理推測，凡爲補續或評論者，必先
見過原書，至少是原書的部分篇章。然而未聞西漢一代，有
人因補續《太史公》書這本重點禁書，而遭獲任何罪責。可
知成帝至王莽時，朝廷也不以《太史公》書爲禁書。

由以上四點可證，終西漢一代至王莽，《太史公》書皆非禁書。因
此易不認爲直到西漢晚期，官方有明確禁錮《太史公》書的旨意，
未免無據。

故西漢朝廷只是禁止人閱讀、傳播秘府中的藏書，而這些藏書
中也包括了《太史公》書的秘府藏本。但從未有禁令，禁止人閱讀、
傳播民間的《太史公》書傳本，這是必須要辨析清楚的。所以班固
在《漢書・敘傳》中，也只說成帝時「時書不布」，《廣雅》：「布，
散也」，[77]不布只是散布不廣，難以取得，班固從未說《太史公》
書在漢代是被查禁的。

漢代朝廷雖嚴屬禁止一般人閱讀、傳抄秘府中所藏的《太史公》
書藏本。但這樣的抑禁措施是因對秘府藏書的規定而來，並非針對
《太史公》一書，這是兩回事。也就是說，朝廷所禁止觀看傳抄的
是秘府藏書，而不是廣泛的禁止一切《太史公》書的流傳。因此，
《太史公》書在西漢一代絕非禁書。

既然《太史公》書並非禁書，則楊惲宣布《太史公》書，就沒

---

[77] （魏）張揖，《廣雅》（明天啓丙寅〔六年〕武林郎氏堂策檻刊本）。

有所謂「冒政治風險」可言了。因此以褚少孫所見和西漢禁《太史公》書這兩點，來論證楊惲未宣布《太史公》全書，是不能成立的。當然，這也不證明楊惲確實宣布過全書。只能說楊惲是否宣布全書，具體宣布了哪些篇章，由於史料的缺乏，全貌已不得而知。但從褚少孫補《太史公》的文字，仍能得到部分線索。

三、由褚〈補〉看楊惲所宣布的具體內容

據易平〈褚少孫補《史》新考〉一文考察，[78]褚少孫因身份所限，未見過秘府所藏《太史公》書藏本。又因門第懸隔，與楊惲無私誼，不能見楊惲家藏《太史公》書傳本（這兩點都是正確的，但後者主要是因為楊惲的性格所致，且與其是否公布全書無關）。因此褚少孫所見者，為《太史公》流傳民間的單篇傳抄本，此等抄本多以單篇行之，並非完帙；而其未見者，更不代表這些篇章已經亡佚，只是褚少孫找不到而已。[79]

而從上節所述可知，這些民間傳抄本應是由楊惲傳本而來。故由今日所見褚〈補〉文字來看，即可得其具體篇目。茲分述如下：

（一）褚少孫見過原篇，且加入己補文字者，有〈三代世表〉、[80]

---

[78] 易平，〈褚少孫補《史》新考〉，《臺大歷史學報》第 25 期。

[79] 如今本《史記‧三王世家》為太史公所作，並未亡佚，而褚少孫當時即遍求不得。關於此問題的詳細考證，請參呂世浩，〈三王與文辭──《史記‧三王世家》析論〉，《燕京學報》新 9 期（2000）。

[80] 今本《史記‧三代世表》後有「褚先生曰」，但由其內容來看，也可能是褚少孫看過〈五帝本紀〉、〈夏本紀〉、〈殷本紀〉、〈周本紀〉等的心得。在此，只能保守估計他至少看過〈三代世表〉。見《史記》，卷十三，〈三代世表第

〈建元以來侯者年表〉、[81]〈外戚世家〉、[82]〈梁孝王世家〉、[83]〈田叔列傳〉、[84]〈滑稽列傳〉、[85]〈日者列傳〉[86]等七篇。

　　（二）褚少孫雖未加入己補文字，但確定見過原篇者，有〈太史公自序〉[87]一篇。

一〉，頁504。

[81] 今本《史記·建元以來侯者年表》後有：「後進好事儒者褚先生曰：太史公記事盡於孝武之事，故復修記孝昭以來功臣侯者，編於左方，令後好事者得覽觀成敗長短絕世之適，得以自戒焉……」。見《史記》，卷二十，〈建元以來侯者年表第八〉，頁1059。

[82] 今本《史記·外戚世家》後有：「褚先生曰：臣爲郎時，問習漢家故事者鍾離生……」。見《史記》，卷四十九，〈外戚世家第十九〉，頁1981。

[83] 今本《史記·梁孝王世家》後有：「褚先生曰：臣爲郎時，聞之於宮殿中老郎吏好事者稱道之也……」。見《史記》，卷五十八，〈梁孝王世家第二十八〉，頁2089。

[84] 今本《史記·田叔列傳》後有：「褚先生曰：臣爲郎時，聞之曰田仁故與任安相善……」。見《史記》，卷一百四，〈田叔列傳第四十四〉，頁2779。

[85] 今本《史記·滑稽列傳》後有：「褚先生曰：臣幸得以經術爲郎，而好讀外家傳語。竊不遜讓，復作故事滑稽之語六章，編之於左。可以覽觀揚意，以示後世好事者讀之，以游心駭耳，以附益上方《太史公》之三章……」。見《史記》，卷一百二十六，〈滑稽列傳第六十六〉，頁3203。

[86] 今本《史記·日者列傳》後有：「褚先生曰：臣爲郎時，游觀長安中……」。見《史記》，卷一百二十七，〈日者列傳第六十七〉，頁3221。張晏曾疑此篇亡佚，全爲褚先生補闕，非也。因篇幅所限，將另文再作專論。

[87] 褚補〈三王世家〉：「臣幸得以文學爲侍郎，好覽觀太史公之列傳」。又褚補〈龜策列傳〉：「竊好太史公傳。太史公之傳曰……」。據易平考證，此處所謂「太史公之列傳」、「太史公傳」、「太史公之傳」指的就是〈太史公自序〉，其說可從。見易平，〈楊惲與《太史公書》〉，《大陸雜誌》第93卷第1期，頁34。

（三）褚少孫未見過原篇，而逕行補闕者（此處之「闕」，是褚少孫未見到，並非亡佚），有〈三王世家〉、[88]〈龜策列傳〉[89]兩篇。

（四）由今本《史記》「褚先生曰」文字，可確定褚少孫未見者，有〈衛將軍驃騎列傳〉[90]一篇。

（五）疑為褚少孫見過原篇，且加入己補文字者，有〈陳涉世家〉[91]一篇。

---

[88] 今本《史記‧三王世家》後有：「褚先生曰：臣幸得以文學為侍郎，好覽觀《太史公》之列傳。〈傳〉中稱〈三王世家〉文辭可觀，求其世家終不能得……」。見《史記》，卷六十，〈三王世家第三十〉，頁 2114。張晏曾疑此篇亡佚，今本〈三王世家〉全為褚先生補闕，非也。今本〈三王世家〉正文乃出於史公之手，絕無疑問，詳細論證可見呂世浩，〈三王與文辭——《史記‧三王世家》析論〉一文，《燕京學報》新 9 期。

[89] 今本《史記‧龜策列傳》後有：「褚先生曰：臣以通經術，受業博士，治春秋，以高第為郎，幸得宿衛，出入宮殿中十有餘年。竊好太史公傳。《太史公》之〈傳〉曰：『三王不同龜，四夷各異卜，然各以決吉凶，略闚其要，故作〈龜策列傳〉』。臣往來長安中，求〈龜策列傳〉不能得，故之大卜官，問掌故文學長老習者，寫取龜策卜事，編于下方……」。見《史記》，卷一百二十八，〈龜策列傳第六十八〉，頁 3223。

[90] 今本《史記‧滑稽列傳》「褚先生曰」言衛青乃衛后兄，而《史記‧衛將軍驃騎列傳》言為衛后弟；「褚先生曰」言以金五百斤為武帝所幸王夫人上壽，乃齊人東郭先生所建言，但《史記‧衛將軍驃騎列傳》卻說此事乃衛乘所建言。而易平，〈褚少孫補《史》新考〉（《臺大歷史學報》第 25 期）一文，亦由褚補《史記‧外戚世家》言衛青四子之誤，證其未見此篇，結論相合。由此三點可知，褚少孫絕未見過〈衛將軍驃騎列傳〉。且由未有因此而疑〈衛將軍驃騎列傳〉亡佚者，知褚少未見和《太史公》亡篇是不能劃上等號的。

[91] 今本《史記‧陳涉世家》後有「褚先生曰」，然《集解》引徐廣曰：「一作『太

　　（六）今本《史記》未見「褚先生曰」文字，而後世以爲褚少孫或續或編者，有〈漢興以來將相名臣年表〉、[92]〈樂書〉、[93]〈曆書〉、[94]〈楚元王世家〉、[95]〈齊悼惠王世家〉、[96]〈韓信盧綰列傳〉、[97]〈張丞相列傳〉、[98]〈匈奴列傳〉[99]等八篇。

史公』」，也就是在東晉徐廣所見的本子裡，此段文字有的本子標爲「褚先生曰」，有的本子標爲「太史公曰」。見《史記》，卷四十八，〈陳涉世家第十八〉，頁1961。

[92]　今本《史記‧漢興以來將相名臣年表》「太始元年」條下，《索隱》注曰：「裴駰以爲自天漢已後，後人所續，即褚先生所補也（案：裴駰但言後人所續，未言乃褚先生）。後史所記，又無異呼，故今不討論也」。見《史記》，卷二十二，〈漢興以來將相名臣年表第十〉，頁1142。

[93]　今本《史記‧樂書》「子貢問樂」文後，《正義》注曰：「結此前事，悉是答子貢問之事。其樂記者，公孫尼子次撰也。爲樂記通天地，貫人情，辯政治，故細解之。以前劉向別錄篇次與鄭目錄同，而樂記篇次又不依鄭目。今此文篇次顛倒者，以褚先生升降，故今亂也。今逐舊次第隨段記之，使後略知也。以後文出褚意耳」。見《史記》，卷二十四，〈樂書第二〉，頁1234。

[94]　今本《史記‧曆書》「端蒙赤奮若四年」文後，《索隱》注曰：「端蒙，乙也。汭漢，丑也。天官書作『赤奮若』，與爾雅同。四年已後自太始、征和已下訖篇末，其年次甲乙皆準此。並褚先生所續」。見《史記》，卷二十六，〈曆書第四〉，頁1287。

[95]　今本《史記‧楚元王世家》「地節二年」事後，《正義》注曰：「地節是宣帝年號，去天漢四年二十九年，仍隔昭帝世。言到地節二年以下者，蓋褚先生誤也」。見《史記》，卷五十，〈楚元王世家第二十〉，頁1989。

[96]　今本《史記‧齊悼惠王世家》「至建始三年」文後，《正義》注曰：「建始，成帝年號。從建始四年上至天漢四年，六十七矣，蓋褚先生次之」。見《史記》，卷五十二，〈齊悼惠王世家第二十二〉，頁2009。

[97]　今本《史記‧韓信盧綰列傳》「陳豨者，宛朐人也」文後，《索隱》注曰：「地理志屬濟陰。下又云梁人，是褚先生之說異也」。見《史記》，卷九十三，〈韓信盧綰列傳第三十三〉，頁2639。

　　（七）今本《史記》未見「褚先生曰」文字，而後世以爲該篇亡佚，傳聞爲褚少孫補闕者，有〈孝武本紀〉、〈三王世家〉、〈龜策〉、〈日者列傳〉、[100]〈禮書〉、[101]〈律書〉[102]等六篇，然此等多爲無據之談。其中〈禮書〉、[103]〈三王世家〉[104]皆已有專文論析，餘待他日再作詳考，今姑記於此。

　　由這些記載來看，褚少孫確定見過者至少有八篇，確定未見者有三篇，其他在疑似之間的有十一篇。而褚少孫所見者，即目前可考楊惲傳本之流出篇目。

---

[98]　今本《史記・張丞相列傳》「有車丞相，長陵人也」文後，《索隱》注曰：「自車千秋已下，皆褚先生等所記，然丞相傳都省略，漢書則備」。見《史記》，卷九十六，〈張丞相列傳第三十六〉，頁 2675。

[99]　今本《史記・匈奴列傳》「使廣利得降匈奴」文後，《索隱》引張晏云：「自狐鹿姑單于已下，皆劉向、褚先生所錄，班彪又撰而次之，所以漢書匈奴傳有上下兩卷」。

[100]　《史記・太史公自序》集解引張晏曰：「元成之間，褚先生補闕，作〈武帝紀〉、〈三王世家〉、〈龜策〉、〈日者列傳〉，言辭鄙陋，非遷本意也」。見《史記》，卷一百三十，〈太史公自序第七十〉，頁 3321。

[101]　今本《史記・禮書》「禮之盡也」文後，《正義》注曰：「正義言君子內守其禮，德厚大積廣，至於高尊明禮，則是禮之終竟也。此書是褚先生取荀卿禮論兼爲之」。見《史記》，卷二十三，〈禮書第一〉，頁 1173。

[102]　今本《史記・太史公自序》「兵權山川鬼神」文後，《索隱》注曰：「兵權，即律書也。遷沒之後，亡，褚少孫以律書補之，今律書亦略言兵也。山川，即河渠書也；鬼神，封禪書也，故云山川鬼神也」。見《史記》，卷一百三十，〈太史公自序第七十〉，頁 3319。

[103]　見阮芝生，〈貨殖與禮義──《史記・貨殖列傳》析論〉附論二〈再論〈禮〉〈樂〉二書之真偽〉，《國立台灣大學歷史學系學報》第 19 期。

[104]　見呂世浩，〈三王與文辭──《史記・三王世家》析論〉一文，《燕京學報》新 9 期。

四、楊惲所宣布傳本的下落

宣帝五鳳四年（54 B.C.E.），楊惲坐大逆罪腰斬，其「妻、子徙酒泉郡」。那麼，楊惲家藏的《太史公》書傳本又到哪裡去了呢？對此，史籍並沒有相關的記載。但由成帝時相似的另一個例子，可以推知《太史公》書傳本的下落。

按《漢書・五行志》記王章因大逆罪下獄死事：

> 丞相王商與鳳有隙，鳳譖之，免官，自殺。明年，京兆尹王章訟商忠直，言鳳顓權，**鳳誣章以大逆辜，下獄死，妻子徙合浦**。

《漢書・趙尹韓張兩王傳》詳載其事曰：

> 王章字仲卿，泰山鉅平人也。少以文學為官，稍遷至諫大夫，在朝廷名敢直言。……成帝立，徵章為諫大夫，遷司隸校尉，大臣貴戚敬憚之。王尊免後，代者不稱職，章以選為京兆尹。時帝舅大將軍王鳳輔政，章雖為鳳所舉，非鳳專權，不親附鳳。會日有蝕之，章奏封事，召見，言鳳不可任用，宜更選忠賢。上初納受章言，後不忍退鳳。章由是見疑，遂為鳳所陷，罪至大逆。語在〈元后傳〉。……**章果死。妻子皆徙合浦**。
>
> 大將軍鳳薨後，弟成都侯商復為大將軍輔政，白上還章妻子故郡。其家屬皆完具，采珠致產數百萬，時蕭育為泰山太守，**皆令贖還故田宅**。

成帝時京兆尹王章陷大逆罪下獄死，其妻子則徙合浦郡，[105]這與楊惲的罪名和處置是相似的。而從上文「皆令贖還故田宅」可知，漢代坐大逆罪者的財產是會被沒收的。如果不是王章家屬後來被特許還鄉，又曾采珠致富，恐怕連「贖還」也不可能。因此，楊惲坐大逆罪後，其家產田宅，包括家藏《太史公》書傳本，恐怕也是被籍沒入官。如此看來，《太史公》書傳本極可能又回到中秘。

在這一時期的前半，《史記》因楊惲的宣布，加速了向民間的傳播，同時引發了更多學者對《史記》的注意和愛好。但因楊惲罪誅，《史記》傳本遂籍沒入官，至此藏、傳兩本合而為一，皆藏於中秘。[106]而民間只剩下出自傳本的單篇零卷，繼續為愛好者所傳抄。

第三節　公布與刪削時期（二）：
十篇缺與班氏家藏本

此時期的另外兩件大事，便是漢代朝廷對《太史公》的刪削，與成帝賜班斿秘府《太史公》副本。兩者關係密切，茲在此節統一作詳細辨析。

蓋《史記》成書至今已有兩千餘年，關於其各篇真偽和續補篡附的問題，始終爭議不絕，莫衷一是。其中尤以「十篇缺」之說最

---

[105]　見《漢》，卷七十六，〈趙尹韓張兩王傳第四十六〉，頁3238。

[106]　易平、易寧，〈《史記》早期文獻中的一個根本問題——《太史公書》「藏之名山，副在京師」考〉一文，雖未提出楊惲傳本籍沒入官之證據，但亦有相同之看法。見《南昌大學學報（人社版）》第35卷第1期（2004）。

爲學者所注目,成爲《史記》研究史上的一大公案。

一、「十篇缺」之說的由來

「十篇缺」之說,始見於東漢初班彪的〈略論〉:

> 孝武之世,太史令司馬遷採《左氏》、《國語》,刪《世本》、《戰國策》,據楚、漢列國時事,上自黃帝,下訖獲麟,作本紀、世家、列傳、書、表,凡百三十篇,而十篇缺焉。[107]

而後其子班固在《漢書‧司馬遷傳》中又提到:

> 凡百三十篇,五十二萬六千五百字,為《太史公》書。序略,以拾遺補蓺,成一家言,協六經異傳,齊百家雜語,臧之名山,副在京師,以俟後聖君子,第七十,遷之自敍云爾。而十篇缺,有錄無書。[108]

在《漢書‧藝文志》中亦云:

> 《太史公》百三十篇。十篇有錄無書。[109]

但在《漢書》全文中,班固始終沒有提到這缺佚的十篇篇目爲何。直到三國魏的張晏,才明白的說出究竟缺的是哪十篇:

> 遷沒之後,亡〈景紀〉、〈武紀〉、〈禮書〉、〈樂書〉、〈律書〉、〈漢興已來將相年表〉、〈日者列傳〉、〈三王

---

[107] 見《後漢書》,卷四十上,〈班彪列傳第三十上〉,頁 1325。

[108] 《漢書》,卷六十二,〈司馬遷傳第三十二〉,頁 2723。

[109] 《漢書》,卷三十,〈藝文志第十〉,頁 1714。

世家〉、〈龜策列傳〉、〈傅靳蒯列傳〉。元成之間，褚先
生補闕，作〈武帝紀〉、〈三王世家〉、〈龜策〉、〈日者
列傳〉，言辭鄙陋，非遷本意也。[110]

在這裡，張晏明確的列出了亡佚的十篇篇目。此外，張晏還認為當
時所見的〈武帝紀〉、〈三王世家〉、〈龜策〉、〈日者列傳〉四
篇，乃是褚少孫所補，非史公原文。

　　張晏之說因《集解》、《索隱》和顏師古《注》相繼引用，對
後世影響甚大。但後人對其說並未信服，疑惑的原因如呂祖謙所說：
「以張晏所列亡篇之目校之《史記》，或其篇具在，或草具而未成」，
[111]實在不能率爾斷偽。更何況張晏所說篇目，本身就有問題。如據
《史記》敘目，其書僅有〈今上本紀〉而無張晏所說的〈武紀〉。
事實上，就連引張晏說的顏師古，都因篇目問題而不全信其說。[112]

　　此後《史記》亡佚篇目的問題，更是眾說紛紜，有主張十篇全

---

[110] 此《史記·太史公自序》集解引張晏說，引用時代最早。索隱引此說則作「遷
　　沒之後，亡〈景紀〉、〈武紀〉、〈禮書〉、〈樂書〉、〈兵書〉、〈將相表〉、
　　〈三王世家〉、〈日者〉、〈龜策傳〉、〈傅靳〉等列傳也」，以〈律書〉為
　　〈兵書〉，與集解異。而《漢書·司馬遷傳》顏師古注則作：「遷沒之後，亡
　　〈景紀〉、〈武紀〉、〈禮書〉、〈樂書〉、〈兵書〉、〈漢興以來將相年表〉、
　　〈日者列傳〉、〈三王世家〉、〈龜策列傳〉、〈傅靳列傳〉。元成之間，褚
　　先生補缺，作〈武帝紀〉、〈三王世家〉、〈龜策〉、〈日者傳〉，言辭鄙陋，
　　非遷本意也」，知師古所見張晏言亦以〈律書〉為〈兵書〉。見《史記》，卷
　　一百三十，〈太史公自序第七十〉，頁3321。
[111] 呂祖謙，《大事記解題》（台北：藝文印書館據清同治光緒間胡鳳丹輯刊本影
　　印，1968），卷十。
[112] 《漢書·司馬遷傳》顏師古注：「序目本無〈兵書〉，張云亡失，此說非也」。

亡的，[113]有主張七篇亡的，[114]有主張僅亡一篇的，[115]甚至有主張《史記》共亡二十九篇者。[116]但不管是那一種說法，都認為今本《史記》確有部分篇目亡缺。而且眾所質疑者為張晏開列的篇目，而非班固「十篇缺」之說。因此《史記》在流傳過程中，曾有「十篇缺」的情形發生，應屬諸家共識，無庸置疑。

但以上說法，重點皆在亡佚的篇目上。至於「十篇缺」究竟發生於何時？又是什麼原因所造成？對此學者則多乏討論。而本節的目的，不在討論「十篇缺」的具體篇目，亦不欲辨張晏說法之真偽，而是希望針對「十篇缺」的發生時代及原因，作一通盤的考證。

二、過去諸家之看法

對於《史記》篇章亡佚的時代及原因，前人共有下列幾種說法：

（一）武帝刪削說

此說始自東漢初年的衛宏。《史記‧太史公自序》集解引衛宏《漢書舊儀注》曰：

---

[113] 如《集解》、《索隱》、余嘉錫《太史公書亡篇考》等都認為亡佚十篇，篇目如張晏所言。

[114] 此為梁玉繩在《史記志疑》（台北：學生書局據清光緒 13 年廣雅書局刻本影印，1970），卷七中所提出的說法，他認為「十」乃「七」的筆誤，將張晏的篇目刪去〈景紀〉、〈將相表〉、〈律書〉、〈傅靳傳〉，再加上〈曆書〉，就成了亡七篇。

[115] 此為呂祖謙《大事記解題》，卷十提出之說，他認為《史記》僅亡〈今上本紀〉，其餘九篇或草具未成，或佚而復出。

[116] 請參閱崔適，《史記探源》（北京：中華書局，1986），卷一。

司馬遷作〈景帝本紀〉，極言其短及武帝過，武帝怒而削去
之。後坐舉李陵，陵降匈奴，故下遷蠶室。有怨言，下獄
死。[117]

在這裡，衛宏指出三件事：《史記》亡佚的篇目是〈景帝本紀〉，
亡佚的時間在李陵之禍前，亡佚的原因是武帝的刪削。

　　後來魏的王肅，也承襲了這種說法。《三國志・魏書・王肅傳》
曰：

（明）帝又問：「司馬遷以受刑之故，內懷隱切，著《史記》
非貶孝武，令人切齒。」（王肅）對曰：「司馬遷記事，不
虛美，不隱惡。劉向、揚雄服其善敘事，有良史之才，謂之
**實錄。漢武帝聞其述史記，取孝景及己本紀覽之，於是大怒，
削而投之。於今此兩紀有錄無書。**後遭李陵事，遂下遷蠶室。
此為隱切在孝武，而不在於史遷也。」

王肅較衛宏的說法更進一步，認為《史記》亡佚的除了〈景帝本紀〉
外，還有〈今上本紀〉，亡佚的時代和原因則與衛宏說同。[118]此說由於
時代最早，傳播亦廣，因此對後世影響甚大。武帝怒而削《史記》
的說法，亦因而深入人心，但這個說法是明顯存在問題的。

　　依衛宏和王肅所說，先有武帝削〈本紀〉之事，而後太史公方
因李陵事下蠶室。但由史公〈自序〉及〈報任少卿書〉可知，《史

---

[117] 見《史記》，卷一百三十，〈太史公自序第七十〉，頁3320。

[118] 而晉代葛洪的《西京雜記》則說：「作〈景帝本紀〉，極言其短，及武帝之過，
帝怒而削去之。後坐舉李陵，陵降匈奴，下遷蠶室。有怨言，下獄死」，這幾
乎一字不改，明顯的是承襲衛宏的說法。見葛洪，《西京雜記》，卷二。

記》百三十篇之完成，實在李陵事發生之後。

〈太史公自序〉亦云：

> 於是論次其文，七年而太史公遭李陵之禍，幽於縲絏。乃喟
> 然而歎曰：「是余之罪也夫！是余之罪也夫！身毀不用矣。」
> 退而深惟曰：「夫《詩》、《書》隱約者，欲遂其志之思也。
> 昔西伯拘羑裏，演《周易》；孔子戹陳蔡，作《春秋》；屈
> 原放逐，著《離騷》；左丘失明，厥有《國語》；孫子臏腳，
> 而論《兵法》；不韋遷蜀，世傳《呂覽》；韓非囚秦，〈說
> 難〉、〈孤憤〉；《詩》三百篇，大抵賢聖發憤之所為作也。
> 此人皆意有所鬱結，不得通其道也，故述往事，思來者。」
> 於是卒述陶唐以來，至於麟止，自黃帝始。[119]

故知太史公先草創《史記》書稿（論次其文），其間遭李陵之禍，
然後方完成《史記》全書。而〈報任少卿書〉中說「草創未就，適
會此禍」，[120]亦明言李陵事前，《史記》尚未完成，兩者所言一致。

　　而在李陵之禍後完成的《史記》，據〈自序〉所言「凡百三十
篇，五十二萬六千五百字」，[121]這百三十篇乃是包括了〈景帝本紀〉
和〈今上本紀〉之全本。這也就是說，今本《史記》篇章亡佚不可
能發生在李陵之禍前，因為當時全書尚未完成；如果刪削的是《史
記》的草稿，那麼在李陵之禍後，太史公顯然又完成了一部百三十
篇完整無缺之全本。

---

[119]　見《史記》，卷一百三十，〈太史公自序第七十〉，頁3300。

[120]　見《漢書》，卷六十二，〈司馬遷傳第三十二〉，頁2735。

[121]　見《史記》，卷一百三十，〈太史公自序第七十〉，頁3319。

王國維對此，曾有同樣的看法：

> 此二說最為無稽，〈自序〉與〈報任安書〉，皆作於被刑之
> 後，而〈自序〉敘目有〈孝景〉、〈今上〉兩本紀，〈報任
> 安書〉亦云「本紀十二」，是無削去之說也。[122]

由時間順序可知，《史記》的「十篇缺」必發生在成書之後，而非
在史公受刑之前。因此，衛宏與王肅對《史記》缺篇時間的推斷，
是不可能成立的。

但必須注意的是，這只能說是衛、王之說有誤，不能說是沒有
武帝怒削《史記》之事。事實上，此種傳聞反映了漢魏人對漢廷的
不信任態度，未必是空穴來風。

（二）原文未成說

此說始自唐代的劉知幾，他認為張晏所說的亡缺十篇，皆是太
史公未成之作，《史通‧古今正史》云：「而十篇未成，有錄而已」。[123]而
後南宋的呂祖謙對張晏說一一辨析，認為《史記》僅〈今上本紀〉
亡佚，〈禮書〉、〈樂書〉、〈律書〉三篇皆草具而未成，其云：

> 班固《前漢書‧司馬遷》云：「十篇缺，有錄無書」。以張
> 晏所列七篇之目校之《太史公》，或其篇具在，或草具而未
> 成，非皆無書也。今各隨其篇辨之：……其二曰〈武紀〉，
> 十篇惟此篇亡。衛宏〈漢官舊儀注〉曰：「司馬遷作〈本紀〉，

---

[122]　見王國維，〈太史公書行年考〉，收入《觀堂集林》，卷十一。

[123]　《史通通釋》，卷十二。

> 極言景帝之短及武帝之過，武帝怒而削去之。」……其四曰
> 〈禮書〉，其敘具在，自「禮由人起」以下則草具而未成者
> 也。其五曰〈樂書〉，其敘具在，自「凡音之起」以下則草
> 具而未成者也。其六曰〈律書〉，其敘具在，自「書曰七正
> 二十八舍」以下則草具而未成者也。[124]

清代的王鳴盛亦贊同此說，認為「今惟〈武紀〉灼然全亡，〈三王
世家〉、〈日者〉、〈龜策〉為未成之筆」。[125]因此，劉、呂、王
雖然對亡缺篇目意見不同，但都認為《史記》部分篇章並非亡佚，
而是一開始就沒有完成。

但這種說法是不能成立的，據《史記·太史公自序》所云：「凡
百三十篇，五十二萬六千五百字，為《太史公》書」，《史記》百
三十篇皆已完成，篇數、字數都算得一清二楚，如何能有草具未成
之篇？故《史記》有亡篇，絕非其書未成，而是成書之後方才亡佚，
「原文未成」說實難成立。

（三）遷沒即亡說

主張此說的有近人余嘉錫，他認為《史記》在太史公亡後即有
缺篇，時代則在宣帝時史公外孫楊惲宣布《史記》之前，至於原因
則未交代。其云：

---

[124] 見（宋）呂祖謙，《東萊呂太史別集》（台北：藝文印書館據民國十三年胡宗
楙刊刻本影印）。

[125] 見（清）王鳴盛，《十七史商榷·十篇有錄無書》（台北：藝文印書館據據清
光緒廣雅書局原刻本影印）。

《漢書・司馬遷傳》，錄遷〈自序〉既竟，即繼之曰：「遷之自序云爾，而十篇缺有錄無書。」其下復錄〈報任安書〉一篇，繼之曰：「遷既死後，其書稍出。宣帝時，遷外孫平通侯楊惲祖述其書，遂宣布焉。」其〈報任安書〉，乃班氏追錄以補〈自序〉所未言，非謂報書在〈自序〉之後也。至於敘事之詞，當以「遷既死」云云遙承上文「有錄無書」。詳審文義，蓋十篇之缺實在遷死之後，故曰「其書稍出」，明其出之未全。逮楊惲宣布其書，而此十篇竟不復傳，但有錄而已。今本十篇雖存，然非楊惲之所宣布，劉向、班固之所著錄也。……班固即採褚先生等之所補錄入《漢書》耳。若以為本《太史公書》亡而復出，則試問出於何時？將出於班固之前耶？不當云「十篇缺有錄無書」。將出於班固之後耶？固安得從而錄之也。[126]

余嘉錫學術功底深厚，曾撰〈太史公書亡篇考〉專文探討「十篇有錄無書」問題，其網羅材料之全面，論證問題之詳密，皆前人所未見。但余說存在一個認知前提上的錯誤，他把史公原著到楊惲宣布，下至劉向、班固之所著錄以及今日所見之《史記》，全部當成一個本子的前後傳承。因此，他認為班固既言「十篇缺有錄無書」，可見楊惲時的「其書稍出」，指的就是楊惲宣布前《史記》已亡佚十篇，但這是不能成立的。

而楊惲宣布前「其書稍出」，是其書出之未全，並不代表未出

---

126 見余嘉錫，〈太史公書亡篇考〉，收入《余嘉錫論學雜著》（北京：中華書局，1963）。

之篇已亡,更不能證明楊惲手中《史記》已亡十篇,上節對此已有
討論。而在楊惲傳本外,同時還有《史記》的藏本及傳民間的單篇
抄本,三個本子之間可以互補,因此發生「亡而復出」的現象也不
足為奇。此外,除非能證明班固已看見天下所有的本子,否則「十
篇缺有錄無書」就只能代表他看見的本子亡缺十篇,不代表同時代
的其他本子也是如此,更不能證明《史記》在史公逝後便亡佚十篇。
因此余氏所謂「遷沒即亡」的說法,仍然無法成立。

(四)兩漢之際亡佚說

此說始自近人易平,其認為《史記》十篇亡缺的時代在兩漢之
際,原因則是兵禍所致。而後大批民間逸書被朝廷徵集,其中就有
《史記》,然而尚有十篇不知下落,此即「十篇有錄無書」之原因。

易平〈劉向班固所見《太史公書》考〉一文曰:[127]

> 兩漢更替之際,京師禍亂不已,秘府典籍,重遭劫難,秘府
> 本《太史公書》亦未能倖免。班固所見本有缺佚,即為明證。
> 史稱『光武中興,篤好文雅;明、章繼軌,猶重經術』。其
> 時又有大批流散於民間的遺文逸典被朝廷徵集上來,『石室
> 蘭臺,彌以充積』。其中就有傳於民間的《太史公書》,班
> 固所見本出現四篇重文亦其證(案:即《漢書‧藝文志》中
> 所說的「省四篇」)。準此,班氏時東漢蘭臺本《太史公書》
> 已非西漢劉向、歆所見秘本之舊,它當是以西漢秘府本為主、
> 羼有民間傳抄本若干篇卷,也就是所謂『藏之名山』本與『副

在京師』本相混合的本子。

易平又認為，西漢時《史記》一直處在朝廷秘藏與民間傳抄的情況之中。其後到了兩漢更替之際，由於京師兵亂，秘府典籍也遭到了損失。因此，班固《漢書・藝文志》中所記的書籍，乃是秘府典籍與民間藏書的會合。其所見的《史記》，也已經不是秘府本之舊，而是混合藏本、傳本和部分民間抄本於一身的蘭臺藏本。故易平推斷班固在《漢書・藝文志》中說的「《史記》百三十篇，十篇有錄無書」，和〈司馬遷傳〉說的「十篇缺，有錄無書」，**皆是指蘭臺藏本而言**。更進一步推論出，《史記》亡篇乃因王莽之末的兵亂所毀，其亡佚的時代在兩漢之際。

上述諸說之中，當以易平之說最新，研究亦最深入。易平最大的貢獻是，他注意到《史記》在流傳過程中不只一個本子，且本子之間內容互有補益，這一點對於認識《史記》亡缺補續與流傳影響的真實情形，有莫大之助益。但易平以為《史記》之「十篇缺」，乃因兩漢之際的兵禍所亡，這樣的論證卻是有問題的。原因在於易平忽略了兩漢之際除了藏、傳兩本外，《史記》還有第三個本子——班氏家藏本——的流傳。

三、兩漢之際《史記》班氏家藏本的存在

細考以上諸家對「十篇缺」之說，多半以班固或張晏之說為論證基礎，而忽略了最早提出「十篇缺」之說的，實為班彪而非班固。

那麼，班彪的根據又是由何而來呢？這就牽涉到兩漢之際《史記》的第三個本子，也就是班氏家藏本的出現。

　　班固在《漢書·敘傳》中，曾述其伯祖班斿受賜事曰：

> （班）斿博學有俊材，左將軍史丹舉賢良方正，以對策為議
> 郎，遷諫大夫、右曹中郎將，與劉向校祕書。每奏事，斿以
> 選受詔進讀群書。上器其能，**賜以祕書之副**。時書不布，自
> 東平思王以叔父求《太史公》、諸子書，大將軍白不許。語在〈東
> 平王傳〉。[128]

班斿乃是班彪之伯父，深受成帝賞識，曾同與劉向校秘府藏書。而
從上文可知，班家在西漢成帝時，就已經受賜「秘書之副」，也就
是秘府藏書的副本。這一批藏書的全部內容雖不得而知，但從下列
幾點來看，其中必包括了《太史公》書無疑：

　　（一）在《後漢書·班彪列傳》中談到，班彪在王莽之亂時避
地河西，而後還至京師，光武時「拜徐令，以病免」，於是遂「專
心史籍之間」，作《史記》之「後傳」。同時他又針對《史記》全
書的內容，作出〈略論〉：

> 孝武之世，太史令司馬遷採《左氏》、《國語》，刪《世本》、
> 《戰國策》，據楚、漢列國時事，上自黃帝，下訖獲麟，作
> 本紀、世家、列傳、書、表，凡百三十篇，而十篇缺焉。遷
> 之所記，從漢元至武以絕，則其功也。至於採經摭傳，分散
> 百家之事，甚多疏略，不如其本，務欲以多聞廣載為功，論
> 議淺而不篤。其論術學，則崇黃老而薄五經；序貨殖，則輕
> 仁義而羞貧窮；道游俠，則賤守節而貴俗功：此其大敝傷道，

所以遇極刑之咎也。然善述序事理，辯而不華，質而不野，文質相稱，蓋良史之才也。誠令遷依五經之法言，同聖人之是非，意亦庶幾矣。

夫百家之書，猶可法也。若《左氏》、《國語》、《世本》、《戰國策》、《楚漢春秋》、《太史公書》，今之所以知古，後之所由觀前，聖人之耳目也。司馬遷序帝王則曰本紀，公侯傳國則曰世家，卿士特起則曰列傳。又進項羽、陳涉而黜淮南、衡山，細意委曲，條列不經。若遷之著作，採獲古今，貫穿經傳，至廣博也。一人之精，文重思煩，故其書刊落不盡，尚有盈辭，多不齊一。若序司馬相如，舉郡縣，著其字，至蕭、曹、陳平之屬，及董仲舒並時之人，不記其字，或縣而不郡者，蓋不暇也。今此後篇，慎覈其事，整齊其文，不為世家，唯紀、傳而已。[129]

觀班彪之〈略論〉，其對《太史公》書之論述，非一篇一卷之討論，而是綜合《太史公》全書各處所記，再作一全面評價。這必須是看過或藏有《太史公》全書的人，才有可能做的工作。

按班彪之〈略論〉，乃是著於光武帝建武年間班彪病免居家時。此時《太史公》書之藏本與傳本皆在東漢中秘，班氏家道中落，其前班彪官不過拜「徐令」，絕無資格閱讀或抄錄東漢中秘藏書。病免居家後，更不可能進入中秘。而是時民間之流傳不全，班固尚未校蘭臺，由此推斷，班氏必曾家藏《太史公》書無疑。

---

[129] 見《後漢書》，卷四十上，〈班彪列傳第三十上〉，頁1325。

（二）《漢書・敘傳》中又說：「斿亦早卒，有子曰嗣，顯名當世」，[130]可知這批藏書後來當爲班嗣所繼承，而班彪「幼與從兄嗣共遊學，家有賜書，內足於財，好古之士自遠方至，父黨揚子雲以下莫不造門」，[131]既然是「家有賜書」，又「與從兄嗣共遊學」，因此班彪自少年時代始，就已經看過了家藏的西漢秘書《太史公》副本，方有他日足以作全書之〈略論〉與《後傳》的能力。

（三）班固言其家受賜秘書，立舉東平思王求《太史公》書之例，以爲對比。可見其家所受賜秘書中，必有《太史公》書，否則這樣的舉例出現在前後文就毫無意義。

（四）《後漢書・王充傳》中曾提到：「充少孤，鄉里稱孝，後到京師，授業太學，師事扶風班彪」。[132]而今日王充所著《論衡》中，〈命祿篇〉、〈幸偶篇〉、〈禍虛篇〉、〈道虛篇〉、〈超奇篇〉、〈須頌篇〉、〈佚文篇〉、〈實知篇〉、〈定賢篇〉、〈書解篇〉、〈案書篇〉、〈對作篇〉多引太史公言與《史記》之內容，徵引的範圍包括〈佞幸列傳〉、〈蒙恬列傳〉、〈伯夷列傳〉、〈封禪書〉、〈留侯世家〉、〈孟子荀卿列傳〉、〈三代世表〉、〈刺客列傳〉等大量篇章。這極可能是從班彪處見到的，亦可作爲班氏持有《太史公》書的旁證。[133]

---

[130] 《漢書》，卷一百上，〈敘傳第七十上〉，頁 4202。
[131] 《漢書》，卷一百上，〈敘傳第七十上〉，頁 4202。
[132] 見《後漢書》，卷四十九，〈王充王符仲長統列傳第三十九〉，頁 1629。
[133] 陳直〈漢晉人對《史記》的傳播與評價〉一文，以爲王充所引《史記》乃於書肆見之。然由當時《史記》流傳情況來看，恐怕於其師班彪處見之，更爲可能。

　　故由以上數點可證，班氏家中必藏有一部《太史公》書，此書的來源乃是成帝時抄錄中秘《太史公》書而來。而這部班氏家藏本便是兩漢之際在藏、傳兩本之外，《太史公》書的第三個主要本子。

　　如前所述，班彪既無由得見秘府藏書，故其〈略論〉所言「凡百三十篇，而十篇缺焉」，絕不是指西漢或東漢初的秘府藏本。此時楊惲傳本已沒，民間之流傳不全，因此也不可能是指傳本或民間單篇。而其〈略論〉作於班固校書蘭臺之前，因此更不可能是指東漢的蘭臺藏本。故班彪所言，必是指班氏家藏之秘府副本《太史公》書無疑。

四、「十篇缺」之時間及原因

　　而欲知「十篇缺」發生之確實時間及原因，還必須由東漢時班固校書蘭臺後，記《太史公》「十篇有錄無書」一事來推斷。

　　在《漢書・藝文志》中，於「六藝略春秋家」下記有「《太史公》百三十篇」，其下小注：「十篇有錄無書」。由於《漢書・藝文志》係據劉向《別錄》和劉歆《七略》而來，故學者於此多有爭議。如楊樹達、余嘉錫認為「《太史公》百三十篇」及「十篇有錄無書」，皆乃是《七略》原文；近代學者易平〈劉向班固所見《太史公書》考〉一文，[134]則提出「十篇有錄無書」實乃班注，其中的「錄」指的是《別錄》、《七略》之著錄。

　　要解答這個問題，則必須先把《別錄》、《七略》與《漢書・

134　易平，〈劉向班固所見《太史公書》考〉，《大陸雜誌》第 91 卷第 5 期，頁 199。

藝文志》之間的關係先弄清楚。據《漢書‧藝文志》開頭是這麼說的：

> 至成帝時，以書頗散亡，使謁者陳農求遺書於天下。詔光祿大夫劉向校經傳諸子詩賦，步兵校尉任宏校兵書，太史令尹咸校數術，侍醫李柱國校方技。**每一書已，向輒條其篇目，撮其指意，錄而奏之。**會向卒，哀帝復使向子侍中奉車都尉歆卒父業。**歆於是總羣書而奏其七略，故有輯略，有六藝略，有諸子略，有詩賦略，有兵書略，有術數略，有方技略。今刪其要，以備篇籍。**

班固在此，很清楚的解釋三者的關係爲：

（一）劉向每校畢一書，便上奏一書之敘錄，敘其校對結果與此書之大略，此即《別錄》的內容。對照今尚傳世之向著〈列子書錄〉、〈管子書錄〉等內容，確實如此。

（二）劉歆則總匯劉向所著羣書敘錄，分而爲六略，各略書目自是多據《別錄》而來，劉歆再論述各略各家學術之要旨，著爲《七略》。

（三）班固則刪取《七略》之要，著而爲《漢書‧藝文志》。此外，他還利用《別錄》，來校對東漢中秘的藏書。

所以由上述記載來分析，可得出以下結論：

（一）「《太史公》百三十篇」，應是劉向校畢《太史公》書後留下的紀錄。而劉向應亦有〈太史公書錄〉，只是已經亡佚。

（二）將《太史公》書分類爲六藝略春秋家，則是劉歆所爲。

（三）至於「十篇有錄無書」，則是班固校定蘭臺所藏《太史公》書記下之結果。

在劉向校書之前，西漢中秘《太史公》書基本上有兩個本子，一個是原先的中秘藏本，一個是楊惲抄家後沒入的傳本，這兩個本子至少有一個是百三十篇完帙。所以劉向據兩本合校的結果，自然能校定一部「《太史公》百三十篇」完帙之本，此無足為奇。

在劉向上奏《太史公》定本之後，成帝便賜予班斿中秘《太史公》書之副本，此即班氏家藏本。從〈略論〉的前後文來看，班彪是將「十篇缺」當成是《太史公》本已有之的情況，並非是賜書後班氏家藏本因戰亂而亡佚。由此可知，班氏家藏本在成帝賜書之始，便已缺十篇無疑。

故由常理推斷，《史記》「十篇缺」之發生時間必在西漢成帝時代。其具體上下限，則是劉向校書之後，到成帝賜書班斿之前。據《漢書·成帝紀》所記，命劉向始校秘書在河平三年（26 B.C.E.）。[135] 而成帝賜秘書之副予班斿的時間，據《漢書·敘傳》言：

> （班）斿博學有俊材，左將軍史丹舉賢良方正，以對策為議郎，遷諫大夫、右曹中郎將，與劉向校祕書。每奏事，斿以選受詔進讀群書。上器其能，賜以祕書之副。[136]

由上文來看，成帝賜書之事，是發生在班斿與劉向受詔校秘書之後。

---

[135]　《漢書·成帝紀》河平三年：「秋八月乙卯晦，日有蝕之。光祿大夫劉向校中祕書」。見《漢書》，卷十，〈成帝紀第十〉，頁3324。

[136]　《漢書》，卷一百上，〈敘傳第七十上〉，頁4202。

因此保守的估計，成帝賜書之年份，應在河平三年（26 B.C.E.）之後，到綏和二年（7 B.C.E.）駕崩之前。如果更進一步推測，賜書之時，班斿正當尊寵任職；而班氏乃是外戚，其榮寵皆因班婕妤之故。故賜書年分當在鴻嘉三年（18 B.C.E.）班婕妤失寵之前。[137]因此成帝賜書之年份，可以進一步推到河平三年至鴻嘉三年間。因此「十篇缺」的發生時間，當即在成帝河平三年至鴻嘉三年之間。

而由發生的時間來看，河平、鴻嘉之間，劉向校定之本尚在中秘，而漢代對中秘藏書保護極為嚴密，輕易不能借閱、抄寫。而此時京師亦未發生大的天災兵亂，其副本在賜書之始，又怎會無緣無故亡缺十篇？因此最有可能的情況，這十篇應是被漢廷下令所刪削。

然而「十篇缺」雖來自於班氏家藏本，但「十篇有錄無書」卻是東漢初年班固校書蘭臺的結果。班固此次校《太史公》書，主要便是以中秘本與缺十篇的班氏家藏本合校，再參考民間傳抄零篇。但有趣的是，由《漢書‧藝文志》及《漢書‧司馬遷傳》所說的「十篇有錄無書」來看，班固校書結果竟然是不多不少也缺十篇。

這代表西漢中秘本《太史公》書，此前必定至少也缺十篇，而且所缺篇目與班氏家藏本完全一致。若非如此，則班氏家藏本之缺

137　《漢書‧外戚傳》：「其後趙飛燕姊弟亦從自微賤興，踰越禮制，浸盛於前。班婕妤及許皇后皆失寵，稀復進見。鴻嘉三年，趙飛燕譖告許皇后、班婕妤挾媚道，祝詛後宮，詈及主上。許皇后坐廢。考問班婕妤，婕妤對曰：『妾聞『死生有命，富貴在天。』修正尚未蒙福，為邪欲以何望？使鬼神有知，不受不臣之愬；如其無知，愬之何益？故不為也。」上善其對，憐憫之，賜黃金百斤。趙氏姊弟驕妒，婕妤恐久見危，求共養太后長信宮，上許焉。婕妤退處東宮，作賦自傷悼」。見《漢書》，卷九十七下，〈外戚傳第六十七下〉，頁3984。

篇，當與中秘本有所不同，合校結果自可互補不足，則校後定本之缺篇當少於十篇。否則兩個本子，獨立流傳歷經近兩百年，而缺篇竟完全一致，天下焉有如此巧合之事？

　　事實上，《漢書・藝文志》對於藏書之缺篇有兩種記法，一是「亡」，一是「有錄無書」。「亡」乃是有而後失，由過去的核校記錄可知（如《史籀》記「建武時亡六篇」）；「有錄無書」則是本無其書，歷代亦無亡失記錄，僅存書錄而已。[138]由此推斷，劉向上奏《太史公》百三十篇定本後，不僅班氏家藏本是個缺十篇的本子，這十篇也不見於中秘本《太史公》書。中秘藏書管理嚴格，自有歷代核校記錄可供參照。班固核校後，卻不見任何亡失之記錄，而是自始便無此十篇，故只好記下「十篇有錄無書」。

　　由此來看，「十篇有錄無書」之發生時間，當亦在成帝時劉向上奏定本入藏之後不久最為合理。其發生原因，當亦是遭朝廷刪削所致。因劉向書錄有此十篇之記載，故曰「有錄」；因自始不見此十篇，故曰「無書」。而因此乃朝廷秘密刪削的結果，不見於歷代亡失記錄，才會出現《漢書》這種「有錄無書」的奇特記述。

　　其實由常理推斷，河平二年（27 B.C.E.）東平思王求書，成帝已注意到有不利漢廷統治之《太史公》一書存在。故劉向既已校定此書上奏，成帝應無不觀之理；既觀其書，則必知此書「貶損當世」之基本態度。故此書遭到刪削，乃帝王維護統治的結果，應在情理

---

[138] 「亡」指本有而後失，如《集韻》：「亡，失也」，《孔子家語》卷二：「楚王出遊，亡弓，左右請求之」。「無」則指本已無之，如《玉篇》：「無，不有也」。關於班固校書之事與「有錄無書」之意義，詳見第四章第三節，有詳盡分析。

之中。而成帝敢於放心將「不宜在諸侯王」之《太史公》書賜予班氏，當是此書已被刪削之故。

然而中秘藏書既不虞爲常人所見，爲什麼漢廷還要削去十篇？由今本《史記》中，許多記載「戰國從橫權譎之謀，漢興之初謀臣奇策，天官災異，地形厄塞」的篇章仍存來看，漢廷刪削《太史公》書之因當不止於此。更可能是這十篇「微文譏刺，貶損當世」的程度，[139]遠遠超過漢廷所能容忍的極限，故必削之而後快。

因此《史記》「十篇缺」發生的原因，既非史公草具未成，亦非兩漢之際的兵亂焚燬，而是因爲遭到西漢朝廷刪削所致，其發生時間則在成帝之時。

事實上，縱然對《太史公》亡缺之具體篇目眾說紛紜，但〈今上本紀〉已亡佚而不復出，卻是被絕大多數學者所公認的事實。由上章第三節所述，《太史公》一書對武帝多所貶損譏刺，〈今上本紀〉之亡當與此相關，可爲一旁證。

認識了這一點之後，就可以明白衛宏和王肅所謂「武帝怒而削之」的說法，雖然時間上是有問題的，但也不全是空穴來風。從他們的說法來看，當時的人普遍相信《史記》有譏刺漢廷的內容在，爲當朝所不能容忍。故從西漢末到三國所流傳的「怒而削之」說，極可能就是兩漢時民間對《史記》缺篇的解釋，及對漢廷刪削《史記》行爲的傳聞與附會。

---

[139] 《文選》，卷四十八引班固《典引》曰：「永平十七年，詔因曰：『司馬遷著書成一家之言，揚名後世，至以身陷刑之故，反微文譏刺，貶損當世，非誼士也。』」此乃明帝詔中語，亦可視爲東漢時對《史記》的官方評價。

　　如果再作大膽的推測，《史記》恐曾遭漢廷多次刪削。第一次是藏本在武帝時，曾被怒削過〈今上本紀〉。第二次則是成帝時再遭刪削，且範圍更擴大至十篇之多。而後東漢初朝廷大量徵集民間所藏《太史公》之散篇，經班固校書蘭臺後，不多不少仍然亡缺十篇。這若不是其所缺十篇亦不見於民間，或民間匿而不敢出，便是即使民間呈上所缺亡篇，又遭漢廷第三次刪削。

　　總而言之，此一時期《太史公》傳本因楊惲的宣布，廣爲世人所知。而最晚到成帝時，由其與王鳳之問答來看，漢廷此時已注意到《太史公》一書的影響，「刪削」之念即可能由此而起。其後成帝命劉向校書中秘，將《太史公》藏、傳兩本合一，繕寫了西漢中秘本《太史公》書。其後成帝刪削十篇，又將缺十篇之副本賜給班氏，成爲班氏家藏本。這是第二時期後半，《史記》流傳的大致情況。此後至東漢初年的第四階段，班固在蘭臺校對了西漢中秘本、班氏家藏本與民間零散單篇後，又繕定了同爲「十篇缺」之東漢蘭臺本《太史公》書，茲將此情形列表如表一。

　　最後還有一點令人懷疑者，河平二年（27 B.C.E.）東平思王求書，成帝開始得悉中秘藏書中，有不利漢廷統治之書籍存在。河平三年（26 B.C.E.），他就命劉向等校書中秘。這除了整理中秘藏書，以「辨章學術，考竟源流」之外，[140]是否還有藉此機會，全面整理並削毀不利漢廷書籍的可能？看到《太史公》書因刪削而缺十篇的結果，不得不讓人深思這個問題。

---

[140]　此章學誠語，見《校讎通義・焦竑誤校漢志》（台北：藝文印書館據清咸豐伍崇曜校刊本影印，1965）。

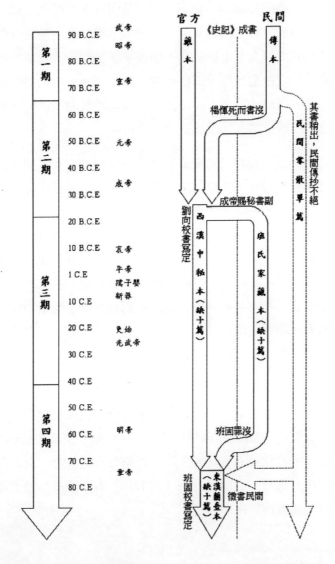

表一　兩漢之際《史記》版本流傳示意表

第四章
從《史記》到《漢書》的轉折過程（下）

第一節　撰續與褒揚時期（一）：
續《太史公》十八家考

　　本時期自成帝賜班斿秘書之副至班彪作《太史公》之《後傳》，其上限為西漢成帝河平三年（26 B.C.E.）至鴻嘉三年（18 B.C.E.）間，下限為東漢光武帝建武十三年（37 C.E.）至二十三年（47 C.E.）間，約為 60 年左右，是官方對待《太史公》流傳政策的第三時期。

　　在上一時期，因楊惲宣布《太史公》，而開始引起許多學者對《太史公》的注意和喜好，少數學者並開始進行《太史公》的續作。私家續作雖始自上一時期的楊惲和褚少孫，而本時期卻是進入了補續《太史公》的興盛時期，尤以私家續作者眾為其特色。西漢朝廷雖已開始注意《太史公》的影響問題，但已無法阻止這樣的趨勢，因此只好採取指定人選，進行符合官方立場撰續工作的做法。王莽當政，更對《太史公》採取了褒揚的態度，遂求史公之後封為「史通子」，至此兩漢之際《太史公》的傳播與續作達到了最高峰。

　　由於過去對兩漢之際續《太史公》諸家的情況，研究上還有許多模糊不清之處，因此本節先針對他們的時期及撰續內容進行考證。

　　最早言及西漢一代續作《太史公》諸家者，應始於東漢的王充，他在《論衡・須頌》中提到：

　　　　司馬子長紀黃帝以至孝武，揚子雲錄宣帝以至哀、平。[1]

王充所言「錄宣帝以至哀、平」者，即揚雄所續《太史公》之內容。此外，其於《論衡・超奇》又言：

　　　　班叔皮續《太史公》書百篇以上，記事詳悉，義淺理備。[2]

因此王充所提續《太史公》者，共有揚雄、班彪二人。

　　與王充同時的班固，亦於《漢書・司馬遷傳》中提到：

　　　　遷外孫平通侯楊惲祖述其書。[3]

又於《漢書・公孫劉田王楊蔡陳鄭傳》言：

　　　　惲始讀外祖《太史公記》，頗為《春秋》。[4]

其所言「祖述其書」和「頗爲《春秋》」，指的便是撰續《太史公》的工作。怎麼知道呢？因爲班固在《漢書・敘傳》中說：

　　　　故探篹前記，綴輯所聞，以述《漢書》。起元高祖，終于孝

---

[1]　見《論衡校釋》，卷二十〈須頌第六十〉。

[2]　見《論衡校釋》，卷十三，〈超奇第三十九〉。

[3]　見《漢書》，卷六十二，〈司馬遷傳第三十二〉，頁2707。

[4]　見《漢書》，卷六十六，〈公孫劉田王楊蔡陳鄭傳第三十六〉，頁2889。

平王莽之誅，十有二世，二百三十年。綜其行事，旁貫五經，
上下洽通，為《春秋》，考紀、表、志、傳，凡百篇。[5]

班固自稱其撰作《漢書》之工作，曰「為《春秋》」。可知「為《春秋》」一詞，乃漢人習用語，即撰續史書之義。但班固並未談到，楊惲具體撰續的篇目和內容。

此外班固在《漢書・趙尹韓張兩王傳》又提到：

贊曰：自孝武置左馮翊、右扶風、京兆尹，而吏民為之語曰：「前有趙、張，後有三王。」然劉向獨序趙廣漢、尹翁歸、韓延壽，馮商傳王尊，揚雄亦如之。[6]

此句三家注《集解》引張晏曰：「劉向作《新序》，不道王尊。馮商續《史記》，為作傳。雄作《法言》，亦論其美也」，[7]亦即張晏認為「劉向獨序」，指的是劉向之《新序》一書；而「揚雄亦如之」，指的是揚雄的《法言》；唯有「馮商傳王尊」一句，指的是《漢書・藝文志》中所提到的「馮商所續《太史公》七篇」中有王尊之列傳。但真的是如此嗎？

事實上，今本劉向《新序》、《說苑》、《列女傳》三書似不見趙廣漢、尹翁歸、韓延壽三人之記載。而揚雄《法言》則記載四人之事如下：

請問「臣自失」。曰：「李貳師之執貳，田祁連之濫帥，韓

5　見《漢書》，卷一百下，〈敘傳第七十下〉，頁4235。
6　見《漢書》，卷七十六，〈趙尹韓張兩王傳第四十六〉，頁3238。
7　見《史記》，卷一百十，〈匈奴列傳第五十〉，頁2918。

> 馮翊之懟蕭，趙京兆之犯魏。」[8]

> 或問「近世名卿」。曰：「若張廷尉之平，雋京兆之見，**尹扶風之絜，王子貢之介**，斯近世名卿矣。」[9]

這只能說是揚雄對四人的評價，說不上是「傳」。此數人之事不見於今本劉向、揚雄之著作，則有兩種可能：

（1）　張晏所言並非實情，趙廣漢、尹翁歸、韓延壽三人事蹟，實出於劉向所續《太史公》一書；而四人之事，則見於揚雄所續《太史公》一書。

（2）　張晏所見《新序》，與今本不同，實記其事。但縱然如此，趙、尹、韓、王四人皆武帝後之人，《新序》既記其事，則劉向所續《太史公》書，理應也有相關之記載。

故可知班固所言兩漢續《太史公》者，除楊惲外，當加上劉向、馮商、揚雄共四人。

其後為魏末的張晏，在今本《史記·匈奴列傳》「使廣利得降匈奴」文後，《索隱》引張晏云：

> 自狐鹿姑單于已下，皆劉向、褚先生所錄，班彪又撰而次之，所以《漢書·匈奴傳》有上下兩卷。[10]

8　　見（漢）揚雄撰，（清）汪榮寶義疏，《法言義疏》（北京：中華書局點校本，1987），卷十五。

9　　見（漢）揚雄撰，（清）汪榮寶義疏，《法言義疏》，卷十七。

10　見《史記》，卷一百十，〈匈奴列傳第五十〉，頁2918。

而在《漢書・趙尹韓張兩王傳》所引前句中，集解引張晏曰：

> 劉向作《新序》，不道王尊。馮商續《史記》，為作傳。雄
> 作《法言》，亦論其美也。[11]

這是明確提出馮商為「續《史記》」之人。此外，鄭樵《通志・景帝紀》又引張晏曰：

> 自景帝至平帝〈本紀〉，皆王莽時劉歆、揚雄、馮衍、史岑
> 等所記。惟〈武帝紀〉，遷沒其書殘缺，褚少孫補之，所謂
> 「褚先生」是也。[12]

因此張晏所提的續《史記》者共有八人，即西漢的馮商、劉向、褚少孫，王莽時的劉歆、揚雄、馮衍、史岑，及東漢的班彪。

而後《後漢書・班彪列傳》中曾提到：

> 武帝時，司馬遷著《史記》，自太初以後，闕而不錄，後好
> 事者頗或綴集時事，然多鄙俗，不足以踵繼其書。

范曄雖言「後好事者」，但並未言其姓名，直到唐高宗時章懷太子李賢在注中說：

> 好事者謂揚雄、劉歆、陽城衡、褚少孫、史孝山之徒也。[13]

---

[11] 見《漢書》，卷七十六，〈趙尹韓張兩王傳第四十六〉，頁3238。

[12] 此為鄭樵《通志》，卷五下〈景帝紀〉所引，對此余嘉錫認為：「張晏此說不見他書，不知《通志》自何處轉引，疑為《史記集解・孝景本紀》之佚文。蓋今之《集解》，已非裴氏原書，不免脫漏，而夾漈所據，猶善本也」。見余嘉錫，〈太史公書亡篇考・景紀第三〉，收入《余嘉錫論學雜著》上冊，頁21。

[13] 見《後漢書》，卷四十上，〈班彪列傳第三十上〉，頁1324。

相較前人所提者，李賢所言少了劉向、馮衍，卻增加了陽城衡、史
孝山。

唐代稍後的劉知幾，在《史通‧古今正史》中說：

> 《史記》所書，年止漢武，太初已後，闕而不錄。其後劉向、
> 向子歆及諸好事者，若馮商、衛衡、揚雄、史岑、梁審、肆
> 仁、晉馮、段肅、金丹、馮衍、韋融、蕭奮、劉恂等相次撰
> 續，迄于哀平間，猶名《史記》。[14]

而在《史通‧史官建置》中，他又說：

> 司馬遷既歿，後之續《史記》者若褚先生、劉向、馮商、揚
> 雄之徒，並以別職，來知史務。[15]

在上述兩段文字中，劉知幾提到：

（1）　西漢撰續《史記》者，前後共有十六人之多。相較前人，劉
　　　　知幾所提的人數最多，但仍少了楊惲和陽城衡、史孝山。

（2）　劉知幾認為太史公此書，自成書後便以《史記》為名，其後
　　　　撰續諸家，也一直沿用這個書名，來命名他們相次撰續的部
　　　　份。如前所述，《史記》原名《太史公》，西漢一代或稱《太
　　　　史公書》、《太史公記》，至東漢中晚期方以《史記》專指
　　　　太史公之著作，故劉知幾於此點恐認識有誤。

（3）　其所言「迄于哀平間」，指的是撰續著作的記事下迄哀平，

14　《史通通釋》，卷十二。
15　《史通通釋》，卷十一。

而不是說這十五人都是哀平以前的人。例如劉歆和揚雄主要
活動時間，即下迄新莽。

劉知幾所言，爲提及撰續《史記》諸家姓名者所言最全者。後來的
學者雖仍繼續研究這個問題，但基本沒有超過其所提的範圍。

因此總和前人所言兩漢撰續《史記》諸家，自楊惲至班彪共有
二十位之多。以下茲針對前述諸家是否曾續《太史公》一書，及其
生平、撰續活動、撰續內容等，作一基本考辨：

一、楊惲

今日所見最早續《太史公》者，應始於史公之外孫楊惲。其生
平、撰續時間和經過，已詳前文。

楊惲撰續的內容，如今可以確定者，爲《史記・建元以來侯者
年表》其中的一部份[16]。蓋今本該表共分爲前後三個部分：

（1）　第一部份自翕侯至涅陽侯，後接「右太史公本表」六字，此
　　　爲《太史公》書中之原表。

（2）　第二部份共記當塗、蒲、潦陽、富民四侯，後接「右孝武封
　　　國名」六字，此爲楊惲續表。[17]

---

[16]　提出此點乃易平之貢獻。其於〈楊惲與《太史公書》〉一文，考證今本《史記》
　　　之〈建元侯表〉表末四侯，及〈張丞相列傳〉篇末一段，皆爲楊惲所續。〈建
　　　元侯表〉爲楊惲所續，應無疑問，其說可從。然〈張丞相列傳〉之部分，則多
　　　有疑義，尚待進一步探討。見易平，〈楊惲與《太史公書》〉，《大陸雜誌》
　　　第 93 卷第 1 期，頁 36-39。

[17]　見《史記》，卷二十，〈建元以來侯者年表第八〉，頁 1058。

（3） 第三部份在「褚先生曰」後，接昭、宣、元三朝所封自博望
　　　 侯至陽平侯共四十二侯，此即褚先生續表。

故此表第二部份的楊惲續表，正是其續《太史公》的證據，也是今
所僅能考見的唯一內容。

二、褚少孫

　　今日所見早期續《太史公》流傳最多者，為西漢宣、元時博士
褚少孫所續文字。前文已提及褚少孫之情況及其所續篇目，此不贅
述。褚少孫於《漢書》並無專傳，唯在《漢書‧儒林傳》中曾提及
其師從王式之事：

> 王式字翁思，東平新桃人也。事免中徐公及許生。……山陽
> 張長安幼君先事式，後東平唐長賓、沛褚少孫亦來事式，問
> 經數篇，式謝曰：「聞之於師俱是矣，自潤色之。」不肯復
> 授。唐生、褚生應博士弟子選，詣博士，摳衣登堂，頌禮甚
> 嚴，試誦說，有法，疑者丘蓋不言。諸博士驚問何師，對曰
> 事式。皆素聞其賢，共薦式。詔除下為博士。……張生、唐
> 生、褚生皆為博士。張生論石渠，至淮陽中尉。唐生楚太傅。
> 由是魯《詩》有張、唐、褚氏之學。[18]

這裡明白記述，褚少孫乃是魯《詩》博士（否則就不會說魯《詩》
有褚氏之學了）。王式傳《詩》，而唐生、褚生從其受學，則所應
者自是《詩》博士弟子。但褚少孫在今本《史記‧龜策列傳》後的

18　見《漢書》，卷八十八，〈儒林傳第五十八〉，頁3610。

「褚先生曰」中卻說：

> 臣以通經術，受業博士，治《春秋》，以高第為郎，幸得宿
> 衛，出入宮殿中十有餘年。

這裡褚少孫很清楚的說，他「受業博士，治《春秋》」，又似為《春
秋》博士弟子，不知孰是。或可能先以《詩》應博士弟子選，其後
又兼治《春秋》。

至於褚少孫的年代，易平〈褚少孫補《史》新考〉一文提出新
說，認為其為宣、元時之博士，而補《史》在元、成間，其說可從。[19]但
易平又提出褚少孫補《史》之文附入《太史公書》的時間在東漢末，
對此則有進一步討論的必要。

對於褚少孫補《史》之文，何時附入《太史公書》的問題，過
去一直都是眾說紛紜。[20]易平主張在東漢末，其根據有三：

（1） 西漢中秘本《太史公書》未附入褚生補續之文。

（2） 東漢蘭臺本《太史公書》未附入褚生補續之文。

（3） 張晏所見《史記》已攙有褚生補續之文。

易平的這三點認識，基本都是正確的。但必須在此釐清的是，西漢

---

[19] 見易平，〈褚少孫補《史》新考〉，《臺大歷史學報》第 25 期。

[20] 對此問題，主要有四種說法：（1）西漢時附入，主張此說的有《四庫全書總目》、
余嘉錫；（2）班固時附入，主張此說的有趙翼；（3）魏晉時附入，主張此說
的有近人高步瀛；（4）東漢末附入，主張此說的有易平。關於諸家詳細說法與
出處，可參考易平，〈褚少孫補《史》新考〉，《臺大歷史學報》第 25 期。

中秘本、東漢蘭臺本和張晏所見本，均非當時《史記》唯一流傳的本子。因此西漢中秘本、東漢蘭臺本未附褚補文字，不代表此時就沒有附入褚補文字的本子。而張晏所見《史記》已攙有褚生補續之文，也不代表就是最早附入褚補文字的本子。

　　所以產生這種模糊的情況，是因為對「附入《太史公書》」的概念沒有定義清楚。事實上，褚補文字附入《太史公》書，應有前後三個階段：

（一）褚補附入其所見《太史公》零散單篇後自成一書，在西漢元、成間。

　　從褚補文字來看，褚少孫一開始就是將其補續之文，附入所見《太史公書》原篇而行。如今本《史記·滑稽列傳》的「褚先生曰」：

> 臣幸得以經術為郎，而好讀外家傳語。竊不遜讓，復作故事滑稽之語六章，編之於左。可以覽觀揚意，以示後世好事者讀之，以游心駭耳，以附益上方《太史公》之三章。[21]

在今本《史記·建元以來侯者年表》後又有：

> 後進好事儒者褚先生曰：《太史公》記事盡於孝武之事，故復修記孝昭以來功臣侯者，編於左方，令後好事者得覽觀成敗長短絕世之適，得以自戒焉。[22]

從這裡可以看出，褚少孫原書是採《太史公》原文在前，已續之文

---

[21]　見《史記》，卷一百二十六，〈滑稽列傳第六十六〉，頁3203。

[22]　見《史記》，卷二十，〈建元以來侯者年表第八〉，頁1059。

字在後的編列方式（漢人行文下行而左，左方即後方）。除非是像〈三王世家〉或〈龜策列傳〉這類褚少孫求而不得者，才會空置原篇，只放入自己補續的文字。

　　因此自西漢元、成時褚《補》成書之始，便是附入《太史公》原篇而行，這是褚《補》最原始的型態。對此，近人余嘉錫已提出類似的主張。[23]但余嘉錫認爲褚《補》在當時已附入《太史公》全書而行，這則是有問題的。[24]因爲褚少孫肯定未見《太史公》全本，他所見到的只是流傳的零散單篇，因此只能說褚《補》與所附《太史公》散篇自成一書而已。

（二）褚《補》全書與《太史公》某殘本合一，在漢、魏間。

　　最早記錄所見《太史公書》已附入褚《補》者，爲魏代的張晏。蓋張晏曾明白表示：

> 遷沒之後，亡〈景紀〉、〈武紀〉、〈禮書〉、〈樂書〉、〈律書〉、〈漢興已來將相年表〉、〈日者列傳〉、〈三王世家〉、〈龜策列傳〉、〈傅靳蒯列傳〉。元成之間，褚先生補闕，作〈武帝紀〉、〈三王世家〉、〈龜策〉、〈日者列傳〉，言辭鄙陋，非遷本意也。[25]

---

[23] 見余嘉錫，〈太史公書亡篇考・總論十篇之亡缺第十三〉，收入《余嘉錫論學雜著》上冊，頁90。

[24] 對於余嘉錫之誤，易平已提出辨析，其言可從。見易平，〈褚少孫補《史》新考〉，《臺大歷史學報》第25期。

[25] 此《史記・太史公自序》集解引張晏說，見《史記》，卷一百三十，〈太史公自序第七十〉，頁3321。

由這裡看，張晏所見的《史記》，是一個百二十四篇的本子。此書缺了〈景紀〉、〈禮書〉、〈樂書〉、〈律書〉、〈漢興已來將相年表〉、〈傅靳蒯列傳〉六篇，而有張晏所認為褚補之〈武帝紀〉、〈三王世家〉、〈龜策〉、〈日者列傳〉四篇。因此褚《補》附入《太史公》某本之時間，其時代上限當在元、成間褚《補》成書之後，其時代下限在魏代張晏所見本之前。

但須注意的是，張晏所見本明顯不是今日所見《史記》的本子，在當時也不是唯一的本子。

（三）褚《補》附入今本《史記》的時間，在東晉孝武帝時。

在今本《史記》中，有多處附載褚《補》文字。那麼褚《補》又是何時，和今日所流行的百三十篇《史記》本合而為一的呢？這應該是在東晉徐廣的時候。

蓋東漢班固雖校書蘭臺，繕定《太史公》東漢蘭臺本，但這是個缺十篇的本子。既不是後來張晏所見的本子，也不是今日流行的《史記》百三十篇本。

那麼今本《史記》的底本，是何時出現的呢？過去學者很少討論到這個問題。但從相關史料來考證，這應該是東晉徐廣奉孝武帝詔，在校書中秘後所繕定的本子。在《宋書・徐廣傳》中說：

> 晉孝武帝以廣博學，除為祕書郎，校書秘閣，增置職僚。轉員外散騎侍郎，領校書如故。[26]

而徐廣此次校書中秘的規模極為龐大，包括四部書在內。《玉海》卷五十二引《續晉陽秋》曰：

> 孝武寧康十六年，詔著作郎徐廣校秘閣四部見書，凡三萬六千卷。[27]

在《玉海》卷一百六十三又引《續晉陽秋》曰：

> 孝武帝好覽文藝，敕著作郎徐廣料秘閣四部見書，凡三萬六千卷。

而徐廣所校「秘閣四部見書」中，確定是包括《史記》的。這在南朝宋裴駰《史記集解序》中說的很清楚：

> 故中散大夫東莞徐廣研核眾本，為作《音義》，具列異同，兼述訓解。

這裡所說的「研核眾本」，便是指徐廣校對當時東晉中秘所藏《史記》諸本而言，這應包括了東漢蘭臺本及當時的民間諸本。

在今本《史記》三家注所引裴駰《史記集解》中，處處可見徐廣校對眾本的痕跡，例如：

（1） 〈周本紀〉「維天建殷，其登名民三百六十夫，不顯亦不賓滅」句下《集解》引：

見（宋）王應麟輯，《玉海》（南京：江蘇古籍據清光緒九年浙江書局刊本影印，1987）。但東晉孝武帝寧康三年，即改元為「太元」，太元年號則有二十一年。因此這裡的「寧康十六年」應有訛誤，但從相關史傳記載來看，徐廣曾校東晉秘閣四部書，應該是沒問題的。

徐廣曰：「一云『不顧亦不賓成』，一又云『不顧亦不恤』也。」[28]

（2）〈魯周公世家〉「夫政不簡不易，民不有近；平易近民，民必歸之」句下《集解》引：

徐廣曰：「一本云『政不簡不行，不行不樂，不樂則不平易；平易近民，民必歸之』。又一本云『夫民不簡不易；有近乎簡易，民必歸之』。」[29]

（3）〈五宗世家〉「謚為哀王，子慶為王」句下《集解》引：

徐廣曰：「他本亦作『慶』字，惟一本作『建』。不宜得與叔父同名，相承之誤。」[30]

（4）〈三王世家〉「乃以未教成者彊君連城，即股肱何勸」句下《集解》引：

徐廣曰：「一作『敦』，一作『勖』，一作『觀』也。」[31]

（5）〈韓信盧綰列傳〉「使張良以韓司徒」句下《集解》引：

徐廣曰：「他本多作『申徒』，申與司聲相近，字由此錯亂耳。今有申徒，云是司徒之後，言司聲轉為申。」[32]

---

[28] 見《史記》，卷四，〈周本紀第四〉，頁129。

[29] 見《史記》，卷三十三，〈魯周公世家第三〉，頁1524。

[30] 見《史記》，卷五十九，〈五宗世家第二十九〉，頁2102。

[31] 見《史記》，卷六十，〈三王世家第二十九〉，頁2107。

[32] 見《史記》，卷九十三，〈韓信盧綰列傳第三十三〉，頁2631。

（6）　〈孝武本紀〉「然其效可睹矣」句下《集解》引：

> 徐廣曰：「猶今人云『其事已可知矣』，皆不信之耳。又數本皆無『可』字。」[33]

從這些例子中的「一作」、「一云」、「一又云」、「一本」、「又一本」、「他本」，明顯是徐廣言其所見《史記》的不同本子。且從「他本多作」、「數本皆無」等語來看，更知當時《史記》不只一本，應有內容相異之多本。而徐廣既曰「一本」、「他本」，則必是已有一標準本可爲對照。因此除作《音義》外，徐廣應與劉向、班固相同，在校書後繕定了一部《史記》的定本。

而從裴駰《史記集解序》可知，裴駰作《集解》時所沿用的正是徐廣校定後的本子，後來唐代司馬貞的《史記索隱》和張守節《史記正義》繼續沿用這個本子，便成爲今日所見《史記》的底本。

而觀察今本所附褚《補》文字，亦多處可見徐廣之注，計有〈外戚世家〉、〈三王世家〉、〈田叔列傳〉、〈滑稽列傳〉、〈龜策列傳〉等五篇。〈龜策列傳〉後，更可見徐廣校對褚《補》的痕跡，如「淵生珠而岸不枯者」句下《集解》引：

> 徐廣曰：「一無『不』字。」[34]

又如「因以醮酒佗髮」句下《集解》引：

---

[33]　見《史記》，卷十二，〈孝武本紀第十二〉，頁485。蓋今本《史記·孝武本紀》乃抄錄《史記·封禪書》而成，是以《史記·封禪書》中亦有「然其效可睹矣」一句，但《史記·封禪書》此句下今無注。

[34]　見《史記》，卷一百二十八，〈龜策列傳第六十八〉，頁3226。

　　徐廣曰：「佗，一作『被』。」[35]

又如「故世為屋，不成三瓦而陳之」句下《集解》引：

　　徐廣曰：「一云『為屋成，欠三瓦而棟之』也。」[36]

這代表了：

（1）　在徐廣繕定之《史記》定本中，確已附入經徐廣校對後的褚《補》文字。

（2）　從褚補〈龜策列傳〉中徐廣注的「一無」、「一作」、「一云」等文字來看，徐廣所見附褚《補》之《史記》本子，絕對不只一本。

因此，今本《史記》乃來自於徐廣校定之東晉中秘本，而亦是徐廣將褚《補》文字附入今本《史記》中。

　　綜合以上所述，自西漢元、成時褚《補》成書始，便是附入褚少孫所見之《太史公》原篇而行。其後經不斷傳抄，並與其他數個《太史公》的本子相合，魏張晏所見本即其中之一附入褚《補》之《史記》百二十四篇本，但這個本子並非今日所見《史記》的底本。一直到東晉孝武帝時，徐廣將中秘所藏《史記》眾本進行校對，並將所校定的褚《補》文字，附入其校定的《史記》東晉中秘本中。而後這個本子，先後被三家注所沿用，成為今本《史記》的由來。故今本《史記》中所以附入褚《補》文字，其因正在於此。

---

[35]　見《史記》，卷一百二十八，〈龜策列傳第六十八〉，頁3227。

[36]　見《史記》，卷一百二十八，〈龜策列傳第六十八〉，頁3237。

三、劉向

　　劉向字子政，《漢書》有專傳，[37]生平此不贅述。其生卒年向有爭議，然以錢穆〈劉向歆父子年譜〉[38]所言，生於西漢昭帝元鳳二年（79 B.C.E.），卒於成帝綏和元年（7 B.C.E.），最為可信。[39]

　　劉向學識極廣，不僅家傳《詩》學，[40]其始治《易》，[41]又治《春秋公羊傳》，[42]受《穀梁春秋》，[43]亦好《左氏春秋》。[44]其著作豐富，據《漢書・藝文志》記載有《五行傳記》十一卷[45]（即《洪範五行傳論》）、所序六十七篇[46]（包括《新序》、《說苑》、《世說》、

---

[37]　見《漢書》，卷三十六，〈楚元王傳第六〉。

[38]　見錢賓四，〈劉向歆父子年譜〉，收入氏著《兩漢經學今古文平議》（台北：東大圖書公司，1971），頁 1。

[39]　此可參考朱浩毅，《漢莽諸子與《太史公書》》（台北：中國文化大學史學研究所碩士論文，2002），第二章註 1 之辨析，頁 9。

[40]　《漢書・楚元王傳》：「元王好《詩》，諸子皆讀《詩》，申公始為《詩》傳，號《魯詩》。元王亦次之《詩》傳，號曰《元王詩》，世或有之。」

[41]　《漢書・楚元王傳》：「歆即向始皆治《易》」。

[42]　《春秋公羊傳注疏》徐彥疏引鄭玄〈六藝論〉：「治公羊者，胡母生、董仲舒。董仲舒弟子嬴公，嬴公弟子眭孟，眭孟弟子莊彭祖及顏安樂，安樂弟子陰豐、劉向、王彥」。

[43]　《漢書・楚元王傳》：「會初立《穀梁春秋》，徵更生受《穀梁》」。

[44]　（唐）馬總輯，《意林》引桓譚《新論》：「劉子政、子駿、子駿兄弟子伯玉，俱是通人，尤重《左氏》。教授子孫，下至婦女，無不讀誦」。見《意林》（台北：藝文印書館據清乾隆敕刻武英殿聚珍本影印，1969）。

[45]　見《漢書》，卷三十，〈藝文志第十〉，頁 1705。

[46]　見《漢書》，卷三十，〈藝文志第十〉，頁 1727。

《列女傳頌圖》等）、賦三十三篇、[47]《說老子》四篇[48]；此外尚有《別錄》、[49]《五紀論》、[50]《列士傳》、[51]《列仙傳》、[52]《世本》、[53]《讖》、[54]《漢諫議大夫劉向集》、[55]《五經通義》、《五經要義》[56] 及續《太史公》書等。然部分疑非劉向所作，乃後人偽託。

　　劉向所續《太史公》書，今已不傳。但由西晉潘岳〈西征賦〉中曾歷數漢代人物之成就，言「長卿、淵、雲之文，子長、政、駿之史」[57]來看，劉向續《太史公》書應甚為可觀。今其所續《太史公》書雖已不可見，然由其傳世《列女傳》、《新序》、《說苑》與史事相關之著作來看，亦略可推知其續《太史公》書之情況。

　　蓋此三書，皆劉向「采傳記行事」而來，因此書中所記武帝前之史事故實，多亦見於《太史公》書。據朱浩毅《漢莽諸子與《太

---

[47]　見《漢書》，卷三十，〈藝文志第十〉，頁1748。

[48]　見《漢書》，卷三十，〈藝文志第十〉，頁1729。

[49]　《隋書‧經籍志》：「《七略別錄》二十卷」，注曰：「劉向撰」。

[50]　《漢書‧律曆志》：「至孝成世，劉向總六曆，列是非，作《五紀論》」。

[51]　《隋書‧經籍志》：「《列士傳》二卷」，注曰：「劉向撰」。

[52]　《隋書‧經籍志》有《列仙傳讚》兩種，分別為三卷及二卷。注曰「劉向撰」，讚則後人為之。

[53]　《隋書‧經籍志》：「《世本》二卷」，注曰：「劉向撰」。

[54]　《隋書‧經籍志》有「劉向《讖》一卷」。

[55]　《隋書‧經籍志》有「《漢諫議大夫劉向集》六卷」。

[56]　此據（清）嚴可均，《全上古三代秦漢三國六朝文》（北京：中華書局點校本，1991），卷三十五所稱。

[57]　（梁）蕭統選、（唐）李善注，《文選》（北京：中華書局影北京圖書館藏宋淳熙八年刻本，1974），卷十。

史公書》》[58]一書統計，《新序》一書中有 33 事可能引自《太史公》書，《說苑》一書中有 29 事可能引自《太史公》書，《列女傳》一書中有 5 事可能引自《太史公》書。

　　然欲考劉向續《太史公》書之內容，則必為三書中所見武帝以後之史事，且不見於今本《史記》者。此類共有七事，由於篇幅甚長，將於下章第二節中詳述。

　　此外，據徐復觀〈劉向《新序》、《說苑》的研究〉一文，考證《新序》、《說苑》之成書時間，認為《新序》成書在成帝河平四年（25 B.C.E.）至陽朔元年（24 B.C.E.），《說苑》成書在鴻嘉四年（17 B.C.E.）。[59]而朱浩毅《漢莽諸子與《太史公書》》則考證《列女傳》之成書，亦在鴻嘉四年（17 B.C.E.）。[60]

　　蓋劉向奉詔領校中秘，在河平三年（24 B.C.E.），也就是說這三書皆成於其領校中秘之後。這是為什麼呢？據《漢書・楚元王傳》贊語稱劉向「直諒多聞」，[61]可知其為人不尚虛浮，治學必有根據。然此三書皆需「采傳記行事」，需要大量記載故實的史料作為依據，故必待劉向領校中秘，遍觀群書後，方有足夠條件成書。由此類推，續《太史公》書與此性質相近，故其成書也當在成帝河平三年（24

---

[58]　見朱浩毅，《漢莽諸子與《太史公書》》，第二章第一節。

[59]　《漢書・楚元王傳》贊曰：「嗚虖！向言山陵之戒，于今察之，哀哉！指明梓柱以推廢興，昭矣！豈非直諒多聞，古之益友與！」。見《漢書》，卷三十六，〈楚元王傳第六〉，頁 1973。

[60]　見徐復觀，〈劉向《新序》、《說苑》的研究〉，收入《兩漢思想史》（台北：學生書局，1979），卷三。

[61]　見朱浩毅，《漢莽諸子與《太史公書》》，第二章註 30。

B.C.E.）劉向領校中秘後，至綏和元年（7 B.C.E.）劉向逝世之間。

至於劉向續《太史公》書之具體篇目，則由前引班固贊曰「劉向獨序趙廣漢、尹翁歸、韓延壽」，[62]及張晏所言「狐鹿姑單于已下」來看，[63]至少有這三人及匈奴之列傳在內。

四、劉歆

劉歆字子駿，《漢書》有專傳，[64]生平此不贅述。《漢書・楚元王傳》稱其「講六藝傳記、諸子、詩賦、數術、方技，無所不究」，學術似較劉向更爲廣博。其著作有《洪範論》[65]（即《五行傳》）、《三統曆譜》、[66]《七略》；[67]此外尚有《列女傳頌》、[68]《太中大夫劉歆集》、[69]《爾雅》、[70]《鍾律書》，[71]及續《太史公》書等著作，

---

[62] 見《漢書》，卷七十六，〈趙尹韓張兩王傳第四十六〉，頁 3238。

[63] 見《史記》，卷一百十，〈匈奴列傳第五十〉，頁 2918。

[64] 見《漢書》，卷三十六，〈楚元王傳第六〉。此外，其行事亦多見載於《漢書・王莽傳》。

[65] 見《漢書》，卷三十六，〈楚元王傳第六〉，頁 1973。

[66] 見《漢書》，卷三十六，〈楚元王傳第六〉，頁 1973。然據《漢書・律曆志》言：「向子歆究其微眇，作《三統曆》及《譜》以說《春秋》，推法密要，故述焉」，可知《三統曆譜》本分爲「曆」及「譜」兩部分，且與《春秋》相關。

[67] 見《漢書》，卷三十六，〈楚元王傳第六〉，頁 1973。然據《漢書・律曆志》言：「向子歆究其微眇，作《三統曆》及《譜》以說《春秋》，推法密要，故述焉」，可知《三統曆譜》本分爲「曆」及「譜」兩部分，且與《春秋》相關。

[68] 《隋書・經籍志》：「《列女傳頌》一卷」，注曰：「劉歆撰」。

[69] 《隋書・經籍志》有「《太中大夫劉歆集》五卷」。

[70] 《隋書・經籍志》：「《爾雅》三卷」，注曰：「漢中散大夫樊光注。梁有漢劉歆，犍爲文學、中黃門李巡《爾雅》各三卷，亡」。

其書亦多不傳。

　　蓋劉歆之著作有一特色，其書每多承父業而更異之。如劉向作《五行傳記》，劉歆又作《五行傳》，《漢書·五行志》言：

> 景、武之世，董仲舒治《公羊春秋》，始推陰陽，為儒者宗。宣、元之後，劉向治《穀梁春秋》，數其禍福，傳以〈洪範〉，與仲舒錯。至向子歆治《左氏傳》，其《春秋》意亦已乖矣；言《五行傳》，又頗不同。[72]

又如向作《別錄》，而歆更之為《七略》；向有《列女傳》，而歆亦有《列女傳頌》等。故劉向既續《太史公》書，劉歆又續作之，應在情理之中。且由西晉潘岳〈西征賦〉中所稱「長卿、淵、雲之文，子長、政、駿之史」，[73]以劉向、劉歆之史並列來看，劉歆之續《太史公》書應亦可觀。但由現存佚文，似難考察其所續《太史公》書之內容。至於葛洪家藏劉子駿《漢書》一百卷之說，[74]學者多不信，今茲不論。

　　至於劉歆續《太史公》成書的時間，只能大致推定應是在其「河

---

[71]　《隋書·牛弘傳》：「弘上議云：『……劉歆《鍾律書》云……』」。

[72]　見《漢書》，卷二十七上，〈五行志第七上〉，頁1317。

[73]　見《文選》，卷十。

[74]　《西京雜記·跋》（北京：中華書局據抱經堂本排印，1991）言：「洪家世有劉子駿《漢書》一百卷，無首尾題目，但以甲乙丙丁紀其卷數。先公傳之歆，欲撰《漢書》編錄漢事，未得締構而亡。故書無宗本，止雜記而已，失前後之次，無事類之辨。後好事者以意次第之，始甲終癸，為十帙，帙十卷，合為百卷。洪家具有其書記，以此記考校班固所作，殆是全取劉氏。有小異同耳，并固所不取，不過二萬許言。」

平（28-25 B.C.E.）中，受詔與父向領校祕書」[75]之後，至新莽地皇四年（23 C.E.）自殺之前，具體時間及篇目則不可知。

五、馮商

馮商，《漢書》無傳。惟《漢書‧藝文志》有「馮商所續《太史公》七篇」[76]及「待詔馮商賦九篇」。[77]此外，《藝文類聚》卷八十引劉向《別傳》曰：「待詔馮商作〈燈賦〉」，[78]這應該就是〈藝文志〉所記賦九篇中的一篇。在兩漢續《太史公》諸家中，馮商是唯一一位奉詔續《太史公》之人，其餘十七位全部都是私家撰續。

馮商於《漢書》無專傳，其生平不得而知。但在《漢書‧藝文志》的注中，卻保留了兩段珍貴的材料。在「馮商所續《太史公》七篇」句下顏注曰：

> 韋昭曰：「馮商受詔續《太史公》十餘篇，在班彪《別錄》。商字子高。」
> 師古曰：「《七略》云：『商，陽陵人，治《易》，事五鹿充宗，後事劉向，能屬文，後與孟柳俱待詔，頗序列傳，未卒，病死』。」

而《漢書‧張湯傳》贊語「馮商稱張湯之先與留侯同祖，而司馬遷

---

[75] 見《漢書》，卷三十六，〈楚元王傳第六〉，頁1967。
[76] 見《漢書》，卷三十，〈藝文志第十〉，頁1714。
[77] 見《漢書》，卷五十九，〈張湯傳第二十九〉，頁2657。
[78] 見《藝文類聚》（明萬曆丁亥〔十五年〕秣陵王元貞校刊本），卷八十〈燈〉部。

不言，故闕焉」句下顏注：[79]

> 如淳曰：「班固《目錄》：『馮商，長安人，成帝時以能屬
> 書，待詔金馬門，受詔續《太史公》書十餘篇』。」
> 師古曰：「劉歆《七略》云：『商，陽陵人，治《易》，事
> 五鹿充宗，能屬文，博通強記，與孟柳俱待詔，頗序列傳，
> 未卒，會病死』。」

上文中所引注者有三人，但皆是引用前人之說。其引用來源有
三：劉歆《七略》、班彪《別錄》、班固《目錄》，此三人皆與馮
商之時代相去不遠。且馮商曾師事劉向（見下文第（二）點），與
劉歆關係相近，故應可信。茲分析如下：

**（一）馮商字子高，為西漢成帝時陽陵人（陽陵屬長安），曾任待
詔一職。**

漢代的待詔，可分兩類：

（1）　作為候補官的待詔，並非正官。[80]其所在官署多種多樣，有
　　　丞相府、太卜寺、尚方、保宮、承明庭、殿中等等，而記載
　　　最多為待詔公車和待詔金馬門，故其所待乃為官之詔。

（2）　已經有正式官職，而待皇帝令其為某事之詔，這類的情況較
　　　少。[81]

---

[79]　《漢書・張湯傳》贊語亦有此注，注文全同。

[80]　《漢書・哀帝紀》注引應劭曰：「諸以材技徵召，未有正官，故曰待詔」。

[81]　關於漢代的「待詔」，前人研究極多，主要有安作璋、熊鐵基，《秦漢官制史
　　　稿》下冊（濟南：齊魯書社，1985），頁 371-373）；楊鴻年，《漢魏制度叢考》

由劉歆《七略》和班固《目錄》，都僅記馮商「待詔金馬門」，而未言其正職來看，馮商之待詔應屬於第一類的候補官性質。

然待詔一職雖屬候補官，但其衣食皆出天子私財，具有強烈的「天子私吏」性質。[82]更因親近天子，易得其賞識。漢代名臣如朱買臣、吾丘壽王、主父偃、徐樂、嚴安、東方朔等，皆有過「待詔」之經歷。其中尤以待詔金馬門，待遇較他處為高，容易親近天子，[83]更是文學之士群聚之處，如劉向、[84]揚雄，[85]皆因文學待詔金馬門。

由此看來，馮商所以能待詔金馬門，這和他的「能屬文，博通強記」有密切關係。而正因此職親近天子，方能受成帝賞識命其續《太史公》書。

（武漢大學出版社，1985），頁 109；及日人杉本憲司，〈漢代の待詔について〉（大阪府立大学社会科学研究会《社会科学論集》，1973）。最新則有陶新華〈漢代的「待詔」補論〉一文，《社會科學戰線》2005 年 6 期。

82　此見陶新華，〈漢代的「待詔」補論〉一文之研究，《社會科學戰線》2005 年6 期。

83　《漢書‧東方朔傳》：「朔文辭不遜，高自稱譽，上偉之，令待詔公車，奉祿薄，未得省見。……上知朔多端，召問朔：『何恐朱儒為？』對曰：『臣朔生亦言，死亦言。朱儒長三尺餘，奉一囊粟，錢二百四十。臣朔長九尺餘，亦奉一囊粟，錢二百四十。朱儒飽欲死，臣朔飢欲死。臣言可用，幸異其禮；不可用，罷之，無令但索長安米。』上大笑，因使待詔金馬門，稍得親近。」由此知待詔金馬門之奉祿與親近天子條件，均較待詔公車為優越。

84　《漢書‧嚴朱吾丘主父徐嚴終王賈傳》：「宣帝時修武帝故事，講論六藝羣書，博盡奇異之好，……益召高材劉向、張子僑、華龍、柳褒等待詔金馬門」。

85　《漢書‧揚雄傳》：「客嘲揚子曰：『……今子幸得遭明盛之世，處不諱之朝，與羣賢同行，歷金門上玉堂有日矣……』」，注引應劭曰：「金門，金馬門也」。

（二）馮商治《易》，曾先事五鹿充宗，後事劉向。

這裡的「事」應指「師事」而言。何故？「事者，奉也」。[86]單獨的「事」作動詞用，在漢代有兩種意思，第一種指師事某人，為其弟子；[87]第二種指從事某人，為其下屬。[88]

由注中來看，待詔應該是馮商一生的最高位置，然待詔並非正官，且劉歆《七略》記馮商事五鹿充宗及劉向，皆在其為待詔之前。由此推測，馮商一生恐怕並未擔任正式官職。然五鹿充宗及劉向兩人皆治《易》，[89]與馮商同經，故推測為師事兩人較為合理。

---

[86]　（清）張玉書等奉勅編，《康熙字典》（上海：章福記書局 1925 影清殿本），子集上。

[87]　如《漢書‧儒林列傳》：「夏侯勝，其先夏侯都尉，從濟南張生受《尚書》，以傳族子始昌。始昌傳勝，勝又事同郡蕳卿。蕳卿者，倪寬門人。勝傳從兄子建，建又事歐陽高。勝至長信少府，建太子太傅，自有傳。由是《尚書》有大小夏侯之學。」此處「建又事歐陽高」的「事」字，即是指師事歐陽高，為其弟子之意。

[88]　如《漢書‧高帝紀》贊語：「春秋晉史蔡墨有言，陶唐氏既衰，其後有劉累，學擾龍，事孔甲」。這裡的「事孔甲」，即是指從事於夏后孔甲，於其下擔任擾龍之官。

[89]　五鹿充宗治《易》，今《漢書‧藝文志》六藝略易十三家中即有「五鹿充宗略說三篇」。此外亦傳《論語》，《漢書‧藝文志》曰「傳齊《論》者：昌邑中尉王吉、少府宋畸、御史大夫貢禹、尚書令五鹿充宗、膠東庸生」。
　　劉向治《易》，《漢書‧楚元王傳》言「歆及向始皆治《易》」。然其學識極廣，除家傳《詩》學外，又治《春秋公羊傳》，受《穀梁春秋》，亦好《左氏春秋》。

（三）與馮商同時爲待詔的，還有孟柳，但續《太史公》者爲馮商
一人。

　　由於《七略》說「後與孟柳俱待詔，頗序列傳」，因此明人焦
竑《焦氏筆乘》認爲續《太史公》者有馮商、孟柳二人。[90]但從《漢
書・藝文志》所說「馮商所續《太史公》七篇」來看，續《太史公》
者應只有馮商一人。而其它注文也缺乏孟柳續《太史公》之證據，
因此馮商應該只是和孟柳同時「俱待詔」，而非同時「頗序列傳」，
續《太史公》者應只馮商一人較爲合理。

　　然馮商雖受詔續《太史公》，但尚未完成全書即病死。但由《漢
書・藝文志》所記「馮商所續《太史公》七篇」來看，其完成的部
分應已進獻漢廷，方能收藏於中秘。

　　那麼馮商完成的篇目有那些呢？由「頗序列傳」一語來看，馮
商續《太史公》應以列傳部分爲主。而具體篇目，則由前引班固贊
曰「馮商傳王尊」，[91]即知有〈王尊傳〉在內；而《漢書・張湯傳》
贊語云：

　　馮商稱張湯之先與留侯同祖，而司馬遷不言，故闕焉。[92]

由此看來，馮商撰續的部分，應該也包括〈張湯傳〉。這是班固所
見馮商續《太史公》七篇中的兩篇可能內容。其它篇目則不可考。

90　（明）焦竑，《焦氏筆乘》（台北：藝文印書館，1985 據清咸豐伍崇曜校刊本
　　影印）。

91　見《漢書》，卷七十六，〈趙尹韓張兩王傳第四十六〉，頁 3238。

92　見《漢書》，卷五十九，〈張湯傳第二十九〉，頁 2657。

　　然此處尚有一重要疑點，蓋班彪《別錄》與班固《目錄》俱言馮商「受詔續《太史公》書十餘篇」，但今傳《漢書·藝文志》僅見「馮商所續《太史公》七篇」，這是何故？

　　蓋《漢書·藝文志》所言篇目，係班固以《別錄》、《七略》校對東漢中秘藏書而來。因此《志》言所續「七篇」，乃西漢成帝時中秘藏書實況。然班彪、固父子皆言馮商續「十餘篇」，亦非空穴來風，定然有其根據。因此，這有兩種可能：

（1）　所謂「受詔續《太史公》書十餘篇」，指的是成帝命馮商撰寫的篇目。但因馮商「未卒，會病死」，因此實際完成進獻的篇目只有七篇，餘則因其病卒而未及完成。若是如此，則可知馮商續《太史公》書，連篇目都是由朝廷事先指定，政治意味濃厚。

（2）　「十餘篇」指的是馮商實際已完成並進獻的篇數。而既是受成帝詔而續書，書成後理應先呈御覽再入中秘。而經成帝核閱後，只有七篇能符合要求留藏中秘，其餘皆被刪去。

由於相關記載太少，在此無法論斷孰是。但不管是哪一種可能，都可看出漢廷意圖藉此干預史學的可能。

　　那麼，馮商又是何時續《太史公》書呢？注文只說是西漢成帝一朝之事，具體時間不知。但配合前引《漢書·宣元六王傳》所記河平二年（27 B.C.E.）東平思王求書一事，[93] 由成帝所問可看出，當時他對《太史公》書並未有強烈的印象或全面的瞭解，故需諮詢

93　《漢書》，卷八十，〈宣元六王傳第五十〉，頁3324。

大將軍王鳳。

因此應該是在河平二年（27 B.C.E.）求書事以後，成帝才開始產生對《太史公》書的興趣，於是方下詔專門命人續《太史公》書。故馮商受詔續《太史公》書的時間，應該是在河平二年（27 B.C.E.）至綏和二年（7 B.C.E.）間。且依常理推測，欲續《太史公》書，則先應有校定好的原書加以參照為宜，故馮商受詔續書之時間，當在劉向校定《太史公》書之後。

換句話說，在成帝時期前後，漢廷不但刪削《太史公》書，且命人撰續新的內容，以雙管齊下的方式進行對史學的干預。這應是漢廷此時已意識到《太史公》所帶來的問題，但因在其流傳民間甚廣，並開始引發撰續風氣，已無法完全禁絕，故採取這種不得不然的做法。

六、衛衡、陽城衡

在前文中，李賢注曾提到續《太史公》者有陽城衡，[94]而劉知幾則提到有衛衡。[95]有趣的是，李賢與劉知幾時代相近，但李賢知有陽城衡不知有衛衡；而劉知幾正好相反，知有衛衡而不知有陽城衡。由於二人皆名為「衡」，因此過去的學者多以為此乃同一人，但真的是如此嗎？

陽城衡，東漢初桓譚《新論》云「陽城子張名衡，蜀郡人，王

94　見《後漢書》，卷四十上，〈班彪列傳第三十上〉，頁 1324。

95　《史通通釋》，卷十二。

翁與吾俱爲講樂祭酒」。[96]同時代的王充《論衡‧對作篇》有「陽城子張作《樂》」，[97]《論衡‧超奇篇》有「陽成子長作《樂》經」，[98]可知「陽城子張」與「陽成子長」爲一人，即陽城衡也。此外，應劭《風俗通義》有「陽城氏，漢有諫議大夫陽城公衡」，[99]後人多以爲此即陽城衡。

　　但除了李賢注外，基本沒有關於陽城衡續《太史公》的相關記載。但東晉常璩在《華陽國志‧序志》中，曾談到他所參考的前人文獻有：

> 司馬相如、嚴君平、楊子雲、陽成子玄、鄭伯邑、尹彭城、譙常侍、任給事等，各集傳記以作《本紀》，略舉其隅。[100]

此處的「陽成子玄」，由其時代和郡望來看，應即陽城衡。而今可考見揚雄曾作《蜀王本紀》，[101]譙周亦有《蜀本紀》，[102]足見常璩之言不虛。故知陽城衡曾著《蜀本紀》一書，東晉時尚存。由此推論，陽城衡既能修蜀地之史，其續《太史公》應該也是很可能的。

---

[96] 《太平御覽》，卷八十五引桓譚《新論》。然原文爲「陽城子姓張名衡，蜀郡人」，學者考定「姓」字乃衍文，可從。另：《新論》所謂王翁，即指王莽。

[97] 《論衡校釋》，卷十三，〈超奇第三十九〉。

[98] 《論衡校釋》，卷二十九，〈對作第八十四〉。

[99] （宋）鄭樵，《通志‧氏族略》（清乾隆十二年〔1747〕武英殿校刊本）引。

[100] （晉）常璩撰，任乃強校注，《華陽國志校補圖注》（上海：上海古籍出版社，1987），卷十二。

[101] 《史記‧夏本紀》注引《正義》：「楊雄《蜀王本紀》云『禹本汶山郡廣柔縣人也，生於石紐』」。

[102] 《三國志‧蜀書‧許麋孫簡伊秦傳》注：「譙周《蜀本紀》曰『禹本汶山廣柔縣人也，生於石紐』」。

而《華陽國志》卷十下，也提到衛衡此人：

> 衛衡字伯梁，南鄭人也。少師事隱士同郡樊季齊，以高行聞。
> 郡九察孝廉，公府、州十辟，公車三徵，不應。董扶、任安
> 從洛還，過見之。[103]

董扶、任安，《後漢書・方術列傳》記其為東漢靈帝時人，故知衛
衡應亦東漢末人。其與陽城衡二人時代、姓氏、郡望、生平全不相
似。且由《華陽國志》並記二人來看，衛衡與陽城衡斷非一人。故
若非另有一位不見於今日文獻，於兩漢之際續《太史公》之衛衡，
否則就應該是劉知幾誤記陽城衡為衛衡。

因此，綜合以上各條。陽城衡字子張（或子長、子玄），東漢初
蜀郡人。時代約與桓譚同時，其人曾任漢諫議大夫及新莽講樂祭酒
（兩者先後不得而知），並作《樂》經、《蜀本紀》。陽城衡續《太
史公》之時代已不可考，但由其生平大致推斷續《史記》在西漢末
至東漢初之間，當無大誤。衛衡則為東漢末人，與續《史記》應無
關係。

七、揚雄

揚雄，《漢書》有專傳，[104]生平不另贅述。由於談及續《太史
公》諸家最早的王充和班固，都談到揚雄，並且王充還具體指出其
撰續的範圍是「錄宣帝以至哀、平」，[105]因此揚雄曾續《太史公》

---

[103] （晉）常璩撰，任乃強校注，《華陽國志校補圖注》，卷十。

[104] 見《漢書》，卷八十七，〈揚雄傳第五十七〉。此外，其行事亦多見載於《漢
書・王莽傳》。

[105] 見《論衡校釋》，卷二十〈須頌第六十〉。

書應該是無庸置疑的。

《漢書・揚雄傳》云其「少而好學」、「博覽無所不見」，[106]其著作豐富，班固在贊語中歸納如下：

> 以為經莫大於《易》，故作《太玄》；傳莫大於《論語》，作《法言》；史篇莫善於《倉頡》，作《訓纂》；箴莫善於《虞箴》，作《州箴》；賦莫深於《離騷》，反而廣之；辭莫麗於相如，作四賦：皆斟酌其本，相與放依而馳騁云。

此即《漢書・藝文志》所記的「揚雄所序三十八篇（包括《太玄》十九篇，《法言》十三篇，《樂》四篇，《箴》二篇）」、[107]《訓纂》（包括《訓纂》、《蒼頡訓纂》）、[108]《賦》十二篇[109]等著作。另外，《隋書・經籍志》尚記有其著作《方言》十三卷、[110]《蜀王本記》一卷、[111]《漢太中大夫揚雄集》五卷；[112]《全上古三代秦漢三國六朝文》[113]又稱其有《琴清英》一卷。而其續《太史公》書，今已不存。傳世著作中與《太史公》關係最為密切，多記漢代故實者，為其《法言》一書，可據此鉤稽揚雄續《太史公》書之內容，當於下章第二節詳述。

106　見《漢書》，卷八十七，〈揚雄傳第五十七〉，頁3514。

107　見《漢書》，卷三十，〈藝文志第十〉，頁1727。

108　見《漢書》，卷三十，〈藝文志第十〉，頁1720。

109　見《漢書》，卷三十，〈藝文志第十〉，頁1749。

110　見《隋書》，卷三十二，〈經籍志第二十七〉，頁937。

111　見《隋書》，卷三十二，〈經籍志第二十七〉，頁983。

112　見《隋書》，卷三十二，〈經籍志第二十七〉，頁1057。

113　（清）嚴可均《全上古三代秦漢三國六朝文》（北京：中華書局點校本，1991），卷四十。

揚雄曾作〈自序〉一文，敘其生平及著作，《漢書》採之以爲其傳。蓋〈自序〉作於《法言》成書之後，《法言》之成書則在新莽始建國二年（10 C.E.）。[114]而〈自序〉完全未提及其所續《太史公》書，依此推斷，揚雄續《太史公》成書的時間，應在新莽始建國二年（10 C.E.）之後，至新莽天鳳五年（18 C.E.）其卒之前，此與揚雄校書天祿閣之時期相符。

至於揚雄所續篇目，王充既曰「錄宣帝以至哀、平」，似乎卷帙浩繁。但具體篇目，僅能依班固所言，推斷可能有趙廣漢、尹翁歸、韓延壽、王尊之列傳，餘則不可考。

八、史岑、史孝山

張晏所言史岑，《後漢書·文苑列傳》有關於他的簡短記載：

> 王莽末，沛國史岑子孝，亦以文章顯。莽以爲謁者，著〈頌〉、〈誄〉、〈復神〉、〈說疾〉凡四篇。[115]

在這裡很清楚的記載，史岑爲王莽末人，字子孝。其文名顯赫，如·《東觀漢記》說：

> （東平憲王）蒼因上〈世祖受命中興頌〉，上甚善之，以問校書郎，此與誰等？皆言類揚雄、相如、前世史岑之比章。[116]

---

[114] 《法言》成書時間，歷來學者多有爭議，或主張在漢平帝時期，或主張在新莽時期。今茲據徐復觀〈揚雄論究〉一文之推斷，見徐復觀，《兩漢思想史》（台北：學生書局，1979），卷二。

[115] 見《後漢書》，卷八十上，〈文苑列傳第七十上〉，頁 2609。

[116] 見《文選》，卷六十〈齊竟陵文宣王行狀〉李善注引。

可見在東漢初，史岑之文名可與司馬相如及揚雄等齊。

　　但上引《後漢書・文苑列傳》該句下，又有李賢注曰：

　　　岑一字孝山，著〈出師頌〉。[117]

因此，後人或以爲張晏所言史岑即史孝山。但事實上，王莽末的史岑（子孝）和作〈出師頌〉的史岑（孝山）是同名同姓的兩個人。今〈出師頌〉見載於《昭明文選》，其內容紀東漢安帝時大將軍鄧騭征西羌事。[118]故作此頌者，必在安帝以後，與王莽末之史岑斷非一人，李賢誤也。如《昭明文選》李善注即指出這一點：

　　　斯則莽末之史岑，明帝之時已云前世，不得爲和熹之頌明矣。
　　　然蓋有二史岑，字子孝者仕王莽之末，字孝山者當和熹之際，
　　　但書典散亡，未詳孝出爵里，諸家遂以孝山之文，載於子孝
　　　之集，非也。[119]

　　這樣的錯誤，其實由來已久。李善注中提到在他之前的晉代摯虞《文章志》及宋代劉義慶《集林》、今書七志等諸家文集，都錯把〈出師頌〉當成是王莽末史岑的作品。這是因爲魏晉時編纂總集之風大起，甚至有如謝靈運一人編纂幾種總集的情況出現，因資料、時間、精力上的限制，大多以前世總集作爲依據，因此才會一誤再誤。[120]

---

[117]　見《後漢書》，卷八十上，〈文苑列傳第七十上〉，頁 2609。

[118]　見《文選》，卷四十七。

[119]　見《文選》，卷四十七。

[120]　關於這一點，可參考傅剛，《昭明文選研究》（北京：中國社會科學出版社，2001），第一章第一節。

因此，續《太史公》書的是王莽末的史岑，而非東漢安帝時的史孝山。在李賢的認知中，誤以爲史孝山即是王莽末的史岑。至於史岑續《太史公》之時代亦不可考，但由其生平大致推斷續《史記》在王莽末至東漢初之間，應無大誤。

九、晉馮、段肅

提到晉馮、段肅二人的，最早是《後漢書‧班彪列傳》中班固的〈奏記〉：

> 永平初，東平王蒼以至戚為驃騎將軍輔政，開東閣，延英雄。時（班）固始弱冠，奏記說蒼曰：「……京兆祭酒晉馮，結髮修身，白首無違，好古樂道，玄默自守，古人之美行，時俗所莫及。……弘農功曹史段肅，達學洽聞，才能絕倫，誦詩三百，奉使專對。此六子者，皆有殊行絕才，德隆當世。」[121]

這裡的「殷肅」，李賢注曰「固《集》『殷』作『段』」，是即段肅。由前文來看，晉馮、段肅二人皆東漢初人，略早於班固，德才爲時人所稱道。晉馮著作已不可考，而《隋書‧經籍志》有「《春秋穀梁傳》十四卷」，其下注曰「段肅注，疑漢人」，[122]疑段肅即治《穀梁春秋》。

二人續《太史公》之時代亦不可考，但由其生平大致推斷續《史記》亦在王莽末至東漢初之間。

---

[121] 見《後漢書》，卷四十上，〈班彪列傳第三十上〉，頁 1330。

[122] 見《隋書》，卷三十二，〈經籍志第二十七〉，頁 931。

十、金丹、馮衍

金丹、馮衍皆王莽末東漢初時人，《後漢書・隗囂公孫述列傳》曾提金丹之名：

（隗）囂素謙恭愛士，傾身引接為布衣交。……杜陵、金丹之屬為賓客。[123]

除此處之外，似不見其它記載，因此只能大致推定其曾為隗囂賓客，續《太史公》之時間當在王莽末至東漢初之間。

馮衍，《後漢書》有專傳，[124]生平不另贅述。其人「幼有奇才」、「博通群書」。[125]著作有賦、誄、銘、說、〈問交〉、〈德誥〉、〈慎情〉、〈書記說〉、〈自序〉、〈官錄說〉、策五十篇，[126]然多不傳。

由於馮衍先仕王莽，再仕更始，又遲歸光武，故不為光武、明帝所喜，不得重用。後坐交通外戚得罪，赦歸故郡。至衍卒後，其文方為章帝所重。馮衍續《太史公》之事，不見史傳記載，僅能大致推定亦在王莽末至東漢初之間。

十一、梁審、肆仁、韋融、蕭奮、劉恂

此五人不見於文獻記載，不知生平與著作，其續《太史公》之

---

[123]　見《後漢書》，卷十三，〈隗囂公孫述列傳第三〉，頁 522。

[124]　見《後漢書》，卷二十八，〈桓譚馮衍列傳第十八〉。

[125]　見《後漢書》，卷二十八上，〈桓譚馮衍列傳第十八上〉，頁 962。

[126]　見《後漢書》，卷二十八下，〈桓譚馮衍列傳第十八下〉，頁 1003。

事無可考證。然朱浩毅《漢莽諸子與《太史公書》》一書,曾對肆仁、韋融、蕭奮三人提出論述,故須在此作一考辨。

朱浩毅《漢莽諸子與《太史公書》》第一章,於三人生平考述如下:

> 曾樸《補後漢書藝文志并考》還將晉馮與肆仁一并說之,言「肆仁、晉馮等續史記」。
>
> 蕭奮之名則見於《漢書・儒林傳》:「孟卿,東海人也。事蕭奮,以授后倉、魯閭丘卿。」
>
> 惟《漢書・韋賢傳》敘及韋賢之祖韋孟事時,詳載韋孟之詩,而有「其子孫好事述先人之志而作是詩也」之言,而《後漢書・班彪列傳》又言撰續《(續)太史公書》者為「好事」之人,以此推之〈韋賢傳〉中出現的「子孫好事」者應該就是韋融。[127]

這三段考述,恐怕都是有問題的,茲辨析如下:

(一)曾樸(1872-1935)為清末民初著名之小說家、翻譯家,所著《孽海花》是晚清四大譴責小說之一,並翻譯法國名家雨果作品共 19 種。其《補後漢書藝文志》一卷並《考證》十卷,乃是 21 歲後寓居北京數年間的作品。換句話說,曾樸著此書時上距漢代近二千年,距今不過百年左右,其所根據的材料應不至與今人出入太大。故其所言肆仁之事,當據劉知幾而來,非別有所出,不足以為新論據。

---

[127] 朱浩毅,《漢莽諸子與《太史公書》》,頁 6-7。

（二）《漢書・儒林傳》所言蕭奮此人，乃孟卿之師，后倉之師祖。《漢書・藝文志》言：「漢興，魯高堂生傳《士禮》十七篇。訖孝宣世，后倉最明」；[128]而《史記・儒林列傳》言：「而瑕丘蕭奮以《禮》為淮陽太守」。[129]不論是由后倉之時代上推，或由太史公記蕭奮事來看，蕭奮都應該是與太史公同時或更早之人。因此，蕭奮在世時，《太史公》恐尚未成書，縱成書亦恐未宣布於世，當不具續《太史公》之條件。

（三）朱浩毅所引《漢書・韋賢傳》該句，原文前後如下：

韋賢字長孺，魯國鄒人也。其先韋孟，家本彭城，為楚元王傅，傅子夷王及孫王戊。戊荒淫不遵道，孟作詩風諫。後遂去位，徙家於鄒，又作一篇。……其〈在鄒詩〉曰：

微微小子，既考且陋，豈不牽位，穢我王朝。王朝肅清，唯俊之庭，顧瞻余躬，懼穢此征。我之退征，請于天子，天子我恤，矜我髮齒。赫赫天子，明愼且仁，懸車之義，以洎小臣。嗟我小子，豈不懷土？庶我王寤，越遷于魯。既去禰祖，惟懷惟顧，祁祁我徒，戴負盈路。爰戾于鄒，鬋茅作堂，我徒我環，築室于牆。我既靡逝，心存我舊，夢我瀆上，立于王朝。其夢如何？夢爭王室。其爭如何？夢王我弼。寤其外邦，歎其喟然，念我祖考，泣涕其漣。微微老夫，咎既遷絕，洋洋仲尼，視我遺烈。濟濟鄒魯，禮義唯恭，誦習弦歌，于異他邦。我雖鄙耇，心其好而，我徒侃爾，樂亦在而。

---

[128]　見《漢書》，卷三十，〈藝文志第十〉，頁1710。

[129]　見《史記》，卷一百二十一，〈儒林列傳第六十一〉，頁3126。

> 孟卒于鄒。或曰其子孫好事，述先人之志而作是詩也。
>
> 自孟至賢五世。賢為人質朴少欲，篤志於學，兼通《禮》、《尚書》，以《詩》教授，號稱鄒魯大儒。徵為博士，給事中，進授昭帝《詩》。[130]

所謂「作是詩也」，指的是韋孟的「在鄒詩」，此詩內容看不出與《太史公》書的任何關係。且韋賢能「進授昭帝《詩》」，則應為武帝時人，不論「其子孫」指的是韋賢或孟賢之間者，其所處時代不似能續《太史公》者。

而朱浩毅之根據，主要在「好事」二字亦見於《後漢書·班彪列傳》。然《漢書》、《後漢書》中「好事」一詞，並非專指續《太史公》而言，如《漢書·游俠傳》：

> 而張竦亦至丹陽太守，封淑德侯。後俱免官，以列侯歸長安。竦居貧，無賓客，時時好事者從之質疑問事，論道經書而已。[131]

《後漢書·方術列傳》：

> 劉根者，潁川人也。隱居嵩山中。諸好事者自遠而至，就根學道。[132]

上引兩例，一指論經，一指學道，皆與續《史記》無關。故僅據「好事」二字，就判斷其「子孫好事」者就是續《太史公》之韋融，證

據恐有不足。

　　因此劉知幾所言韋融、蕭奮二人，恐非《漢書·韋賢傳》與《漢書·儒林傳》所載者，可能另有其人。而從劉知幾敘述的前後順序來看，梁審、肆仁、韋融、蕭奮、劉恂五人之時代應皆在兩漢之際。

十二、班彪

　　班彪，《後漢書》有專傳，[133]生平不另贅述。班彪續《太史公》之事，先後有王充及其子班固具論其事，絕無疑問。其續《太史公》之內容，多為《漢書》所繼承，將於下章第二節具論之。

　　班彪續《太史公》之時間，據《後漢書·班彪列傳》所記，當在其「拜徐令，以病免」之後，與「復辟司徒玉況府」之間。其拜徐令的時間，在光武帝建武十三年（37 C.E.），不久後即病免居家，「遂專心史籍之間」；其「復辟司徒玉況府」則在建武二十三年（47 C.E.），因此其續《太史公》便主要是此十年間事。

　　因此，總和各家所言二十位撰續《史記》者，其中李賢誤記史岑為史孝山，劉知幾誤記陽城衡為衛衡，故實為楊惲、褚少孫、馮商、劉向、劉歆、陽城衡、揚雄、史岑、晉馮、段肅、金丹、馮衍、梁審、肆仁、韋融、蕭奮、劉恂、班彪等十八人。十八人中，事蹟可考者有十三人，茲就其續《太史公》之時代列表如下：

---

[133]　見《後漢書》，卷四十，〈班彪列傳第三十〉。此外，其生平亦多見《漢書·敘傳》。

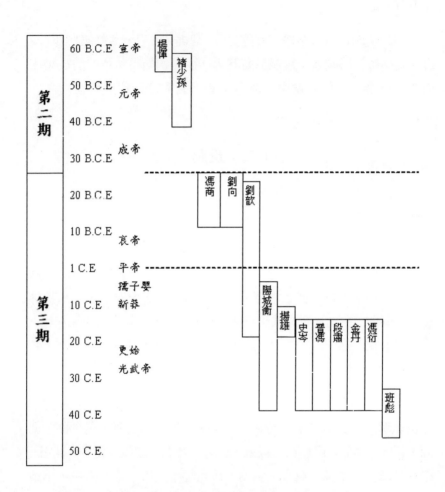

表二　諸家續《太史公》成書時間示意表

第二節　撰續與褒揚時期（二）：
十八家背景分析與史通子

在認識兩漢之際續《太史公》十八家的基本情況後，本節將針對其背景進行分析，並對西漢到新莽時期朝廷態度之變化作一考察。

以兩漢之際續《太史公》可考者十三人來看，如就身份來分析，西漢明確以官方身份續《太史公》者，只有馮商一人，其他全為私家撰續。然而劉知幾在《史通・史官建置》曾提到：

> 司馬遷既歿，後之續《史記》者若褚先生、劉向、馮商之徒，並以別職，來知史務。[134]

如果劉知幾所述為真，則官方修史者還要加上褚少孫、劉向二人。但細辨之下，劉說恐難成立。

以褚少孫論，其「褚先生曰」中似未提及任何「知史務」之經歷或相關記載：

> 臣幸得以文學為侍郎，好覽觀太史公之列傳。傳中稱〈三王世家〉文辭可觀，**求其世家終不能得**。竊從長老好故事者取其封策書，編列其事而傳之，令後世得觀賢主之指意。
>
> 褚補〈三王世家〉[135]

---

[134] 《史通通釋》，卷十一。

[135] 《史記》，卷六十，〈三王世家第三十〉，頁2114。

> 臣往來長安中，求〈龜策列傳〉不能得，故之大卜官，問掌
> 故文學長老習事者，寫取龜策卜事，編于下方。
>
> 褚補〈龜策列傳〉¹³⁶

由其所記可知，續《太史公》乃是他個人的興趣，求取和撰述皆是
自力為之，並未有任何官方力量協助。因此，余嘉錫也駁斥劉說曰：

> 褚先生自因好覽觀太史公之傳，乃續其書，與馮商之奉詔序
> 列傳者又不同，無所謂知史務也。¹³⁷

事實上，如褚少孫「知史務」，當可入中秘觀書，又何必往來求書
而不能得？而劉向的情況也和褚少孫相仿，其著作和相關記載也從
未有他曾經「知史務」之記載。因此兩人應是以私人身份，而非奉
官方命令續《太史公》書。

　　如前所述，自成帝起漢廷已開始注意《太史公》的影響問題。
而其採取的作法是，一面進行對《太史公》書的刪削，一面則覓人
進行官方續《太史公》的工作。事實上，從西漢唯一奉詔續《太史
公》的馮商生平來看，成帝之所以選擇他，似乎不是沒有原因的。

　　前面曾談到馮商曾先後師事五鹿充宗及劉向，而這兩人在當時
卻是分屬政治上殊死惡鬥的敵對兩派。據《漢書·楚元王傳》記載：

> 元帝初即位，太傅蕭望之為前將軍，少傅周堪為諸吏光祿大
> 夫，皆領尚書事，甚見尊任。更生年少於望之、堪，然二人

---

¹³⁶　《史記》，卷一百二十八，〈龜策列傳第六十八〉，頁3226。

¹³⁷　見余嘉錫，〈太史公書亡篇考〉，收入《余嘉錫論學雜著》上冊，頁108。

重之，薦更生宗室忠直，明經有行，擢為散騎宗正給事中，
與侍中金敞拾遺於左右。四人同心輔政，患苦外戚許、史在
位放縱，而中書宦官弘恭、石顯弄權。望之、堪、更生議，
欲白罷退之。未白而語泄，遂為許、史及恭、顯所譖愬，堪、
更生下獄，及望之皆免官。[138]

此時朝廷劃分為以蕭望之、周堪、劉向為首的「儒生派」，及以弘
恭、石顯為首的「佞幸派」。第一次的鬥爭，以蕭望之免官，周堪、
劉向下獄為結局，「佞幸派」獲得大勝。

　　其後，元帝復用「儒生派」，劉向即上言「臣愚以為宜退恭、
顯以章蔽善之罰，進望之等以通賢者之路」，於是：

書奏，恭、顯疑其更生所為，白請考姦詐。辭果服，遂逮更
生繫獄，下太傅韋玄成、諫大夫貢禹，與廷尉雜考。劾更生
前為九卿，坐與望之、堪謀排車騎將軍高、許、史氏侍中者，
毀離親戚，欲退去之，而獨專權。為臣不忠，幸不伏誅，復
蒙恩徵用，不悔前過，而教令人言變事，誣罔不道。[139]

第二次的鬥爭，弘恭、石顯以「誣罔不道」論劉向之罪，意圖置其
於死地。而劉向雖未死，卻免為庶人，蕭望之更因此自殺，「佞幸
派」獲得第二次勝利。

　　其後，元帝又復用周堪、張猛、劉向為首的「儒生派」，劉向再

---

[138] 見《漢書》，卷三十六，〈楚元王傳第六〉，頁 1929。以下敘兩派鬥爭之事引
　　　文，如不另注明，則皆出此傳。
[139] 見《漢書》，卷三十六，〈楚元王傳第六〉，頁 1932。

上書諫元帝「放遠佞邪之黨」，於是「恭、顯見其書，愈與許、史比而怨更生等」。此時「顯等專權日甚」，其後「會堪疾瘖，不能言而卒」，「顯誣譖猛，令自殺於公車」，劉向則「遂廢十餘年」，「佞幸派」又獲得第三次勝利。一直到成帝即位，才剷除了弘恭、石顯，重新進用劉向。

所以在此不厭其煩敘述這些經過，是為了表明當時兩派鬥爭之激烈，已經到了你死我活的地步。元帝時之「儒生派」領袖，幾乎皆遭「佞幸派」之迫害，最後僅劉向一人倖存。

然石顯一派中的重要人物，便包括了五鹿充宗。《漢書·眭兩夏侯京翼李傳》言：

> 是時中書令石顯顓權，顯友人五鹿充宗為尚書令。[140]

其後五鹿充宗即因石顯之力高昇為九卿之一的少府，故《漢書·佞幸傳》又言：

> 顯與中書僕射牢梁、少府五鹿充宗結為黨友，諸附倚者皆得寵位。[141]

直至石顯垮台，五鹿充宗方因同黨而貶官遠放。[142]

以兩派恩怨之深，馮商竟能在其間周旋自如，先師事五鹿充宗，而後師事劉向。這有兩種可能：1. 馮商氣節不凡，其早先師事五鹿

---

[140] 見《漢書》，卷七十五，〈眭兩夏侯京翼李傳第四十五〉，頁3161。

[141] 見《漢書》，卷九十三，〈佞幸傳第六十三〉，頁3727。

[142] 見《漢書·佞幸傳》：「諸所交結，以顯為官，皆廢罷，少府五鹿充宗左遷玄菟太守」，頁3730。

充宗時，充宗尚未與石顯勾結。而後因充宗加入石顯一黨迫害劉向，馮商遂棄充宗，而改師事劉向。2. 馮商極識時務，於五鹿充宗當權之時先師之，待充宗左遷而劉向見用，便改師劉向。

　　但由相關記載來看，劉歆、班彪、班固皆僅論馮商之才，而一字未言其德，故馮商當非以氣節著稱。這使人只好往第二種可能推測，馮商恐為一極識時務之人。對成帝來說，既因王鳳對《太史公》的負面評價，而產生命人撰續之念頭，則自然希望此人所續《太史公》書，能與官方立場相符合。如果上述的推測成立，那麼文才出眾，而又極識時務的馮商，自然是擔任此項工作的極佳人選。

　　其次就續《史》時期來分析，可考十三人中屬於第二期者，有楊惲、褚少孫兩位，其餘十一人則皆屬第三期。第三期中的十一人，又明顯呈現前後兩個階段的分佈。前段是平帝時王莽當權前的人物，有劉向、馮商二人；後段則為王莽當權後之人物，共有陽城衡、揚雄、史岑、晉馮、段肅、金丹、馮衍、班彪八人，劉歆一人則橫跨前後兩個階段。

　　事實上，不論是從第二期的二人到第三期的十一人，或由第三期前段的二人到後段的九人（姑以劉歆列入此段計算），都可看出續《史記》者越到後來越為眾多，呈現急遽增長的趨勢。

　　而同一時期《史記》在民間的傳抄情況，亦如火如荼。無遠弗屆，甚至遠傳至今日新疆的羅布泊地區。1930-1934 年，著名西北史地學者黃文弼在新疆羅布泊地區前後兩次進行考古工作，在羅布泊

北岸發現了西漢的烽燧遺址及簡牘 71 枚。[143]其中編號 65 之殘簡，其簡文爲「人利則進不利則☒」，[144]此明顯出於《史記・匈奴列傳》：「利則進，不利則退，不羞遁走」。可知此時《史記》一書，僅賴民間之力，竟已遠播西陲之地。

而據黃文弼考證，該遺址所出漢簡紀年，上自西漢宣帝黃龍元年（49B.C.E），下迄新莽始建國二年（10C.E），共 60 年。這段時間恰爲第二期後半到第三期的階段，也就是續《史記》諸家輩出的時期。

這裡還可以用漢代另一本名著，即王充《論衡》的傳播情形來作對照。《後漢書・王充王符仲長統列傳》注曰：

> 袁山松《書》曰：「充所作《論衡》，中土未有傳者，蔡邕入吳始得之，恆秘玩以爲談助。其後王朗爲會稽太守，又得其書，及還許下，時人稱其才進。或曰，不見異人，當得異書。問之，果以《論衡》之益，由是遂見傳焉。」《抱朴子》曰：「時人嫌蔡邕得異書，或搜求其帳中隱處，果得《論衡》，抱數卷持去。邕丁寧之曰：『唯我與爾共之，勿廣也。』」[145]

《論衡》一書成於東漢初年，是王充歸居會稽家中所著。而蔡邕、王朗皆東漢末人。也就是說經歷東漢一朝近二百年，《論衡》的傳播

---

[143] 見黃文弼，《羅布淖爾考古記》（蘭州：蘭州古籍出版社排印本，1990），第一編第三章及第四編第八章。

[144] 此簡長 5.8CM，寬 0.8 CM，厚 0.2 CM，林梅村、李均明編，《疏勒河流域出土漢簡》（北京：文物出版社，1984）一書則編爲簡 988。

[145] 見《後漢書》，卷四十九，〈王充王符仲長統列傳第三十九〉，頁 1629。

範圍一直沒超過東南吳越一帶，足見當時民間書籍傳抄之難。以此對比，更可見《史記》受到漢代民間喜好的程度之高。而這還只是文獻和考古上有跡可尋者，在民間應該還有其他無數傳播甚至撰續《史記》之人。可證此時《史記》之影響力，實如星火燎原，越演越烈。

　　這樣的趨勢，固然和《史記》本身的內容出眾相關，但也可由當時的政治情勢來考察。蓋漢代因武帝之黷武惡政而國勢中衰，其後昭宣諸帝雖休養生息，然而政治社會的危機仍日趨嚴重。如元帝時，詔書多次言及當時情勢之嚴峻，「元元大困，流散道路，盜賊並興」、[146]「賦斂轉輸，元元騷動，窮困亡聊，犯法抵罪」。[147]成帝時，谷永上書言：「百姓財竭力盡，愁恨感天，災異婁降，饑饉仍臻。流散冗食，餒死於道，以百萬數。公家無一年之畜，百姓無旬日之儲，上下俱匱，無以相救」。[148]哀帝時情況已越演越烈，鮑宣更上書言民有「七亡七死」之患，已動搖國本：

> 凡民有七亡：陰陽不和，水旱為災，一亡也；縣官重責更賦租稅，二亡也；貪吏並公，受取不已，三亡也；豪強大姓蠶食亡厭，四亡也；苛吏繇役，失農桑時，五亡也；部落鼓鳴，男女遮迣，六亡也；盜賊劫略，取民財物，七亡也。七亡尚可，又有七死：酷吏毆殺，一死也；治獄深刻，二死也；冤陷亡辜，三死也；盜賊橫發，四死也；怨讎相殘，五死也；歲惡飢餓，六死也；時氣疾疫，七死也。民有七亡而無一得，

146　見《漢書》，卷九，〈元帝紀第九〉，頁288。
147　見《漢書》，卷九，〈元帝紀第九〉，頁291。
148　見《漢書》，卷八十五，〈谷永杜鄴傳第五十五〉，頁3492。

> 欲望國安，誠難；民有七死而無一生，欲望刑措，誠難。此
> 非公卿守相貪殘成化之所致邪？

而這些社會亂象的產生，與社會矛盾的加劇，漢廷卻無力應付。甚至朝廷本身的橫徵暴斂，便是造成禍亂的來源。這使得士人中普遍產生了所謂的「厭漢」思潮，[149]紛紛提出對朝廷統治不滿的言談，如元帝時貢禹、哀帝時龔勝及前引谷永、鮑宣等。甚至期待「易姓受命」，要求漢朝求賢禪讓，如昭帝時眭弘、宣帝時蓋寬饒等。其風潮推動所及，至頂點而有王莽之代漢。

其實嚴格來分析，當時流行的「易姓受命」總共應包含三個不同層次的思想：

（一）「天下不私一姓」

沒有任何一家一姓能永遠佔據統治地位，天命代興，唯有德者居之。這種思想的形成，來源於西漢及先秦的五德終始、天人感應、三統說等學說，所逐步凝聚而成，而特別與《春秋公羊傳》之「通三統」思想有密切關係。是故連最忠心漢室的劉向都不得不說：

> 王者必通三統，明天命所授者博，非獨一姓也。[150]

---

[149] 關於西漢中期以後的「厭漢」思潮，相關討論可參考呂思勉，《秦漢史》（上海：上海古籍出版社，2005），第五章第一節、第六章及第七章第一節；錢穆，《秦漢史》（台北：東大圖書公司，1985），第五章第四節及第七章第一節；徐復觀，《兩漢思想史》（台北：學生書局，1979），頁 170-187；金春峰，《漢代思想史》（自貢：中國社會科學出版社，1987），頁 371-375；閻步克，《士大夫政治演生史稿》（北京：北京大學出版社，1996），第八章第三節等。

[150] 見《漢書》，卷三十六，〈楚元王傳第六〉，頁 1950。

可知「天下不私一姓」說，於當時之深入人心。

（二）「漢德已衰」

雖知「天下不私一姓」，但如何知道現統治王朝之壽命長短？何時應該由新王朝取代？這就是第二個層次，即是否「德衰」來判斷。當漢代的統治不再滿足天下人的需要，也就是皇帝「德」已不足之時，就應當改朝換代。而上面所說的西漢末社會種種亂象，如「七亡七死」之患等，正是「漢德已衰」的象徵。

（三）「新聖受命」

雖知「漢德已衰」，理應由新的聖人來接受天命，改朝換代。但究竟誰是新聖？這就需要「天意」來指定了。在漢人的認知裡，這些「天意」體現在祥瑞、災異和讖緯之中，這也就是為何陰陽五行和讖緯學說，在當時如此流行的原因。

「天下不私一姓」和「新聖受命」兩種思想，因春秋經學和讖緯而深入人心。然而最關鍵的「漢德已衰」思想，卻是首先被《太史公》書所闡發。在書中，太史公不斷以明確的史實，全盤揭露漢廷名以六經為法，實則沿襲秦政的真相，又大膽的譏刺武帝所為與始皇無異，暗喻漢終將蹈秦覆轍。可以說在西漢中期以後的「厭漢」思潮中，帶有譏刺漢廷、貶損當世意味的《太史公》書，受到士人們注意和傳抄是必然的事。

事實上，還可從第三期後段續《太史公》九人之政治立場來分析。如劉歆、揚雄、陽城衡、史岑、馮衍五人都曾在新莽一朝任官，

其中劉歆、揚雄更是擔任重臣。其餘四人中，有三人立場不清（晉馮、段肅、金丹），惟班彪一人支持漢室。可以說此時期續《太史公》者，應大多都認同《太史公》中「漢德已衰」之思想。

　　新莽代漢之後，兩者在對待《太史公》一書的立場上大相逕庭。相較於西漢朝廷貶抑或刪削的態度，王莽卻對《太史公》採取了褒揚的做法。《漢書‧司馬遷傳》：

> 至王莽時，求封遷後，為史通子。[151]

也就是王莽求太史公之後嗣，並以「史通」為名，封其為子爵。王莽採取這樣的態度，可能由於以下幾點原因：

　　（1）西漢一代，雖有太史令之官職，然實掌天文曆數而非治史，故其並無正式史官之設置。王莽好古，欲興復三代史官之制度，如《漢書‧王莽傳》言：

> 居攝元年正月，……置柱下五史，秩如御史，聽政事，侍旁記疏言行。[152]

此處的「柱下五史」，職掌為「侍旁記疏言行」，並得聽取政事，此正為古史官制度的再現。故《史通‧史官建置》篇云：

> 當王莽代漢，改置柱下五史，秩如御史。聽事侍傍，記跡言行，蓋効古者，動則左史書之，此其義也。[153]

151　見《漢書》，卷六十二，〈司馬遷傳第三十二〉，頁2737。
152　見《漢書》，卷九十九，〈王莽傳第六十九〉，頁4082。
153　《史通通釋》，卷十一。

而王莽既欲重現古史官之制度，則與《太史公》「弗廢史文」的立場是一致的。故以「史通」為名，尊顯以此為志的太史公。

（2）王莽當政，基本是以恢復三代制度，廢除西漢所用的秦制為其號召。雖然對何種制度為「反正」的看法，可能與《太史公》不同，但至少在「撥亂」的基本立場上，和《太史公》也是不相違背的。

（3）如前所述，《太史公》在「厭漢」思潮中扮演著重要角色。對新莽來說，使天下人得以認知「漢德已衰」的事實，是其統治合法性的基礎。因此新莽褒揚太史公，是一種對其鞏固統治十分有利的選擇。

（4）新莽尊古文經，為《周官》、《左氏》等立博士。《太史公》內容多載古文說，故亦引起新莽之重視。如其重臣揚雄在《法言·重黎》中言：

> 或問「《周官》」？曰：「立事。」「《左氏》」？曰：「品藻。」「太史遷」？曰：「實錄。」[154]

即反映了西漢晚期學者，將此三書同列為古文一類的觀點。

換句話說，不管是在「弗廢史文」、「撥亂反正」、「漢德已衰」或重視古文這四點上，新莽與《太史公》或於號召有相合，或對統治有助益，無怪乎尊顯而爵之。但新莽一朝僅維持了十幾年便結束，因此這樣的態度僅是曇花一現。但取而代之的東漢朝廷，由

---

[154] 見《法言義疏》，卷十。

於西漢滅亡的前車之鑑，不得不更為正視《太史公》對漢代統治的不利影響，也因之採取了更為嚴厲而有效的措施。

綜合以上所述，自成帝賜班斿秘書之副至班彪作《太史公》之《後傳》為止，約為六十年期間，是官方對待《太史公》流傳政策的第三時期。朝廷在命人刪削《太史公》十篇的同時，又命馮商續《太史公》書，希望能將此書之影響導向對官方有利的方向。然此時《太史公》之傳播已廣，遠非朝廷所能控制。續《太史公》者亦不乏其人，有名可考者自楊惲、褚少孫下，前後計十八人之多。

而在西漢中期以後的「厭漢」思潮中，內容多為「譏刺漢室」的《太史公》更是深受民間喜愛。西漢因士人的厭漢和外戚的專權終於亡國，此後的新莽一改漢廷之態度，改採發揚史學和尊顯太史公之作法，然旋為東漢所代，至此《太史公》之流傳進入了最為嚴苛的時期。

第三節　論罪與取代時期（一）：
「私改作國史」罪與「十篇有錄無書」

本時期自班彪作《太史公》之《後傳》至《漢書》成書，上限為東漢光武帝建武十三年（37 C.E.）至二十三年（47 C.E.）間，下限為安帝元初六年（119 C.E.）後到安帝永寧二年（121 C.E.）間，約為 80 年左右，是官方對待《太史公》流傳政策的第四時期。

此時期與《太史公》相關的共有四件大事，一是東漢初年「私改作國史」罪名的出現；二是東漢明帝命班固整理蘭台藏書，其中

包括中秘所藏《太史公》在內，而得到「十篇有錄無書」之結論；三是東漢明帝命班固撰寫《漢書》；四是東漢章帝命楊終大舉刪削《太史公》書。由於內容較多，將分別在第三、四節敘述。

一、「私改作國史」罪

在前面的三個時期中，西漢朝廷雖已開始注意《太史公》對其統治的負面影響，並採取了刪削和官方撰續的手段，但仍阻止不了《太史公》的傳播和私家撰續的趨勢。接下來，西漢朝廷窮於應付更為嚴重的「厭漢」思潮，至西漢滅亡為止，始終拿不出一套有效的方法，來解決《太史公》所帶來的問題。

東漢建立之後，有鑑於西漢的覆亡，於是便以更嚴肅的態度，面對史學所帶來的問題，這是因為以下兩個原因：

（1）　東漢與西漢皆以「漢」為天下號，乃是同姓相繼，因此光武是中興而非革命。既然其自認正統來自西漢，自然不能容忍史學對西漢統治合法性的攻擊。

（2）　東漢革去王莽古制，基本恢復西漢舊制，這等於是復秦法。因此任何史學上對西漢制度的攻訐和貶損，都無可避免的會影響東漢。

如果是異姓鼎革的情況，尚可認同學術上對前朝政治的攻擊，甚至要加以宣揚。但東漢卻因同姓中興，而不能採取這種作法。

那麼要如何解決《太史公》出現後，史學復興所帶來的問題呢？東漢朝廷對此，首先採取了釜底抽薪的作法，禁止私人在不經

官方同意下，進行撰續國史的工作，這也就是所謂「私改作國史」罪名的出現。《後漢書·班彪列傳》：

> 父彪卒，歸鄉里。（班）固以彪所續前史未詳，乃潛精研思，欲就其業。既而有人上書顯宗，告固私改作國史者，有詔下郡，收固繫京兆獄，盡取其家書。先是扶風人蘇朗偽言圖讖事，下獄死。固弟超恐固為郡所覈考，不能自明，乃馳詣闕上書，得召見，具言固所著述意。而郡亦上其書，顯宗甚奇之，召詣校書部，除蘭臺令史。[155]

由這段記載結合相關史事，可推論出以下幾點：

（一）設「私改作國史」罪，目的在禁絕私人修史

所謂「私」者，乃與「公」相對。如《史記·文帝本紀》記群臣擁立代王為天子事：

> 代王馳至渭橋，群臣拜謁稱臣。代王下車拜。太尉勃進曰：「願請閒言。」宋昌曰：「所言公，公言之。所言私，王者不受私。」太尉乃跪上天子璽符。[156]

這裡可以看出，漢人以「公」、「私」相對的觀念。而同樣是著述史書，班固先居家著史則獲罪，後受詔著史則無罪，故可知「公」即指朝廷官修，「私」則是指私家修史。

所謂「改作」者，包括「改」與「作」兩種行為，先秦兩漢多

用之與「因循」或「仍舊」相對。如《論語・先進》：「魯人爲長府。閔子騫曰：『仍舊貫，如之何，何必改作？』」，[157]《漢書・食貨志》：「蓋君子爲政，貴因循而重改作」、「天鳳元年，復申下金銀龜貝之貨，頗增減其賈直。而罷大小錢，改作貨布」，[158]《漢書・循吏傳》：「承奢侈師旅之後，海內虛耗，光因循守職，無所改作」[159]等皆是。可知凡舊有之事物，加以更動或新增，皆稱「改作」。

所謂「國史」者，本意指國家之史官，如《孔叢子・答問第十九》：

> 古者人君外朝則有國史，內朝則有女史。舉則左史書之，言則右史書之。[160]

而後引申爲國家官修之史書，如杜預〈春秋左氏傳序〉曰：

> 諸侯亦各有國史，大事書之於策，小事簡牘而已。孟子曰：「楚謂之檮杌，晉謂之乘，而魯謂之春秋，其實一也。」[161]

兩漢實行中央集權，於是天下逐漸等同一國，故常自稱爲「漢國」。如西漢褚少孫補《史記・三王世家》記武帝言：

> 武帝曰：「雒陽有武庫敖倉，天下衝阸，漢國之大都也。先帝以來，無子王於雒陽者。去雒陽，餘盡可。」[162]

---

[157] 《十三經注疏》（台北：啓明書局，1959 影清阮元刻本）。

[158] 見《漢書》，卷二十四上，〈食貨志第四上〉，頁1142、1184。

[159] 見《漢書》，卷八十九，〈循吏傳第五十九〉，頁3624。

[160] 見《孔叢子》（光緒元年〔1875〕湖北崇文書局原刻本），卷下，〈答問第十九〉。

[161] 見《文選》（北京：中華書局，1974 影北京圖書館藏宋淳熙八年刻本），卷四十五。

[162] 見《史記》，卷六十，〈三王世家第三十〉，頁2115。

《漢書‧哀帝紀》載建平二年哀帝詔：

> 漢興二百載，曆數開元。皇天降非材之佑，漢國再獲受命之符，朕之不德，曷敢不通！[163]

《後漢書‧孝安帝紀》載延平元年皇太后策命：

> 今以侯嗣孝和皇帝後。其審君漢國，允執其中『一人有慶，萬民賴之。』皇帝其勉之哉！[164]

因此這裡所謂「國史」，指的自然是漢國之史，即官修之漢史。

如前所述，漢襲秦制，西漢官修史書僅有簡單記載年世、天文、大事之《漢著記》、《漢大年紀》等數種。如以此爲「國史」，則一切記載更爲詳盡之漢史皆不能作，幾乎等於禁絕漢代私撰史學發展。

此外，在東漢初年班固居家著述的同時，明帝似已開始命人修撰國史。《論衡‧須頌》曾提到「陳平仲紀光武，班孟堅頌孝明，漢家功德，頗可觀見」；[165]《後漢書‧班彪列傳》則言其後明帝命班固「除蘭臺令史，與前睢陽令陳宗、長陵令尹敏、司隸從事孟異共成〈世祖本紀〉」。[166]因此〈世祖本紀〉的修撰，是以陳宗爲主，且三人皆班固之前輩，[167]班固應只是參加已在進行的工作。

163　見《漢書》，卷十一，〈哀帝紀第十一〉，頁 340。
164　見《後漢書》，卷五，〈孝安帝紀第五〉，頁 204。
165　見《論衡校釋》，卷二十〈須頌第六十〉。
166　見《後漢書》，卷四十上，〈班彪列傳第三十上〉，頁 1333。
167　三人皆於光武時爲官，如尹敏且爲班彪之知交，《後漢書‧儒林列傳》言其與

是以兩漢皆有國史，凡私人修撰漢史，而所記與國史有所不同者，皆爲「私改作國史」，觀班固居家修史，而爲人所告可知。禁私人改作國史之目的，當在禁絕私人修史，以便官方獨佔史權。

（二）「私改作國史」罪之出現，實始於東漢初年

此爲一極重要問題，茲辨析如下。蓋史公以中書令之職位，成《太史公》書以述當代之史，此正爲私人而作國史。此事當時眾人皆知，故有〈自序〉中壺遂之問。而史公並未因此而獲罪，足證武帝之前，並無「私改作國史」之罪。

昭、宣之時，楊惲祖述《太史公》書，「頗爲《春秋》」。觀其續《史記‧建元以來侯者年表》文字，乃述武帝末年史事，且附入《太史公》藏本而宣布於世。可知楊惲不但私人改作國史（這裡指的是漢史，不是指私人撰述的《太史公》），由「宣布」一事更可發現他不畏人知其「私改作國史」，而亦未因此而獲罪。足證宣帝之前，亦無「私改作國史」之罪。

宣、元之際，褚少孫曾續《太史公》書多篇，又因求〈三王世家〉、〈龜策列傳〉不得，故自作而補之。其所作內容爲自武帝至成帝史事，此明顯爲私人而改作國史。又於長安中，四處收集材料，不懼人知。然未聞其因此而獲罪，足證元、成之前，亦無「私改作國史」之罪。

自成帝至新莽，私家撰續《太史公》書者前後多達十餘人。其中如劉向敘趙廣漢、尹翁歸、韓延壽，揚雄「錄宣帝以至哀、平」，

班彪「自以爲鍾期伯牙，莊周惠施之相得也」，頁 2558。

所改作者皆西漢之史。此眾私改作史記者，不乏如劉向、劉歆、揚雄等動見觀瞻之人，其所著述者亦多爲人知。然終西漢一代，未聞一人因此而被告，亦未聞一人因此而獲罪。足證新莽以前，當無「私改作國史」之罪。

故自西漢至新莽，皆無「私改作國史」罪。可知此罪之出現，必自東漢始，此事實絕無疑問。

東漢初年作《太史公》之《後傳》的班彪，史書言其爲人「行不踰方，言不失正」、「何其守道恬淡之篤也」，[168] 乃方正守法之君子。而觀《後漢書‧班彪列傳》言其作《後傳》之經過，自始至終班彪從未有一絲違法亂紀之疑慮，豈不怪哉？故依常理而論，班彪作《後傳》之時，當尚未有「私改作國史」之罪，故其不以爲犯法。直至班固續父之書時，此罪方新出，便爲人所告。

而如前所述，班彪所作《後傳》成書時間在光武帝建武二十三年（47 C.E.）之前。建武三十年（54 C.E.），班彪卒，班固即歸鄉續史，至明帝永平五年（62 C.E.）之前爲人所告。因此「私改作國史（史記）」之罪出現時間，應在光武帝建武三十年（54 C.E.）至明帝永平五年（62 C.E.）之間。然漢代法令之源，來自於皇帝之詔令，[169] 此罪究竟是光武或是明帝所定，則已不可考。

---

[168] 此《後漢書‧班彪列傳》贊語之總結。見《後漢書》，卷四十上，〈班彪列傳第三十上〉，頁 1329。

[169] 《史記‧酷吏列傳》：「客有讓（杜）周曰：『君爲天子決平，不循三尺法，專以人主意指爲獄。獄者固如是乎？』周曰：『三尺安出哉？前主所是著爲律，後主所是疏爲令，當時爲是，何古之法乎！』」。

因此所謂「私改作國史」之罪，西漢及新莽無之，實乃東漢初年之發明。而東漢設此罪，實與當時朝廷欲控制學術的態勢有關。

（三）東漢實欲以政治力量，控制經學、讖緯和史學

東漢初年，為何會禁止「私改作國史」？此與當時之政治情勢有關。前面曾提到，西漢的亡國與「天命不私一姓」、「漢德已衰」、「新德受命」三種思想之深入人心有密切關係，這三種思想分別與《春秋》經學、史學、讖緯之學相關。而東漢為免重蹈西漢之覆轍，於是便在這幾方面進行嚴密的控制：

（1）《春秋》經學方面，增立利於漢室統治的《左氏傳》博士

在經學方面，如王莽時曾為《左氏傳》等古文經立學官、設博士，光武帝即位後本已廢除一切王莽制度，但不到四年便重新延續王莽政策，復立《左氏傳》為博士。漢代今古文之爭，過程錯綜複雜，前賢多已論之。然《左氏傳》幾次得立，原因之一便在於它最能符合統治者的利益，如後來賈逵上書，便清楚指出這一點：

> 臣以永平中上言《左氏》與圖讖合者，先帝不遺芻蕘，省納臣言，寫其傳詁，藏之祕書。……**《左氏》義深於君父，《公羊》多任於權變。**其相殊絕，固以甚遠。……今**《左氏》崇君父，卑臣子，彊幹弱枝，**勸善戒惡，至明至切，至直至順。……又五經家皆無以證圖讖明劉氏為堯後者，而《左氏》獨有明文。[170]

新莽厭漢，光武思漢，立場本不相同，但在不想重蹈西漢覆轍上，

---

[170] 見《後漢書》，卷三十六，〈鄭范陳賈張列傳第二十六〉，頁1234。

兩者利益是一致的。不論是「深於君父」、「崇君父，卑臣子，彊幹弱枝」，或是證明「漢爲堯後」，都有利於強化統治。[171]班彪〈王命論〉言高祖得天下之理由有五，第一便是「帝堯之苗裔」。在班固《漢書‧藝文志》中，言三傳之由來，亦清楚的傾向《左氏傳》的立場，皆應與此有密切關係。

（2）讖緯方面，頒佈官方圖讖，改作者死。

兩漢今文經學有其家法師傳，歷西漢一代而枝繁葉茂，是以統治者尚不敢干預過甚，以免引起士人階級的激烈反彈。[172]但在讖緯和史學上，便沒有這樣的顧忌，是以直接使用刑法來干預。光武因圖讖而得國，如其登基文告即引讖記「劉秀發兵捕不道，卯金修德爲天子」，[173]作爲得天下之根據。故光武極爲重視圖讖之價值，凡有不信圖讖者則嚴加打擊，如桓譚險死：

---

[171] 新莽宣傳「漢爲堯後」，是爲了方便禪讓。而漢劉宣傳「漢爲堯後」，則是爲了強調血統的神聖性。

[172] 如哀帝時，劉歆爲立《左氏傳》等古文經，作〈移讓太常博士書〉駁斥今文家法爲「信口說而背傳記，是末師而非往古」，引起龔聖、師丹等名臣的激烈反彈。直至新莽時期，劉歆貴爲國師，尚有故左將軍公孫祿進言：「國師嘉信公顛倒五經，毀師法，令學士疑惑。……宜誅此數子以慰天下！」可知當時今文學者銜恨之深。

[173]《後漢書‧光武帝紀》曰：「六月己未，即皇帝位，燔燎告天，禋于六宗，望於衆神。其祝文曰：『皇天上帝，后土神祇，眷顧降命，屬秀黎元，爲人父母，秀不敢當。羣下百辟，不謀同辭，咸曰：『王莽篡位，秀發憤興兵，破王尋、王邑於昆陽，誅王郎、銅馬於河北，平定天下，海內蒙恩。上當天地之心，下爲元元所歸。』讖記曰：『劉秀發兵捕不道，卯金修德爲天子。』」見《後漢書》，卷一上，〈光武帝紀第一上〉，頁22。

其後有詔會議靈臺所處，（光武）帝謂（桓）譚曰：「吾欲〔以〕讖決之，何如？」譚默然良久，曰：「臣不讀讖。」帝問其故，譚復極言讖之非經。帝大怒曰：「桓譚非聖無法，將下斬之。」譚叩頭流血，良久乃得解。[174]

又如鄭興不得見用：

帝嘗問興郊祀事，曰：「吾欲以讖斷之，何如？」興對曰：「臣不為讖。」帝怒曰：「卿之不為讖，非之邪？」興惶恐曰：「臣於書有所未學，而無所非也。」帝意乃解。興數言政事，依經守義，文章溫雅，然以不善讖故不能任。[175]

其實「非聖」只是藉口，光武大怒的原因在於，其以圖讖為得天命之根據，不信圖讖，就是不信東漢為天命所歸，這是影響王朝存亡的大事。是以非讖者死，不信讖者不用，因為這不是學術問題，而是政治信仰問題。

然東漢因圖讖得天下，但更提防他人運用圖讖來謀反。這一點學者未必明白，但當時重臣卻有清楚的認識，如竇融上光武疏即言：

臣融年五十三，有一子，年十五，質性頑鈍，臣融朝夕教導以經藝，不得令觀天文、見讖記，誠欲令恭肅畏事，恂恂脩道，不願其有才能，何況乃當傳以連城廣土，享侯國哉！[176]

竇融言己教子，不得令觀天文讖記，無非表明沒有野心。可知竇融

174　見《後漢書》，卷二十八上，〈桓譚馮衍列傳第十八上〉，頁 961。

175　見《後漢書》，卷三十六，〈鄭范陳賈張列傳第二十六〉，頁 1223。

176　見《藝文類聚》（明萬曆丁亥秣陵王元貞校刊本），卷二十一引。

明白朝廷之重讖,目的還是在強化統治。

　　但光是依賴部分大臣的自覺是不夠的,一勞永逸的辦法是使圖讖變成只為東漢朝廷所用的工具。是故光武即位之初,便命人校定圖讖,如《後漢書‧儒林列傳》曰:

> 　　（薛）漢少傳父業,尤善說災異讖緯,教授常數百人。建武初,為博士,受詔校定圖讖。[177]

校定的工作內容,便包括刪去對自己統治不利的部分,如同〈傳〉曰:

> 　　（光武）帝以（尹）敏博通經記,令校圖讖,使蠲去崔發所為王莽著錄次比。[178]

所謂「崔發所為王莽著錄次比」者,指的是王莽居攝時所出現之圖讖。此類圖讖多言漢當失國,莽當受命,自不利東漢之統治者。既命刪去此類,則所餘皆為擁護漢室統治者可知。

　　這一項校定並刪削圖讖之工作,直至光武晚年終於完成,中元元年（56 B.C.E.）便頒佈此圖讖官定本於天下:

> 　　是歲,初起明堂、靈臺、辟雍,及北郊兆域。宣布圖讖於天下。[179]

而頒布官方寫定的圖讖標準本後,就再不允許任何人改作此圖讖,否則即是死罪。前言「扶風人蘇朗偽言圖讖事,下獄死」,所謂「偽

177　見《後漢書》,卷七十九上,〈儒林列傳第六十九上〉,頁2573。
178　見《後漢書》,卷七十九上,〈儒林列傳第六十九上〉,頁2558。
179　見《後漢書》,卷一上,〈光武帝紀第一上〉,頁84。

言」便是所言圖讖與官方不同，這等於是改作圖讖，故下獄而死，可知當時有此罪也。

　　而與此相反的是，如能附會朝廷頒布之圖讖便獲重用。如賈逵即因宣揚《左氏傳》的內容，合於朝廷頒佈之圖讖而顯貴。故范曄在《後漢書‧鄭范陳賈張列傳》贊語中慨嘆：

> 論曰：鄭、賈之學，行乎數百年中，遂為諸儒宗，亦徒有以為爾。桓譚以不善讖流亡，鄭興以遜辭僅免，賈逵能附會文致，最差貴顯。世主以此論學，悲矣哉！[180]

其實東漢皇帝們想要發揚的並非圖讖，而是有利於東漢一家一姓統治的圖讖。是以擁護朝廷圖讖者貴，不信朝廷圖讖者廢，改作朝廷圖讖者死，其目的都在以政治力量控制圖讖，來為其所用。

（3）史學方面，始設「私改作國史」之罪，屬禁私人著史。

　　朝廷對圖讖如是，對史學亦復如是。既有改作圖讖之罪，又設「私改作國史」之罪。故當班固為人所告時，班超立刻就想到當時蘇朗因偽言圖讖而下獄死之事，其因正在於此。可證兩罪在當時人心中，是可以等同類比者，更可推知「私改作國史」亦當為可以論死之重罪。

　　而「私改作國史」之罪既出，則民間何人敢冒死撰述漢史？其所影響者，不僅史學發展將為之一挫。更關鍵者，在於《太史公》所復興之私家撰續當代史的傳統，亦將為之中絕。

---

[180]　見《後漢書》，卷三十六，〈鄭范陳賈張列傳第二十六〉，頁1241。

　　其影響所及，東漢史學風氣與西漢大異其趣。西漢多續史，而東漢多注史，這種風氣的轉變，恐與「私改作國史」罪之出現密切相關。西漢以來的撰續《太史公》風潮，亦因此罪之威嚇戛然而止，此後終東漢一代罕聞學者撰續《太史公》書，有志於史學者皆轉趨注疏一途，而這也正合乎朝廷的期待。

　　故在東漢初年，朝廷有鑑於西漢因春秋經學、史學和讖緯三者呼應而亡國，欲以政治全面控制學術。在經學上，增立《左氏》博士抗今文經學，以利於漢室統治。在圖讖和史學上，則將其著述之權一概收歸官方，私家敢於改作圖讖或國史者，皆論以死罪，此即第四期時所面臨之嚴峻政治情勢。

二、「十篇有錄無書」

　　而在此時期，班固因觸犯「私改作國史」罪而下獄，朝廷且「盡取其家書」。至此，《太史公》的第三個本子──班氏家藏本，又重新回到朝廷手中。

　　而後明帝赦免班固，又令他校書蘭臺。班固校書蘭臺後，於《漢書‧藝文志》記《太史公》之校對結果為「十篇有錄無書」。此事前文已提及，但重點在於論證西漢「十篇缺」發生之時間及原因。本節則將針對「十篇有錄無書」一事，再作詳細討論。

　　《漢書‧藝文志》中，與《太史公》相關之記載有二：

（1）　六藝略春秋家下記有「《太史公》百三十篇」，其下班注：
　　　　「十篇有錄無書」。

（2） 六藝略春秋家之小結又云「凡春秋二十三家，九百四十八篇」，其下班注：「省《太史公》四篇」。

由於這兩點牽涉複雜，歷代學者如王先謙、楊樹達、余嘉錫等多有爭議。但在此一問題上，近人用力最深者爲易平〈劉向班固所見《太史公書》考〉一文。

在該文中，易平提出了以下兩個論點：

（1） 劉向所見西漢秘府本《太史公書》爲百三十篇完帙。

易平認爲，前人如楊樹達、余嘉錫所說，「十篇有錄無書」乃《七略》原文是錯的。「十篇有錄無書」實乃班注，其中的「錄」指的是《別錄》、《七略》之著錄。故班注表明西漢秘府本《太史公》爲完帙，而東漢蘭臺本則缺十篇。

（2） 班固所見東漢蘭臺本《太史公書》缺十篇重四篇。

易平認爲，班注「省《太史公》四篇」是指刪省四篇重複之文，此四篇重文則來自民間傳本。

故全文得一結論云：

> 兩漢更替之際，京師禍亂不已，秘府典籍，重遭劫難，秘府本《太史公書》亦未能倖免。班固所見本有缺佚，即爲明證。

也就是說，《太史公書》之亡佚，乃因兩漢更替之際京師兵亂，秘府典籍也遭到了損失。如《隋書‧經籍志》記載：

> 王莽之末，又被焚燒。光武中興，篤好文雅，明、章繼軌，尤重經術。四方鴻生鉅儒，負裒自遠而至者，不可勝算。石

室、蘭臺，彌以充積。又於東觀及仁壽閣集新書，校書郎班
固、傅毅等典掌焉。並依七略而為書部，固又編之，以為《漢
書‧藝文志》。[181]

因此，易平推斷《漢書‧藝文志》中所說「十篇有錄無書」，和〈司
馬遷傳〉說的「十篇缺，有錄無書」，皆是指蘭臺藏本而言。更進
一步推論出，《史記》亡篇乃因王莽之末的兵亂所毀，其亡佚的時
代在兩漢之際。

易平提出劉向所見西漢秘府本《太史公書》為百三十篇完帙，
東漢蘭臺本則缺十篇，這一點是極為正確而有貢獻的。但由於他只
用了《漢書‧藝文志》和《漢書‧司馬遷傳》的材料，卻忽略了最
早提及「十篇缺」的班彪〈略論〉一文，因此不知有班氏家藏本的
存在，所以對於「十篇缺」的時間和原因，都做出錯誤的結論。此
外，其論證還存在許多問題：

（一）首先，易平認為《史記》亡篇是因王莽之末的兵亂所毀，
然《漢書‧藝文志》中記西漢中秘藏書五百九十六家，共一萬三千
二百六十九卷，經兩漢之際所亡缺者只有三部：

《夾氏傳》十一卷。有錄無書。

《太史公》百三十篇。十篇有錄無書。

《史籀》十五篇。周宣王太史作大篆十五篇，建武時亡六篇
矣。

若真如易平所言，中秘亡書是因王莽兵亂之故，則不免令人要

問，爲何其他五百九十三家一萬三千一百一十三卷，在歷經禍亂之後，竟然篇篇不缺，部部完帙，單單只有這三家橫遭亡佚之禍？這是不合常理的。

　　《太平御覽》卷九十引《東觀漢記》云：「更始至長安，居東宮，鍾鼓帷帳，宮人數千，官府閭里，御府帑藏，皆安堵如舊」。《後漢書・儒林列傳》序亦曰：「初，光武遷還洛陽，其經牒祕書載之二千餘兩」，光武遷還洛陽乃建武二年（26 C.E.）事。由這二段記載來看，王莽末年兵亂對秘府藏書之破壞，似乎未如想像中嚴重。

　　（二）其次，易平認爲「有錄無書」即「亡」之意。但《漢書・藝文志》記書之亡篇者如《史籀》，明確的就寫「建武時亡六篇矣」。如果注文同出班固之手，何以既有「亡」，又有「有錄無書」？兩者意義有何不同？若無不同，豈非自亂其例。

　　（三）由字義之分別來看，「亡」乃是本有而後失，如《集韻》：「亡，失也」，[182]《孔子家語》卷二：「楚王出遊，亡弓，左右請求之」。[183]「無」則是指本已無之，如《玉篇》：「無，不有也」。[184]而由《漢書・藝文志》記《史籀》「建武時亡六篇」之文字來看，中秘在東漢建武時當已進行核校，對書籍的亡缺是有紀錄的。所以《史籀》在中秘本有十五篇，建武時核校發現亡失六篇，這是很清楚的。

---

[182]　（宋）丁度，《集韻》（北京：北京圖書館，2003 據館藏宋刻本影印）。

[183]　（三國）王肅注，《孔子家語》（四部叢刊景明翻宋本）。

[184]　（梁）顧野王撰，（宋）陳彭年等重修，《玉篇》（西安：陝西人民出版社，2007 影清康熙四十三年吳郡張氏刊澤存堂五種本）。

而「有錄無書」則不同，「有錄」指的是劉向《別錄》中有記載，「無書」則是中秘本無其書，且亦無歷代核校亡失之記錄。結合前文來看，這當是朝廷待劉向上奏定本之後，主動下令刪削所致。此非亡失，自無亡失之記錄；然其書不存，故只能記「有錄無書」。

然班固亦知《太史公》十篇之亡缺，實乃漢廷刪削之結果，故不能云「亡」，只能寫「有錄無書」，以分別其亡佚原因所在。而此十篇乃因深受漢廷忌憚而毀，故班固於《漢書·藝文志》及《漢書·司馬遷傳》兩次提到十篇「有錄無書」，而不敢明言其具體亡缺篇目，原因正在此。

（四）事實上，結合前文所述可知，如非西漢中秘本《太史公》自始已缺十篇，成帝所賜班氏副本怎會缺十篇？而如非中秘本與班氏家藏本同缺十篇，且缺佚篇目完全一致，又怎能在班固校書蘭臺，合西漢秘府本、班氏家藏本及民間傳抄本合校之結果，還是不多不少正好亡缺十篇之理？除非一切訴諸巧合，否則當是成帝賜書之前，中秘本《太史公》實已十篇「有錄無書」所致。

（五）然而《漢書·藝文志》所說「有錄無書」者，尚有「《夾氏傳》十一卷」，難道《春秋夾氏傳》也是被漢廷刪削的嗎？由於《夾氏傳》已不存，且相關文獻極少，是以沒有直接證據能證明這一點，但遭漢廷刪削的可能性應該是存在的：

（1）《漢書·藝文志》言《夾氏傳》事，其間多有矛盾不能縫彌之處，其春秋略小序言：

> 及末世口說流行，故有公羊、穀梁、鄒、夾之傳。四家之

中，公羊、穀梁立於學官，鄒氏無師，夾氏未有書。[185]

然而春秋略既有「《夾氏傳》十一卷」，可見劉向校定時必有此書；既言「有錄無書」，且《別錄》必有其書錄。既有書及書錄，何以能言「未有書」？

易平文中解釋這一點認為：

> 據小序「夾氏未有書」，知二劉時夾氏仍以口說流行，未著竹帛。班注所謂《夾氏》無書，當是本來就無書，非其書後來亡佚。……詳審《漢志·春秋家》小序「鄒氏無師，夾氏未有書」，當理解為《鄒氏》有書「無師」，而《夾氏》「無書」則有師，否則《夾氏傳》無以傳世。《夾氏傳》乃依《經》釋義。今文《春秋經》十一卷，《公》、《穀》、《鄒》、《夾》四傳同，故劉向因以著錄「《夾氏傳》十一卷」；又《夾氏》有師說傳，劉向得以「撮其指意，錄而奏之」。所以，劉向《別錄》有《夾氏傳敘錄》，劉歆《七略》亦有著錄。我們又可從阮孝緒《七錄》獲得確證。《七錄》曰：「建武中，《鄒》、《夾》皆絕」，《夾氏傳》在東漢建武時亡絕。

細審之下，其論點多不能成立：

1. 劉向《別錄》乃中秘圖書之整理結果，故《別錄》既有一書之敘錄，則當時中秘必有是書。豈有中秘無此書，而劉向上奏之理？

---

2. 其二，觀《漢書・藝文志》春秋略之書目，其言：

> 春秋古經十二篇，經十一卷。
> 左氏傳三十卷。
> 公羊傳十一卷。
> 穀梁傳十一卷。
> 鄒氏傳十一卷。
> 夾氏傳十一卷。[186]

是以《春秋》經、傳各有其書，分別極為清楚。如果「《夾氏傳》十一卷」只是因為「依《經》釋義」、與「四傳同」而著錄，則其書內容豈不與《春秋》經全同，又何必另立一書？若無是書，豈有著錄「十一卷」之理？

3. 目錄之書非同其它，非深居精思便可成書，必博覽群籍然後可作。阮孝緒乃一處士，《梁書・處士傳》言其「家貧無以釁」，又不應朝廷之徵，故其《七錄》所言根據何來，是否句句可從，尚有疑問。如其言「建武中，《鄒》、《夾》皆絕」為實，則何以《漢書・藝文志》未註《鄒氏傳》「有錄無書」或「亡」？且班固校書時尚有《鄒氏傳》一書，何以能言建武時絕？更何況，如言《夾氏傳》在東漢建武時亡絕，則必先有其書然後可亡，又如何能言其「未有書」？

是以由《漢書・藝文志》所言《夾氏傳》十一卷，當是真有其書。而十一卷皆為漢廷所刪削殆盡，故班固校書時，但空

---

[186] 見《漢書》，卷三十，〈藝文志第十〉，頁1712。

存目錄而無書可校，是以言「夾氏未有書」，又言「《夾氏傳》十一卷有錄無書」，其因在此。

（2）　爲何漢廷要盡刪《夾氏》之書？如前所言，西漢末年「厭漢」思潮流行，而究其根源，主要來自今文《春秋》經「天下不私一姓」之思想，是以漢廷於五經中忌憚今文《春秋》最深。

故哀帝時，欲立《左氏傳》等古文學官，劉歆於是作〈移讓太常博士書〉，其言「夫子沒而微言絕，七十子終而大義乖」，[187]駁斥今文家法爲「信口說而背傳記，是末師而非往古」。[188]這乃是欲從根本顛覆今文《春秋》傳自孔子之基礎，爲西漢尋一解套之法（此事牽涉甚廣，當另文述之）。若依劉歆〈移讓太常博士書〉之意，則不只《左氏》當立學官，崇尚末師口說的今文《春秋》之公羊、穀梁二家亦當廢黜學官。

而觀班固《漢書‧藝文志》春秋略小序，其言公羊、穀梁、鄒、夾四家皆「末世口說流行」之產物，可見他沿襲了劉歆的看法，更可見《夾氏傳》的立場與公、穀二家一致，而與《左氏》不同。

由此推之，《夾氏傳》刪削之因雖已不傳，但恐書中多有激烈反對一家一姓之私的內容，故受統治者所深惡而毀其書。

（六）易平認爲「省《太史公》四篇」是指刪省四篇重複之文，此四篇重文則來自民間傳本，但這樣的解釋是很難成立的。

---

[187]　見《漢書》，卷三十六，〈楚元王傳第六〉，頁 1968。

[188]　見《漢書》，卷三十六，〈楚元王傳第六〉，頁 1970。

　　蓋《漢書・藝文志》之「省」共有五例，除「省《太史公》四篇」外，其它四例用法相同。四例皆是因一書重複著錄於兩家之分類，故必省其一處，使之不得重出，此章學誠已詳論之，[189]不必在此贅述。然依此例，「省《太史公》四篇」則不可解，故章學誠曰：

> 「春秋」部注「省《太史公》四篇」，其篇名既不可知。按《太史公》百三十篇，本隸「春秋」之部，豈同歸一略之中猶有重複著錄及裁篇別出之例耶？[190]

　　而易平提出新解，認為有「省書」和「省篇」二類，「省書」如章學誠說，「省篇」則僅此孤例。而易平則據此推論「這四篇重複之文的來路就只有一種可能，即來自民間傳抄本」，並得一結論：

> 史稱『光武中興，篤好文雅；明、章繼軌，猶重經術』。其時又有大批流散於民間的遺文逸典被朝廷徵集上來，『石室蘭臺，彌以充積』。其中就有傳於民間的《太史公書》，班固所見本出現四篇重文亦其證（案：即《漢書・藝文志》中所說的「省四篇」）。準此，班氏時東漢蘭臺本《太史公書》已非西漢劉向、歆所見秘本之舊，它當是以西漢秘府本為主、屬有民間傳抄本若干篇卷，也就是所謂『藏之名山』本與『副在京師』本相混合的本子。

　　蓋校書時因本子不同，須去重複之篇以為定本，此前代已有之。如西漢成帝時劉向校書中秘，言所校讎《管子》書「除復重四百八

---

[189] 見（清）章學誠，《校讎通義》（台北：藝文印書館，1965 據清咸豐伍崇曜校刊本影印），卷一〈互著第三〉。

[190] 見《校讎通義》，卷三〈漢志六藝第十三〉。

十四篇」，《晏子》「除復重二十二篇」，《孫卿書》「除復重二百九十篇」，《列子》「除復重十二篇」等來看，幾乎其所校書籍，部部皆有重篇之情形。

然而，東漢朝廷既大量徵集民間書籍，與蘭臺藏書相校。則依常理而言，亦應有許多書籍皆見重複之篇，何以僅有「省《太史公》四篇」一例？難道除了《太史公》外，它書皆不見民間傳抄本乎？或僅《太史公》有重複之篇，其餘各書皆無乎？此不合情理之甚。故班固此處之「省」，絕不是指民間傳抄本之重文可知，易平之推論實難成立。

然「省四篇」究為何意，在僅此孤例的情形下，無從考證，亦不宜強為之解。前賢學者多明此理，如孫德謙《漢書藝文志舉例》曰：「所省四篇不知是何篇名，吾不敢強為之說」；[191]程千帆〈別錄七略漢志源流異同考〉言：「若《太史公》四篇，孫氏不解，章氏亦莫能明。……今實無從考證矣」，[192]其因在此。

綜前所述，成帝時命劉向校書中秘，劉向合校原先的《太史公》藏本與傳本，上奏《太史公》百三十篇定本。此本上奏後，即遭漢廷刪削十篇，成為缺十篇之西漢中秘本。然後成帝賜其副本於班氏，於是有缺十篇之班氏家藏本。後因班固「私改作國史」，班氏家藏本遭東漢朝廷沒入。班固日後校書蘭臺，合校西漢中秘本與班氏家

---

[191]　見（清）孫德謙，《漢書藝文志舉例・稱「省」例》（台北：臺灣開明書局二十五史補編本，1959）。

[192]　程千帆，〈別錄七略漢志源流異同考〉，《金大文學院季刊》第 2 卷第 1 期（1935）。

藏本，兩者皆百二十篇，較劉向〈太史公別錄〉所記少了十篇，只好記下「十篇有錄無書」，而繕定了同為百二十篇之東漢蘭臺本《太史公》書。

第四節　論罪與取代時期（二）：
官修《漢書》與刪削《太史公》書

然而班固本因「私改作國史」而下獄，家書盡遭沒入，其人且有論死之可能，何以最後竟能著成《漢書》？此間過程曲折，然影響中國史學轉折甚巨，故須在此詳論之。

據《後漢書・班彪列傳》，敘述此事經過如下：

> 既而有人上書顯宗，告固私改作國史者，有詔下郡，收固繫京兆獄，盡取其家書。先是扶風人蘇朗偽言圖讖事，下獄死。固弟超恐固為郡所覈考，不能自明，乃馳詣闕上書，得召見，具言固所著述意。而郡亦上其書，顯宗甚奇之，召詣校書部，除蘭臺令史，與前睢陽令陳宗、長陵令尹敏、司隸從事孟異共成〈世祖本紀〉。遷為郎，典校祕書。固又撰功臣、平林、新市、公孫述事，作列傳、載記二十八篇，奏之。帝乃復使終成前所著書。[193]

從這裡來看，明帝並非一開始就有命班固著作《漢書》的計畫，而是經過一連串的考核：

193　見《後漢書》，卷四十上，〈班彪列傳第三十上〉，頁 1333。

（一）首先是班固之弟班超，馳闕上書為兄辯護，蒙明帝召見，「具言固所著述意」。依常理推測，班固「私改作國史」事實確鑿，無可辯駁，班超所辯護者，必是具言「固所著述意」絕無不敬朝廷之處。

然而光是班超一面之詞，必不足以打動明帝。此時郡中又將所抄沒之班固書稿上呈明帝，明帝觀後「甚奇之」。明帝之「奇」可能包含兩個意思，一是奇於班固之才，然此恐不足以令班固脫罪；二是奇其書之出乎意料，東漢設此罪本為防止另一部《太史公》書之出現（觀下文明帝與班固之雲龍門對策可知），但班固此書應與《太史公》作意背道而馳，完全站在「宣揚漢德」的立場，這才是打動明帝的真正原因。於是明帝任命班固為蘭臺令史，開始對他的考核。

（二）考核的第一步，便是命前睢陽令陳宗、長陵令尹敏、司隸從事孟異和班固一起著作〈世祖本紀〉。

陳宗，字平仲，《論衡·須頌》曾提到「陳平仲紀光武，班孟堅頌孝明，漢家功德，頗可觀見」。[194]由此看來，以陳宗為主修撰之〈世祖本紀〉，內容多為稱頌漢德，即可知陳宗之態度。長陵令尹敏，《後漢書》有傳，即前奉光武帝命，負責刪削及校定圖讖者。司隸從事孟異，《隋書·經籍志》及《史通·古今正史》皆作「孟冀」，《後漢書·馬援列傳》言其「名有計謀」，亦心思靈通之人。

由此觀之，明帝命此三人與班固同修〈世祖本紀〉，是有深刻

---

[194]　見《論衡校釋》，卷二十〈須頌第六十〉。

用意的。陳宗爲主持人，意在稱頌漢家功德，立場明確。尹敏前已受命撰作符合漢家利益的圖讖，經驗豐富。孟異則心思靈通，是聰明人。讓班固和三人共事，必能使班固更明白朝廷在史學上的立場。

由今《東觀漢記》所記光武內容來看，這四人果然不負明帝所望。〈世祖本紀〉中充溢頌美之詞，如「帝即有仁聖之明，氣勢形體，天然之姿，固非人之敵」、「翕然龍舉雲興，三雨而濟天下，蕩蕩人無能名焉」。[195]而書成之後，明帝即以之示人，如《後漢書‧光武十王列傳》曰：

> （永平）十五年春，行幸東平，賜（東平憲王）蒼錢千五百
> 萬，布四萬匹。帝以所作〈光武本紀〉示蒼，蒼因上〈光武
> 受命中興頌〉。[196]

東平憲王劉蒼，爲明帝同母弟。《後漢書》記其「少好經書，雅有智思」，「顯宗甚愛重之」。行幸東平國時，特地示其〈世祖本紀〉，可見明帝對此書滿意的程度，又因此將班固拔擢爲郎，命其典校秘府藏書。

（三）然即使有〈世祖本紀〉的成功例子，還不足以讓明帝對班固放心。於是班固又寫了列傳、載記二十八篇上奏，內容包括功臣、平林、新市、公孫述事。由今所見《東觀漢記》文字對功臣列傳之記載，如贊語稱吳漢：

> 吳漢起鄉亭，由逆旅假階韓鴻，發筴彭寵，然後遇乎聖王，

---

[195] 見《太平御覽》，卷九十引。

[196] 見《後漢書》，卷四十二，〈光武十王列傳第三十二〉，頁1436。

把旄杖鉞，佐平諸夏，東征海嵎，北臨塞漢，西踰隴山，南
平巴、蜀，遂斬公孫述、延岑、劉永、董憲之首。[197]

強調功臣因「遇乎聖王」而成功業，亦是稱頌光武。而對於與光武
相爭之平林、新市、公孫述載記，則似多予醜詆。如言因平林、新
市得國之更始皇帝，「日在後庭與婦人耽飲，諸將軍言事，更始醉
不能見」、「又所署官爵皆羣小，……被服威儀，不似衣冠，……
罵詈道路，爲百姓之所賤」，[198]可知班固修漢史之立場與朝廷一致。
明帝至此才確定班固的態度，命其「使終成前所著書」，這也就是
後來的《漢書》。

（四）但明帝此時其實還不放心，他絕不讓班固一人獨自完成
《漢書》，而是安排其它人和班固一起修史。在班固工作於蘭臺的
期間，先後有尹敏、陳宗、孟冀、劉復、賈逵、楊終、傅毅、孔僖
等和他一起在蘭臺工作。[199]尹敏、陳宗、孟冀三人，前已述之，而
主持此事的則是劉復。

劉復身爲東漢宗室近親，爵封臨邑侯，曾著有〈漢德頌〉，[200]擁
護皇室之立場自是堅定。《後漢書·宗室四王三侯列傳》言其「每

---

[197]　見（宋）高似孫，《史略》（台北：藝文印書館，1965 據清光緒黎庶昌校刊本
　　　影印），卷三引。

[198]　見《太平御覽》，卷九十引。

[199]　此據安作璋之研究，見安作璋，《班固評傳》（南寧：廣西教育出版社，1996），
　　　頁 32。然由《文選》，卷四十八〈典引〉詔詣雲龍門者來看，參加者似尚有杜
　　　矩、展隆、郗萌三人。

[200]　見《後漢書》，卷三十九〈劉趙淳于江劉周趙列傳第二十九〉：「永平中，臨
　　　邑侯劉復著〈漢德頌〉」，頁 1298。

有講學事，輒令復典掌焉。與班固、賈逵共述漢史，傅毅等皆宗事之」，[201]可知其在修撰《漢書》一事之地位最尊。

賈逵前已述之，其乃爲顯貴「附會文致」之人，又時時以「深於君父」、「崇君父，卑臣子，彊幹弱枝」爲念，自是帝王心中理想人選。

傅毅乃班固太學之同學，亦是同鄉，《後漢書・文苑列傳》言傅毅於章帝時：

> 毅追美孝明皇帝功德最盛，而廟頌未立，乃依清廟作〈顯宗頌〉十篇奏之，由是文雅顯於朝廷。

由此觀之，傅毅亦是頌揚漢室之人。

楊終曾自作〈哀牢傳〉獻上明帝，才能出眾。後來著名的白虎觀會議，亦因其提議而舉行。章帝時東巡，他「贊頌嘉瑞，上述祖宗鴻業，凡十五章，奏上」。[202]可見楊終之立場，亦是稱頌漢室之人。

孔僖則爲孔氏子孫，於章帝時爲蘭臺令史，參加此工作最晚。

因此，《漢書》雖名爲班固所著，實乃宗室主導，參加者多爲擁護漢室立場堅定之人，可知朝廷對此事嚴格控制之態度。

爲什麼明帝要如此小心翼翼，重重考核，才讓班固奉詔著書呢？目的就是不想再出一個太史公，又寫一部譏諷漢廷的史書出來。這

---

201 見《後漢書》，卷十四，〈宗室四王三侯列傳第四〉，頁 558。
202 見《後漢書》，卷四十八，〈楊李翟應霍爰徐列傳第三十八〉，頁 1601。

從有名的「雲龍門對策」中，就可以瞭解明帝的心意：

> 臣固言：永平十七年，臣與賈逵、傅毅、杜矩、展隆、郗萌
> 等，召詣雲龍門，小黃門趙宣持〈秦始皇帝本紀〉問臣等曰：
> 「太史遷下贊語中，寧有非耶？」臣對：「此贊賈誼〈過秦
> 篇〉云，向使子嬰有庸主之才，僅得中佐，秦之社稷未宜絕
> 也。此言非是。」即召臣入，問：「本聞此論非耶？將見問
> 意開寤耶？」臣具對素聞知狀。詔因曰：「司馬遷著書成一
> 家之言，揚名後世，至以身陷刑之故，反微文刺譏，貶損當
> 世，非誼士也。司馬相如洿行無節，但有浮華之辭，不周於
> 用，至於疾病而遺忠，主上求取其書，竟得頌述功德，言封
> 禪事，忠臣効也。至是賢遷遠矣。」臣固常伏刻誦聖論，昭
> 明好惡，不遺微細，緣事斷誼，動有規矩，雖仲尼之因史見
> 意，亦無以加。臣固被學最舊，受恩浸深，誠思畢力竭情，
> 昊天罔極。[203]

上面這段問答中，主要透露了以下幾點訊息：

（一）明帝召見班固等人，一開始只問了一個問題，就是〈秦
始皇帝本紀〉中「太史遷下贊語中，寧有非耶」？可見這個問題的
重要性。

乍看之下，這個問題十分奇怪。因為《史記·秦始皇本紀》贊
語，幾乎全錄賈誼〈過秦論〉而成。如果這段文字有非，那應該直
接問「賈誼之〈過秦篇〉中，寧有非耶」，何必歸罪太史公之徵引？

---

[203] 見《文選》，卷四十八〈典引〉。

　　事實上，明帝此問是有道理的。因為在賈誼〈過秦論〉中，認為秦亡之因在於「仁義不施而攻守之勢異也」，如其末得庸主中佐能變始皇之暴政，亦可保其社稷，可見賈誼認為秦亡漢興並非天命，而是為政者襲惡法而不改，乃人謀不臧的結果。然賈誼所以作〈過秦論〉，並非考據歷史問題，而是諷漢之襲秦法而不改。此議前人已有之，如過商侯言：「〈過秦論〉，諷漢也」。[204]而史公之所以抄錄賈誼〈過秦論〉而成《史記・秦始皇本紀》贊語，即是以為武帝所為與始皇無異，恐漢將蹈秦之覆轍。

　　明帝與班固深知史公之意，但此時東漢立國，又復西漢舊制，等於是復秦法。所以明帝正是要藉此問，明白班固對《太史公》一書的看法，特別是針對漢的評價上。

　　班固當時的回答，在今本《史記・秦始皇本紀》所見之後人附錄，有詳細的原文：

> 孝明皇帝十七年十月十五日乙丑，曰：
> 周曆已移，仁不代母，秦直其位，呂政殘虐。然以諸侯十三，并兼天下，極情縱欲，養育宗親。三十七年，兵無所不加，制作政令，施於後王。蓋得聖人之威，河神授圖，據狼、狐，蹈參、伐，佐政驅除，距之稱始皇。
> 始皇既歿，胡亥極愚，酈山未畢，復作阿房，以遂前策。云「凡所為貴有天下者，肆意極欲，大臣至欲罷先君所為」。誅斯、去疾，任用趙高。痛哉言乎！人頭畜鳴。不威不伐惡，

204　見（清）過珙評選、湯壽銘校訂，〈過秦論〉篇首總評，《言文對照古文評詮全集》（上海：會文堂，1926）。

不篤不虛亡，距之不得留，殘虐以促期，雖居形便之國，猶不得存。

子嬰度次得嗣，冠玉冠，佩華紱，車黃屋，從百司，謁七廟。小人乘非位，莫不忧忽失守，偷安日日，獨能長念卻慮，父子作權，近取於戶牖之間，竟誅猾臣，為君討賊。高死之後，賓婚未得盡相勞，餐未及下咽，酒未及濡脣，楚兵已屠關中，真人翔霸上，素車嬰組，奉其符璽，以歸帝者。鄭伯茅旌鸞刀，嚴王退舍。河決不可復壅，魚爛不可復全。賈誼、司馬遷曰：「向使嬰有庸主之才，僅得中佐，山東雖亂，秦之地可全而有，宗廟之祀未當絕也。」秦之積衰，天下土崩瓦解，雖有周旦之材，無所復陳其巧，而以責一日之孤，誤哉！俗傳秦始皇起罪惡，胡亥極，得其理矣。復責小子，云秦地可全，所謂不通時變者也。紀季以酅，春秋不名。吾讀秦紀，至於子嬰車裂趙高，未嘗不健其決，憐其志。嬰死生之義備矣。[205]

　　觀班固之應答，大意在於駁斥賈誼和太史公所言秦亡乃因人謀不臧，而主張秦亡漢興乃是天命所歸，不可以人力轉移，故曰「復責小子，云秦地可全，所謂不通時變者也」。是故全文以天命開端，言「周曆已移，仁不代母，秦直其位」，即漢之繼周乃是子之繼母，秦所直則是閏位，故漢之得天下乃由天意，非人力所能動搖。

　　這樣的回答極為巧妙，一方面彰明了自己反對太史公看法的立場，另一方面也等於承認秦亡漢興乃是天命，不因所用制度而有改

變。此外，東漢之繼西漢，亦子母相繼，新莽亦是閏位，這等於是
擁護了東漢之正統性。

（二）班固的回答雖讓明帝滿意，但他仍不放心的接著問「本
聞此論非耶？將見問意開寤耶？」也就是問，班固的回答是他原本
的想法嗎？還是迫於情勢臨時的發揮？班固自然回答，這是原本就
有的想法，並非現在才產生。從這裡也可知道，明帝對於命班固修
史一事的審慎態度，以及班固對自己政治立場的強調。

（三）接下來，明帝終於說出其真正的目的。在詔中，他首先
定位《太史公》一書為「微文刺譏，貶損當世」，明示漢廷對此書
貶抑的立場。並且將史公之著作動機，扭曲為「以身陷刑之故」，
把史公對漢代治道治術的質疑，說成是個人的私怨。

明帝這樣的說法，不但影響了班固，於後世影響亦是深遠。如
《三國志‧魏書‧王肅傳》曰：

> （魏明）帝又問：「司馬遷以受刑之故，內懷隱切，著《太
> 史公》非貶孝武，令人切齒。」（王肅）對曰：「司馬遷記
> 事，不虛美，不隱惡。劉向、揚雄服其善敘事，有良史之才，
> 謂之實錄。漢武帝聞其述史記，取孝景及己本紀覽之，於是
> 大怒，削而投之。於今此兩紀有錄無書。後遭李陵事，遂下
> 遷蠶室。此為隱切在孝武，而不在於史遷也。」

由此段問答可見，魏明帝明顯的就是受到此種說法的影響，然當時
仍有明白之人如王肅，故不為東漢明帝所顛倒是非。

（四）其次明帝又列舉了他對太史公與司馬相如兩人之評價，

以爲對比。他認爲太史公成一家之言，但「微文刺譏，貶損當世」；而司馬相如之辭雖浮華無用，但頌述主上功德，因此「賢遷遠矣」。

而此詔無疑宣示班固，主上所關心者，不在學術高下，亦不在其學之有用無用，而在於其人是否忠心，是否能頌述朝廷功德。這等於是明帝所頒佈，讓班固修撰《漢書》時所必須遵循的根本指導原則。

（五）而觀察班固的回答，他完全體會了明帝的意思。他首先回答自己「常伏刻誦聖論」，所以「緣事斷誼，動有規矩」。因此他用來斷事的規矩，自然是以「聖論」之規矩爲規矩；而他所謂「昭明好惡」，自是以「聖論」之好惡爲好惡。

這也無疑是班固向明帝保證，他「受恩浸深」，絕不會是第二個太史公，他所寫的《漢書》必是「頌漢功德」之史書，其間或方或圓，一切皆依主上之價值觀爲規矩。

因此，從「雲龍門對策」中可以清楚瞭解，漢廷正是爲了《史記》而修撰《漢書》。由於《史記》「貶損當世」對統治者的影響惡劣，所以必須修撰「頌述功德」、「動有規矩」的新史書——也就是《漢書》。

明帝爲何如此忌憚《史記》呢？這是因爲《史記》「微文刺譏，貶損當世」的影響極其深遠，至東漢仍深入人心。如《後漢書·儒林列傳》言：

　　（孔）僖與崔篆孫駰復相友善，同遊太學，習《春秋》。因讀吳王夫差時事，僖廢書歎曰：「若是，所謂畫龍不成反爲

狗者。」駰曰：「然。昔孝武皇帝始為天子，年方十八，崇信聖道，師則先王，五六年間，號勝文、景。及後恣己，忘其前之為善。」僖曰：「書傳若此多矣！」鄰房生梁郁儵和之曰：「如此，武帝亦是狗邪？」僖、駰默然不對。郁怒恨之，陰上書告駰、僖誹謗先帝，刺譏當世。

事下有司，駰詣吏受訊。僖以吏捕方至，恐誅，乃上書肅宗自訟曰：「臣之愚意，以為凡言誹謗者，謂實無此事而虛加誣之也。至如孝武皇帝，政之美惡，顯在漢史，坦如日月。是為直說書傳實事，非虛謗也。」[206]

至東漢初年，士人仍念念不忘武帝之不善，這都是因為「顯在漢史，坦如日月」之故。可知史書的影響力之大，無怪乎明帝之所惡。

但要解決史學所帶來的問題，光是禁止私人撰述史書還是不夠，秦朝即為一例。最徹底的解決方法是，撰述一部代表朝廷立場，又足以取代《太史公》影響之史書。而機緣巧合之下，明帝發現了班固可以完成這樣的工作，而《漢書》便是這種要求下的產物。

也正因如此，當《漢書》著成之時，朝廷立刻加以推廣。《後漢書‧班彪列傳》記書成之後，「當世甚重其書，學者莫不諷誦焉」。[207]在當時書籍抄錄如此困難的時代，相較於《太史公》傳播過程的曲折坎坷，及同時期《論衡》歷東漢近二百年而傳播不出東南之地的情形，《漢書》的推廣能在當世便如此順利快速，沒有朝廷力量的介入是難以想像的。

---

[206] 見《後漢書》，卷七十九上，〈儒林列傳第六十九上〉，頁2160。
[207] 見《後漢書》，卷四十上，〈班彪列傳第三十上〉，頁1334。

事實上，在《漢書》才剛剛成書時，朝廷便已迫不及待進行傳授解說的工作。如《後漢書‧列女傳》：

> 兄固著《漢書》，其八〈表〉及〈天文志〉未及竟而卒，和帝詔（班）昭就東觀藏書閣踵而成之。……時《漢書》始出，多未能通者，同郡馬融伏於閣下，從昭受讀，後又詔融兄續繼昭成之。[208]

更可看出官方對此書的重視及幫助。

而這樣的推廣，確實收到了成效。在著名的《執金吾丞武榮碑》中，曾提到其「闕幘傳講《孝經》、《論語》、《漢書》、《史記》」。[209] 此碑據學者考證，多認為東漢晚期桓帝時所立。過去的研究多集中在此碑所言《史記》，乃《太史公》書名轉變為《史記》之始的問題上。然由此碑亦可知，東漢晚期連地方士人講學，都將《漢書》置於《史記》之前。這應是經東漢官方推廣後，兩書的重要性已有變化。甚至可能規定講學必須先講《漢書》，後講《史記》，以收正本清源之效。

而官方除了力圖以《漢書》取代《太史公》之外，又再次刪削《太史公》一書，以圖雙管齊下。據《後漢書‧楊李翟應霍爰徐列傳》言章帝在白虎觀會議之後，即命曾參與《漢書》撰述工作的楊終，「受詔刪《太史公》書為十餘萬言」。[210]《太史公》全書不過「五十二萬六千五百字」，刪為十餘萬言，等於是刪去全書近十分之七，則史

---

[208] 見《後漢書》，卷八十四，〈列女傳第七十四〉，頁 2784。

[209] 見（清）王昶，《金石萃編》（清嘉慶十年〔1805〕青浦王氏經訓堂藏板本），卷十二。

[210] 見《後漢書》，卷四十八，〈楊李翟應霍爰徐列傳第三十八〉，頁 1599。

公作書原意當蕩然無存。而陳直亦云「既曰受詔刪定,當然所刪的是不利於統治階級的文字」。[211]興《漢書》而毀《史記》,其取代之意昭然若揭,所幸楊終之書於東漢並未受重視,後世亦不流傳。

綜合以上兩節所述,東漢初年有鑒於西漢之失國,力圖以強烈之政治手段干預學術,尤以圖讖和史學二途最為明顯。首先在圖讖方面,朝廷一方面刪削於己不利之圖讖,而後頒佈圖讖官定本於天下,並禁止任何人改作圖讖,否則論死。而史學亦復如是,故此時出現了前所未見之「私改作國史」罪名,班固即因觸法而下獄。

然班固之書以擁護漢室為尚,故明帝轉生利用之心。經重重考核,且於雲龍門明確宣示「頌漢」之修史原則後,方命班固撰述《漢書》。其目的即在消除「貶損當世」之《太史公》自成書以來對漢室的不良影響,而以「頌漢功德」之《漢書》取代之。是以《漢書》自修撰至推廣,皆有官方之力與焉。

西漢成帝時,曾一面命馮商續《太史公》,一面又刪削《太史公》十篇。而東漢朝廷之手段,與西漢如出一轍而又變本加厲,由刪削十篇進而刪削全書十分之七;由續《太史公》書,到撰述《漢書》以取代《太史公》,對《太史公》的打擊較西漢更為嚴厲。由此來看,帝王不論再怎麼雅好學術,終究不改其專制統治的本質,一切學術仍需為政治服務。

事實上,這可能與光武帝的背景有關。《後漢書·光武帝紀》曾言光武帝年少時:「王莽天鳳中,乃之長安,受《尚書》,略通大

---

211 見陳直,〈漢晉人對《史記》的傳播及評價〉,收入氏著,《文史考古論叢》(天津:天津古籍出版社,1988)。

義」，注引《東觀記》曰：「受《尙書》於中大夫盧江許子威」，[212]
因此他是受過正式儒學教育的。歷代開國皇帝中，當以光武教育程
度最高。但也正因如此，他對西漢後期至新莽時，種種來自學術上
的「厭漢」思潮，更是深有體會。故在即位之後，深戒西漢因春秋
經學、史學和讖緯三者呼應而亡國之前鑑，便力圖以政治控制學術。
此後這種政策，亦爲明、章帝所繼承。

　　《太史公》自成書至此已歷兩百年左右，其傳播前後因朝廷政
策影響，而經歷四個階段的變化。在第一時期，太史公爲避免政治
的迫害，將其書分爲藏、傳兩本分別收藏。此時《太史公》尙未引
起朝廷之注意，惟藏本因中秘之屬禁而罕爲人見，傳本則逐漸流
出，開始引起民間的喜好和傳抄。至第二時期，《太史公》因楊惲
宣布而廣爲人知，此時亦開始引起漢廷之注意。成帝時，朝廷令人
刪削《太史公》十篇，並將刪削後之副本賜予班氏，此即《太史公》
的第三個主要本子。到了第三時期，官方在刪削《太史公》十篇之
外，又命馮商續《太史公》書，希望將此書之影響導向對官方有利
的方向。但此時《太史公》無論在傳播或撰續上都蔚爲風潮，並推
動了當時的「厭漢」思潮。而後新莽尊顯太史公之政策，亦隨即因
東漢代新而改變。至第四時期，朝廷終於找出解決《太史公》影響
之最佳辦法，那就是一面禁止私人撰史，將史權收歸官方；一面同
時命班固著作「頌漢功德」之《漢書》取代《太史公》，並推廣之
以消除《太史公》之不良影響；此外，再對《太史公》原書進行大
規模刪削，三管齊下，終於大功告成。

212　見《後漢書》，卷一，〈光武帝紀第一〉，頁1。

第五章
兩漢之際的史學與《史記》

前面的第三、四兩章，主要是針對兩漢之際的政治對《太史公》的影響作一論述。然而，要瞭解《史記》到《漢書》發展的轉折過程，光是就政治面討論是不完整的。因此，本章將就此時的史學發展與《太史公》間的關係作一討論。由於篇幅所限，本章的目的不在針對個別史家進行詳盡研究，而在於以時間爲軸，通盤分析史學思想上的演變。

第一節　兩漢之際諸子對《史記》的評價

《太史公》自成書之後，逐漸引起注意，並成爲當時的重要著作之一，然而這也引起了當時許多學者褒貶不一的評價。必須先說明的是，本書之重點在於藉此探索從《史記》到《漢書》之間的轉折過程，因此晚於班固的學者將不進行討論。

孟子曰：「其事則齊桓晉文，其文則史，孔子曰：『其義則丘竊取之矣。』」，[1] 以下茲就《太史公》書之「事」、「文」、「義」三者爲觀察基點，分述諸家評論如下：

1　《孟子・離婁下》。

一、桑弘羊

在《太史公》流傳的第一時期中，最早提及《太史公》的是昭帝時期的桑弘羊。他在始元六年（81 B.C.E.）舉行的鹽鐵會議中，引用太史公之言作為辯論的依據，這實際也是一種評價。

過去的研究，多半只以此事作為引用《史記》之始，今茲錄其原文，以便作詳細討論。《鹽鐵論‧毀學》曰：

> 大夫曰：「司馬子言：『天下穰穰，皆為利往。』趙女不擇醜好，鄭嫗不擇遠近，商人不媿恥辱，戎士不愛死力，士不在親，事君不避其難，皆為利祿也。儒、墨內貪外矜，往來游說，棲棲然亦未為得也。故尊榮者士之願也，富貴者士之期也。方李斯在荀卿之門，闞茸與之齊軫，及其奮翼高舉，龍昇驥騖，過九軼二，翱翔萬仞，鴻鵠華騮且同侶，況跛牂燕雀之屬乎！席天下之權，御宇內之眾，後車百乘，食祿萬鐘。而拘儒布褐不完，糟糠不飽，非甘菽藿而卑廣廈，亦不能得已。雖欲嚇人，其何已乎！」
>
> 文學曰：「君子懷德，小人懷土。賢士徇名，貪夫死利。李斯貪其所欲，致其所惡。孫叔敖早見於未萌，三去相而不悔，非樂卑賤而惡重祿也，慮患遠而避害謹也。夫郊祭之牛，養食碁年，衣之文繡，以入廟堂，太宰執其鸞刀，以啟其毛；方此之時，願任重而上峻阪，不可得也。商鞅困於彭池，吳起之伏王尸，願被布褐而處窮鄙之蒿廬，不可得也。李斯相秦，席天下之勢，志小萬乘；及其囚於囹圄，車裂於雲陽之市，亦願負薪入東門，行上蔡曲街徑，不可得也。蘇秦、吳

起以權勢自殺,商鞅、李斯以尊重自滅,皆貪祿慕榮以沒其身,從車百乘,曾不足以載其禍也!」[2]

桑弘羊所引司馬子之言,見於今本《史記‧貨殖列傳》:

諺曰:「千金之子,不死於市。」此非空言也。故曰:「**天下熙熙,皆為利來;天下壤壤,皆為利往。**」夫千乘之王,萬家之侯,百室之君,尚猶患貧,而況匹夫編戶之民乎![3]

由此觀之,賢人深謀於廊廟,論議朝廷,守信死節隱居巖穴之士設為名高者安歸乎?歸於富厚也。是以廉吏久,久更富,廉賈歸富。富者,人之情性,所不學而俱欲者也。故壯士在軍,攻城先登,陷陣卻敵,斬將搴旗,前蒙矢石,不避湯火之難者,為重賞使也。其在閭巷少年,攻剽椎埋,劫人作姦,掘冢鑄幣,任俠并兼,借交報仇,篡逐幽隱,不避法禁,走死地如鶩者,其實皆為財用耳。**今夫趙女鄭姬,設形容,揳鳴琴,揄長袂,躡利屣,目挑心招,出不遠千里,不擇老少者,奔富厚也。**游閑公子,飾冠劍,連車騎,亦為富貴容也。弋射漁獵,犯晨夜,冒霜雪,馳阬谷,不避猛獸之害,為得味也。博戲馳逐,鬬雞走狗,作色相矜,必爭勝者,重失負也。醫方諸食技術之人,焦神極能,為重糈也。吏士舞文弄法,刻章偽書,不避刀鋸之誅者,沒於賂遺也。農工商賈畜長,固求富益貨也。此有知盡能索耳,終不餘力而讓財矣。[4]

---

[2]　見(漢)桓寬撰,王利器校注,《鹽鐵論校注》(北京:中華書局,1992 點校本)。

[3]　見《史記》,卷一百二十九,〈貨殖列傳第六十九〉,頁3256。

[4]　見《史記》,卷一百二十九,〈貨殖列傳第六十九〉,頁3271。

由以上引文，可得知以下幾點：

（一）《史記‧貨殖列傳》言「故曰」，可知「天下壤壤（穰穰），皆爲利往」一句，並非史公原創。事實上，此句出於《六韜‧犬韜》：「天下攘攘，皆爲利往。天下熙熙，皆爲利來」。[5]然而桑弘羊除此句外，尚有越女鄭嫗等言，此乃《史記‧貨殖列傳》該段文字之概括。至於桑弘羊到底是引述藏於中秘之《史記‧貨殖列傳》，或是聽聞史公之言而來，則無可考證。

（二）《鹽鐵論》中〈毀學〉一篇之主旨，在於大夫貶文學望利祿而無能，文學則斥大夫得利祿而無德。而由篇名「毀學」二字，即知桓寬對雙方之高下。蓋桑弘羊當時實已詞窮，故引史公之言，以證其人心莫不望利祿之觀點。可知當時《太史公》一書雖尚未宣布，然史公之名已爲世人所廣知，其學識素受肯定，否則桑弘羊何能引此爲據？而文學亦不針對史公之言進行直接反擊，可知史公雖名聞天下，但此時期《太史公》仍流傳不廣，故無可據以駁辯。

（三）《史記‧貨殖列傳》曰：「無巖處奇士之行，而長貧賤，好語仁義，亦足羞也」，可見史公認爲若有巖處奇士之行則可也。但桑弘羊引述時，卻對這一點不知是有意或無意的竟加以忽略，而攻擊如鶡冠等處士，這等於是曲解了史公原意。

（四）《史記‧貨殖列傳》之作意，在於正視求富乃人之情性，既不可無，亦不可縱，當「一之於禮義」，否則天子亦將患貧而與

5　見《太平御覽》，卷四百九十六引。

民爭利。[6]故史公此傳雖不以貧窮爲尚，亦絕無輕仁義之意，桑弘羊實未得史公要旨。

　　然鹽鐵會議，乃匯聚天下郡國賢良文學之士而論難。故弘羊雖對史公之說有所曲解，但其論一出，便廣爲傳播。此時《太史公》書又少人接觸，故士人不免向聲背實，以偏概全。先入爲主之誤會於是產生，日後史公「序貨殖，則輕仁義而羞貧窮」之名，追溯其源，當由此起。

二、褚少孫

　　在第二時期中針對《太史公》進行評論者，今日尙可考者有褚少孫和劉向。褚少孫自稱好《太史公》之列傳，然觀其「褚先生曰」之內容多是列舉史事而附益之，而罕見評價。如《史記‧滑稽列傳》：

> 褚先生曰：臣幸得以經術爲郎，而好讀外家傳語。竊不遜讓，復作故事滑稽之語六章，編之於左。可以覽觀揚意，以示後世好事者讀之，以游心駭耳，以附益上方《太史公》之三章……。[7]

全文不言該傳作意爲何，僅列「故事滑稽之語」而附益之。故知褚生所好者非《太史公》之「義」或「文」，而僅是《太史公》之「事」。

　　然既曰「附益」，則對此書必爲正面之評價可知。

此外，如《史記‧三代世表》之「褚先生曰」云：

> 張夫子問褚先生曰：「《詩》言契、后稷皆無父而生，今案
> 諸傳記咸言有父，父皆黃帝子也，得無與《詩》謬乎？」
> 褚先生曰：「不然。……一言有父，一言無父，信以傳信，
> 疑以傳疑，故兩言之……。」[8]

張夫子質疑《史記》所言與《詩經》相謬，褚少孫則贊同《太史公》
「疑以傳疑」之作法。而此處最值得注意者，在於當時部分閱讀《太
史公》之士人，因其記載與五經不同，故產生此書「謬於經」之印
象，遂影響後世。

三、劉向

至於劉向，文獻中並未見其直接留下的評論。但在《漢書‧司
馬遷傳》贊語中，班固有言：

> 然自劉向、揚雄博極群書，皆稱遷有良史之材，服其善序事
> 理，辨而不華，質而不俚，其文直，其事核，不虛美，不隱
> 惡，故謂之「實錄」。[9]

而葛洪《抱朴子內篇‧明本》亦言：

> 不虛美，不隱惡，不雷同以偶俗，劉向命世通人，謂為「實
> 錄」。[10]

8　見《史記》，卷十三，〈三代世表第一〉，頁504。

9　見《漢書》，卷八十七，〈揚雄傳第五十七〉，頁3580。

10　見（晉）葛洪撰，王明校釋，《抱朴子內篇校釋》（北京：中華書局，1996），

從班固文中「皆稱」來看，劉向、揚雄對《太史公》之「文」與「事」，皆採取肯定之評價。而由《抱朴子》可知，「實錄」之譽當始於劉向。然劉向對《太史公》之「義」，則未見置評。

四、揚雄

在第三時期，隨著《太史公》傳播益廣，討論之人也越來越多。本期之重要人物，計有揚雄、桓譚、范升、班彪等。關於這幾位學者的相關研究極多，但因篇幅所限，本節除與《太史公》相關者外，將不針對其思想另外進行討論。

首先是揚雄，其對《太史公》之評價，主要見於《法言》一書。[11]《漢書·揚雄傳》記其〈自序〉曰：

> 雄見諸子各以其知舛馳，大氐詆訾聖人，即為怪迂，析辯詭辭，以撓世事，雖小辯，終破大道而或眾，使溺於所聞而不自知其非也。及《太史公》記六國，歷楚漢，訖麟止，不與聖人同，是非頗謬於經。故人時有問雄者，常用法應之，譔以為十三卷，象《論語》，號曰《法言》。[12]

故揚雄著《法言》之作意有二：一是駁諸子之「小辯」，二是正《太

史公》之「謬於經」。而由其此亦可看出，此時《太史公》之傳播日廣，「故人時有問雄者」，可知其影響力幾與先秦諸子等。

《法言》一書中，[13]對於太史公之評價有褒有貶，就全書或作者而論者有：

(一)〈問神〉篇：

> 或曰：「《淮南》、《太史公》者，其多知與？何其雜也。」
> 曰：「雜乎雜，人病以多知為雜，惟聖人為不雜。書不經，非書也。言不經，非言也。言、書不經，多多贅矣！」

(二)〈君子〉篇：

> 《淮南》說之用，不如《太史公》之用也。《太史公》，聖人將有取焉；《淮南》，鮮取焉爾。
> 必也，儒乎！乍出乍入，淮南也；文麗用寡，長卿也；多愛不忍，子長也。仲尼多愛，愛義也；子長多愛，愛奇也。

(三)〈寡見〉篇：

> 或問：「司馬子長有言，曰五經不如《老子》之約也，當年不能極其變，終身不能究其業。」
> 曰：「若是則周公惑，孔子賊。古者之學耕且養，三年通一。今之學也，非獨為之華藻也，又從而繡其鞶悅，惡在其《老》不《老》也。」

---

[13] 本書主要參考版本為（漢）揚雄撰，（清）汪榮寶義疏，《法言義疏》（北京：中華書局，1987 點校本）。以下除特別聲明外，不另注出。

（四）〈重黎〉篇：

或問「《周官》」？曰：「立事。」「《左氏》」？曰：「品
藻。」「太史遷」？曰：「實錄。」

除了這四段文字外，〈重黎〉、〈淵騫〉兩篇以評論歷代人物為
主，[14]與《史記》紀傳之評價，亦可互相比較。徐復觀曾言：「〈重
黎〉、〈淵騫〉兩篇，意在準《春秋》以補正《史記》的缺失」。[15]可
知揚雄在〈自序〉所言，對《太史公》「不與聖人同，是非頗謬於經」
之相關討論，主要集中在這兩篇。茲分析如下：

先就以上所引四段文字，逐段加以分析：

（一）此乃評《淮南》、《太史公》之「雜乎雜」，晉代李軌對此
句注解的最好，言此乃「歎不純也」。後又說「惟聖人為不雜」，可
知揚雄乃歎《太史公》未如聖人作經之純也，這與揚雄在〈自序〉
所言是一致的。

（二）此又延續（一）而立論，言《淮南》不如《太史公》，其
因在於聖人尚有取於《太史公》之處。其後又提出了「仲尼愛義，
子長愛奇」之說，言《太史公》雖勝於《淮南》、司馬相如，但仍不

14　《漢書・揚雄傳》記其〈自序〉曰「仲尼以來，國君將相，卿士名臣，參差不
　　齊，一槩諸聖，譔〈重黎〉第十」、「仲尼之後，訖于漢道，德行顏、閔，股
　　肱蕭、曹，爰及名將，尊卑之條，稱述品藻，譔〈淵騫〉第十一」；然今本《法
　　言・序》則曰「仲尼以來，國君將相，卿士名臣，參差不齊，一槩諸聖，譔〈重
　　黎〉、〈淵騫〉」。對此兩處之異同，汪榮寶《法言義疏》，卷二十有詳細的
　　考證。然兩篇作意主在評論歷代人物，則應無問題。

15　見徐復觀，〈揚雄探究〉，收入氏著《兩漢思想史》，卷二。

合聖人之標準。

朱浩毅在《漢莽諸子與《太史公書》》第三章第二節中，曾對「子長愛奇」作出全面整理。他列舉了《史記》中 46 處用「奇」之例，認為除了指「特殊」之物外，即指「奇計」、「奇謀」之謀略處。

然而，這也正是揚雄所批評之處。因揚雄所重者不在智謀，而在禮樂仁義。如〈淵騫〉篇言張良、陳平雖有奇謀，仍缺乎禮樂：

> 若張子房之智，陳平之無悟，絳侯勃之果，霍將軍之勇，終之以禮樂，則可謂社稷之臣矣。

如〈問神〉篇言「勿雜」：

> 或曰：「《玄》何為？」曰：「為仁義。」曰：「孰不為仁？孰不為義？」曰：「勿雜也而已矣。」

此則呼應（一）段所說的《太史公》之「雜」，可知揚雄認為《太史公》雖言仁義而亦愛奇，正是其不純之處。所以他才會用「仲尼愛義，子長愛奇」作為本段收結，其因在此。

（三）此乃評論《史記‧太史公自序》中的〈論六家要旨〉，蓋此文為太史公司馬談所作，文中主張「夫儒者以六藝為法，六藝經傳以千萬數，累世不能通其學，當年不能究其禮」、「道家……指約而易操，事少而功多，儒者則不然」。[16]揚雄則對此持反對的態度，認為五經學習得法，三年可通一經。是故非五經不如老子之約，而是今之學者方向錯誤所致。

---

[16] 見《史記》，卷一百三十，〈太史公自序第七十〉，頁 3290。

　　史公之字曰子長，始見於此。然〈論六家要旨〉實作於其父司馬談，實非史公所作。由此可知，漢代人多因此文載之《太史公》書，便認其爲史公之見。又知此時《太史公》傳播迅速，閱讀者眾。然因儒學已居主流，故對〈論六家要旨〉疑惑者多，而問之揚雄，揚雄因之以答。日後班彪言《太史公》「其崇術學，則先黃老而薄五經」，班固亦言「論大道則先黃老而後六經」，其淵源在此。

　　（四）此乃有人問揚雄，對《周官》、《左氏春秋》及《太史公》三書之看法。從這個問題可以看出，在西漢末至新莽這段時期，《太史公》實被視爲古文經傳系統之一。

　　此處揚雄點出對三者的評價，而《太史公》之所長即是「實錄」。是以班固在《漢書‧司馬遷傳》贊語中說：

> 然自劉向、揚雄博極群書，皆稱遷有良史之材，服其善序事理，辨而不華，質而不俚，其文直，其事核，不虛美，不隱惡，故謂之「實錄」。[17]

故「實錄」之評價，由劉向始發，經揚雄之肯定，成爲了《太史公》書最爲深入人心之印象，於中國史學影響深遠。

　　綜合以上四點，揚雄所肯定《太史公》者在其「事」與「文」，而對其「義」則持否定態度。認爲史公「愛奇」，聖人雖「將有取焉」，然其書「雜乎雜」。雖不合孔子五經之標準，但仍勝於其它西漢諸子如《淮南子》、司馬相如等。

　　至於〈重黎〉、〈淵騫〉兩篇中，揚雄品評人物共計 55 節，其中

17　見《漢書》，卷八十七，〈揚雄傳第五十七〉，頁 3580。

有 51 節中所提人物皆在《太史公》書中出現。[18]觀此二篇之人物評價，多與《太史公》紀傳贊語大相逕庭，例如：

（1）《太史公》評伍子胥曰「烈丈夫」、范蠡曰「皆有榮名，名垂後世」，而揚雄斥之曰「賢皆不足邵也」。

（2）《太史公》爲陳勝立世家，褒其「由涉首事也」，而揚雄貶之曰「亂」。

（3）對黥布、韓信，《太史公》言黥布「功冠諸侯」、韓信「於漢家勳可比周、召、太公之徒」，憐其功高而不得善終，揚雄則認爲二人皆「忠不終而躬逆」。

（4）《太史公》評荊軻曰「不欺其志，名垂後世」，揚雄貶之曰「君子盜諸」。這可以看出揚雄完全是站在「仁義」之角度，貶《太史公》之不純，這和前面所述是一脈相承的。

（5）此外，《法言・淵騫》中有：「貨殖」。曰：「蚊。」曰：「血國三千，使捈疏，飲水，褐博，沒齒無愁也。」蓋《史記・貨殖列傳》分富者爲三等：「本富爲上，末富次之，姦富最下」，揚雄則貶貨殖之徒皆吸血之蚊，「今貨殖之徒，皆務腏天下之脂膏以自肥，則天下之受其困者能惡衣惡食，終無所怨乎？此聖人不患貧而患不安之意，明貨殖之術，徒足以致天下之不安而已」。[19]

18　見朱浩毅，《漢莽諸子與《太史公書》》第三章第三節之表列整理。

19　此據汪榮寶的解釋，其說可從，見《法言義疏》，卷十七。

（6）　在《法言・淵騫》中又有：「游俠」。曰：「竊國靈也。」
　　　　《史記・游俠列傳》曰：「今游俠，其行雖不軌於正義，然
　　　　其言必信，其行必果，已諾必誠，不愛其軀，赴士之阨困，
　　　　既已存亡死生矣，而不矜其能，羞伐其德，蓋亦有足多者
　　　　焉」，揚雄則貶游俠之徒皆竊權之輩，「竊國靈即竊殺生之
　　　　權之謂」。[20]

故綜合《法言》一書所述，揚雄所褒《太史公》者，在其「事」與
「文」，謂之「實錄」；所貶《太史公》者，在其「義」不合五經，
特別是體現在對人物的評價上，故謂之「雜」。而這些看法，大大
的影響了後來的學者，尤其是班彪和班固。

　　揚雄是第一位能針對《太史公》全書提出評價者，這與其背景
是相關的。在第三時期，除了民間的單篇散卷之外，《太史公》主要
的本子有二：一是西漢中秘本，二是班氏家藏本。常人能觀其一本
便已難得，而揚雄卻能有機會通覽兩本。

　　揚雄於為郎之歲，即受成帝恩許於秘府觀書抄寫，如其〈答劉
歆書〉自述：

> 雄為郎之歲，自奏少不得學，而心好沈博絕麗之文，願不受
> 三歲之奉，且休脫直事之繇，得肆心廣意，以自克就。有詔
> 可不奪奉，令尚書賜筆墨錢六萬，得觀書于石室。[21]

---

[20]　此據汪榮寶的解釋，其說可從，見《法言義疏》，卷十七。

[21]　見（漢）揚雄，《方言》（清光緒元年〔1875〕湖北崇文書局原刻本），卷十
三。

雄爲郎之歲，乃成帝元延二年（11 B.C.E.），此時劉向之校書工作，已進行十六年年之久。故其於石室中，當有機會觀覽劉向寫定之《太史公》中秘本。

又據《漢書·敘傳》記載，揚雄與班家關係匪淺，如：

> 稺生彪。彪字叔皮，幼與從兄嗣共遊學，家有賜書，內足於財，好古之士自遠方至，父黨揚子雲以下莫不造門。[22]

既曰「父黨」，可知交往之密切。因此揚雄自有機會，能觀覽班氏所藏之《太史公》書。

其後新莽時期，揚雄又得以「校書天祿閣」，[23]天祿閣亦是藏書秘府之一。故不論官方或民間的藏書，揚雄都有機會看到，《漢書·揚雄傳》稱其「博覽無所不見」，並非虛言。

五、桓譚

其次是晚於揚雄的桓譚，桓譚並未撰續《太史公》，但卻留下許多對《太史公》的評價。如《漢書·揚雄傳》贊語引桓譚言曰：

> 昔老聃著虛無之言兩篇，薄仁義，非禮學，然後世好之者尚以爲過於五經，自漢文景之君及司馬遷皆有是言。[24]

在其《新論》中，如〈求輔〉篇云：

22　見《漢書》，卷一百上，〈敘傳第七十上〉，頁 4205。
23　《漢書·揚雄傳》記新莽始建國二年（10C.E.）多，「時雄校書天祿閣上」。見卷八十七，〈揚雄傳第五十七〉，頁 3584。
24　見《漢書》，卷八十七，〈揚雄傳第五十七〉，頁 3585。

賈誼不左遷失志，則文彩不發。淮南不貴盛富饒，則不能廣聘駿士，使著文作書。太史公不典掌書記，則不能條悉古今。揚雄不貧，則不能作《法言》。[25]

〈正經〉篇云：

衆儒覯《春秋》之記錄，政之得失，以立正義。以為聖人起，當復作《春秋》也。自通士若太史公亦以為然，余謂之否。夫聖賢所陳，（前聖後聖，未必相襲，）皆同取道德仁義，以為奇論異文，而俱善可觀。猶人食皆用魚肉菜茹，以為生熟異和，而復俱美也。[26]

〈閔友〉篇云：

楊子雲才智開達，卓絕於衆，漢興巳來，未有此也。國師子駿曰：「何以言之？」荅曰：「通才著書以百數，唯《太史公》為廣大，餘皆叢殘小論，不能比之子雲所造《法言》、《太玄》也」。[27]

〈離事〉篇云：

太史〈三代世表〉，旁行邪上，並效周譜。[28]

---

[25]　（唐）馬總編，《意林》（台北：藝文印書館據清乾隆敕刻武英殿聚珍本影印，1969），卷三引。

[26]　見《太平御覽》，卷六百八引。然《御覽》此前有「杜子新語曰」五字，不作桓譚《新論》之文，但嚴可均《全上古三代秦漢六朝文》卻輯此於《新論・正經》之中，且多「前聖後聖，未必相襲」八字，今姑存。

[27]　見《太平御覽》，卷六百二引。

[28]　見《梁書・文學列傳》引劉杳言。（隋）姚察、（唐）魏徵、姚思廉同撰，《新

〈離事〉篇又云：

> 太史公造書，書成示東方朔，朔為平定，因署其下。太史公
> 者，皆朔所加之者也。[29]

　　綜合以上幾段引文，桓譚對《太史公》重黃老似有微辭，但評價仍屬正面。認為其人乃「條悉古今」之「通士」，其書則廣大，於漢代僅次於《法言》和《太玄》。個別來說，桓譚亦誤以〈論六家要旨〉為太史公之見，此似為漢人通說。而〈離事〉篇兩處，則不涉義理，分別針對〈三代世表〉和「太史公」之署名加以考察。

　　相對於揚雄得以博覽《太史公》官私二本的條件，桓譚則無此幸。據《後漢書‧桓譚馮衍列傳》來看，桓譚歷經四次改朝換代（西漢、新、更始、東漢），皆不受人主重用，似未有觀書中祕之機會。而《漢書‧敘傳》在「父黨揚子雲以下莫不造門」一句後，即言：

> （班）嗣雖修儒學，然貴老嚴之術。桓生欲借其書，嗣報曰：
> 「……今吾子已貫仁誼之羈絆，繫名聲之韁鎖，伏周、孔之
> 軌躅，馳顏、閔之極摯，既繫攣於世教矣，何用大道為自眩
> 曜？昔有學步於邯鄲者。曾未得其髣髴，又復失其故步，遂
> 匍匐而歸耳！恐似此類，故不進。」嗣之行己持論如此。[30]

桓譚欲借班氏藏書觀之，而班嗣不但斷然拒絕，還修書一封譏之以

　　校本梁書附索引》（台北：鼎文書局影本，1999），卷五十，〈文學列傳第四十四〉。

[29] 今本《史記‧孝武本紀》索隱引。見《史記》，卷十二，〈孝武本紀第十二〉，頁461。

[30] 見《漢書》，卷一百上，〈敘傳第七十上〉，頁4205。

「邯鄲學步」。可見《後漢書‧桓譚馮衍列傳》言其為人「憙非毀俗儒，由是多見排抵」，並非虛言。所以桓譚於《太史公》一書，既沒看過西漢中秘本，也沒看到班氏家藏本，所見乃民間傳抄散篇可知。故時有離奇之論，如言「太史公」之署名皆東方朔所加，顯為不合理。即因民間傳抄本不全，又以訛傳訛所致。

六、范升

東漢開國後，評論《太史公》者則有光武時博士范升。光武初年欲立《左氏》博士，范升爭之以為不可，據《後漢書‧鄭范陳賈張列傳》言：

> 時難者以《太史公》多引《左氏》，升又上《太史公》違戾五經，謬孔子言，及《左氏春秋》不可錄三十一事。[31]

因此范升也認為《太史公》「違戾五經，謬孔子言」，這與揚雄所謂「不與聖人同，是非頗謬於經」的看法是一致的。范文今已不可見，但由當時的《左氏》學者陳元的辯駁，可看出范升攻擊《太史公》之處，據《後漢書‧鄭范陳賈張列傳》言：

> 臣元竊見博士范升等所議奏《左氏春秋》不可立，及《太史公》違戾凡四十五事。案升為所言，前後相違，皆斷涑小文，媟黷微辭，以年數小差，掇為巨謬，遺脫纖微，指為大尤，抉瑕擿釁，掩其弘美，所謂「小辯破言，小言破道」者也。[32]

---

[31]　見《後漢書》，卷三十六，〈鄭范陳賈張列傳第二十六〉，頁1229。

[32]　見《後漢書》，卷三十六，〈鄭范陳賈張列傳第二十六〉，頁1231。

也就是在陳元來看，范升所指摘《太史公》者，皆是微辭年數失當之處，並非大義有虧。當然，這也不排除雙方都是一面之辭的可能，然可見此時《太史公》「謬於經」的印象，已深入部分學者心中。

七、班彪

再來是班彪，班彪對《太史公》的評論，集中在他所作的〈略論〉一文中。據《後漢書‧班彪列傳》云：

> 其〈略論〉曰：
>
> 唐虞三代，詩書所及，世有史官，以司典籍。暨於諸侯，國自有史，故《孟子》曰「楚之《檮杌》，晉之《乘》，魯之《春秋》，其事一也」。定哀之閒，魯君子左丘明論集其文，作《左氏傳》三十篇，又撰異同，號曰《國語》二十一篇，由是《乘》、《檮杌》之事遂闇，而《左氏》、《國語》獨章。又有記錄黃帝以來至春秋時帝王公侯卿大夫，號曰《世本》一十五篇。春秋之後，七國並爭，秦并諸侯，則有《戰國策》三十三篇。漢興定天下，太中大夫陸賈記錄時功，作《楚漢春秋》九篇。孝武之世，太史令司馬遷採《左氏》、《國語》，刪《世本》、《戰國策》，據楚、漢列國時事，上自黃帝，下訖獲麟，作本紀、世家、列傳、書、表凡百三十篇，而十篇缺焉。
>
> 遷之所記，從漢元至武以絕，則其功也。至於採經摭傳，分散百家之事，甚多疏略，不如其本，務欲以多聞廣載為功，論議淺而不篤。其論術學，則崇黃老而薄五經；序貨殖，則輕仁義而羞貧窮；道游俠，則賤守節而貴俗功：此其大敝傷

道，所以遇極刑之咎也。然善述序事理，辯而不華，質而不野，文質相稱，蓋良史之才也。誠令遷依五經之法言，同聖人之是非，意亦庶幾矣。

夫百家之書，猶可法也。若《左氏》、《國語》、《世本》、《戰國策》、《楚漢春秋》、《太史公》書，今之所以知古，後之所由觀前，聖人之耳目也。司馬遷序帝王則曰本紀，公侯傳國則曰世家，卿士特起則曰列傳。又進項羽、陳涉而黜淮南、衡山，細意委曲，條列不經。若遷之著作，採獲古今，貫穿經傳，至廣博也。一人之精，文重思煩，故其書刊落不盡，尚有盈辭，多不齊一。若序司馬相如，舉郡縣，著其字，至蕭、曹、陳平之屬，及董仲舒並時之人，不記其字，或縣而不郡者，蓋不暇也。今此後篇，慎覈其事，整齊其文，不為世家，唯紀、傳而已。傳曰：「殺史見極，平易正直，春秋之義也」。[33]

這是兩漢之際，對《太史公》一書最為全面的評價和分析，茲分述如下：

（1）　〈略論〉全文共分兩部分，自「而十篇缺焉」以上，乃言《太史公》書之由來與取材；自「遷之所記」以下，則言《太史公》一書之功過。

（2）　班彪論《太史公》之功有三，皆集中在《太史公》之「事」與「文」上：

---

[33]　見《後漢書》，卷四十上，〈班彪列傳第三十上〉，頁 1324。

1. 班彪首先提出在《左氏》、《國語》、《世本》、《戰國策》、《楚漢春秋》的脈絡中,《太史公》之功在於記載西漢前期史事。這可以說是第一位從史學史觀點,來評論《太史公》貢獻的學者。因其記載「漢元至武」史事之功,班彪給予「聖人之耳目」的評價,而這明顯是繼承揚雄「聖人將有取焉」的看法。

2. 其次,班彪言其「善述序事理」、「文質相稱」,並給予「良史之才」的肯定,這是延續了劉向、揚雄「實錄」的評價而來。

3. 最後,班彪稱贊「遷之著作,採獲古今,貫穿經傳,至廣博也」,這基本也是沿襲了桓譚稱贊史公乃是「條列古今」之「通人」的評價。

(3) 而班彪論《太史公》之過,則包含「義」、「事」、「文」三部分,亦多繼承揚雄之觀點:

1. 班彪言「至於採經摭傳,分散百家之事,甚多疏略,不如其本」,是批評《太史公》將經傳百家完整之內容,依百三十篇加以分散重組,這種作法頗多疏略,還不如原來之內容。班彪還替史公找出原因,言「疏略」之病,皆因其「務欲以多聞廣載為功,論議淺而不篤」之故。這等於是責備史公未明經傳之義,僅是力求多聞而已,而此亦沿襲揚雄「以多知為雜」之批評。

2. 班彪最著名的評論,就是以下三句:

> 其論術學，則崇黃老而薄五經；序貨殖，則輕仁義而羞
> 貧窮；道游俠，則賤守節而貴俗功。

而這三句對《太史公》所述黃老、貨殖、游俠之義的貶斥，皆承揚雄所見而來，前已述之。但班彪之特別處，在於首先提出史公所以高下錯謬的原因，「此其大敝傷道，所以遇極刑之咎也」。這和後來明帝的看法相仿，明帝詔中認為史公「以身陷刑」，故其書「貶損當世」。第一位將史公個人的不幸，與《太史公》書之「義」加以聯結者，正是班彪。

3. 班彪言「誠令遷依五經之法言，同聖人之是非，意亦庶幾矣」，言若婉惜，實則同揚雄〈自序〉所言「不與聖人同，是非頗謬於經」之指責也。

4. 最後，班彪提出《太史公》在本紀、世家、列傳上，皆有體例不夠整齊畫一之缺失。認為其書「刊落不盡，尚有盈辭，多不齊一」，這都是因為「文重思煩」、「蓋不暇也」的原故。這也是兩漢之際，第一位針對此點提出指責者。

由以上三點可知，班彪之觀點大多繼承劉向、揚雄而來，此可能與揚雄與班氏之交往密切有關。其獨特之見解則有三點：一是肯定《太史公》在史學上之貢獻，二是首先將史公個人際遇與其書之「義」作一聯想，三是認為《太史公》有體例不齊之缺失。

八、明帝、班固

在第四時期，主要對《太史公》提出評價者有二：明帝與班固。這二人的評價，基本上決定了《漢書》的性質，因此不可不重視。然明帝所言，已於上章討論，茲不在此贅述，以下僅討論班固。

班固對《太史公》的評價，主要集中在《漢書·司馬遷傳》贊語及《漢書·敘傳》之中。如《漢書·司馬遷傳》言：

> 贊曰：自古書契之作而有史官，其載籍博矣。至孔氏纂之，上（繼）〔斷〕唐堯，下訖秦繆。唐虞以前雖有遺文，其語不經，故言黃帝、顓頊之事未可明也。及孔子因魯史記而作《春秋》，而左丘明論輯其本事以為之傳，又纂異同為《國語》。又有《世本》，錄黃帝以來至春秋時帝王公侯卿大夫祖世所出。春秋之後，七國並爭，秦兼諸侯，有《戰國策》。漢興伐秦定天下，有《楚漢春秋》。故司馬遷據《左氏》、《國語》，采《世本》、《戰國策》，述《楚漢春秋》，接其後事，訖于（大）〔天〕漢。其言秦漢，詳矣。至於采經摭傳，分散數家之事，甚多疏略，或有牴牾。亦其涉獵者廣博，貫穿經傳，馳騁古今，上下數千載間，斯以勤矣。又其是非頗繆於聖人，論大道則先黃老而後六經，序遊俠則退處士而進姦雄，述貨殖則崇勢利而羞賤貧，此其所蔽也。然自劉向、揚雄博極羣書，皆稱遷有良史之材，服其善序事理，辨而不華，質而不俚，其文直，其事核，不虛美，不隱惡，故謂之實錄。烏呼！以遷之博物洽聞，而不能以知自全，既陷極刑，幽而發憤，書亦信矣。墮其所以自傷悼，小雅巷伯

之倫。夫唯大雅「既明且哲，能保其身」，難矣哉！[34]

《漢書‧敘傳》言：

> 固以為唐虞三代，《詩》、《書》所及，世有典籍，故雖堯舜之盛，必有〈典〉、〈謨〉之篇，然後揚名於後世，冠德於百王，故曰「巍巍乎其有成功，煥乎其有文章也！」漢紹堯運，以建帝業，至於六世，史臣乃追述功德，私作本紀，編於百王之末，廁於秦、項之列。太初以後，闕而不錄，故探纂前記，綴輯所聞，以述漢書，起元高祖，終于孝平王莽之誅，十有二世，二百三十年，綜其行事，旁貫五經，上下洽通，為春秋，考紀、表、志、傳，凡百篇。[35]

茲分析如下：

（1） 《漢書‧司馬遷傳》贊語，內容大多沿襲班彪〈略論〉而來。自「其言秦漢，詳矣」以上，乃言《太史公》一書之由來與取材；自「至於采經摭傳」以下，則言《太史公》之功過。而在第一部份，班固則較班彪更為詳細的介紹了《左氏》、《國語》、《世本》、《戰國策》、《楚漢春秋》的貢獻。

（2） 相較於班彪，班固論《太史公》之功則多淡化處理，如：

　　1. 班彪言「遷之所記，從漢元至武以絕，則其功也」，班固只在敘述《左氏》、《國語》、《世本》、《戰國策》、

---

[34] 見《漢書》，卷六十二，〈司馬遷傳第三十二〉，頁 2737。

[35] 見《漢書》，卷一百下，〈敘傳第七十下〉，頁 4236。

《楚漢春秋》的貢獻後，說《太史公》「其言秦漢，詳矣」，而未肯定為功，等於是淡化《太史公》在史學上的價值。

2. 班固引劉向、揚雄之言，肯定《太史公》「良史之材」及「實錄」的評價，但未提及班彪也有類似評價。

3. 班固亦稱《太史公》之廣博，但只肯定其「斯以勤矣」而已。

（3）　而班固論《太史公》之過，則繼承班彪之觀點而更加貶抑：

1. 班彪言《太史公》「至於採經摭傳，分散百家之事，甚多疏略，不如其本」，班固則改「百家」為「數家」，在「甚多疏略」之後，又增「或有抵梧」。

2. 班彪論《太史公》黃老、貨殖、游俠三句，班固皆予更改。他開宗明義重提「是非頗繆於聖人」的論點，然後改「論術學則崇黃老而薄五經」為「論大道則先黃老而後六經」，改「序貨殖則輕仁義而羞貧窮」為「述貨殖則崇勢利而羞賤貧」，改「道游俠則賤守節而貴俗功」為「序遊俠則退處士而進姦雄」。

蓋班彪不過責史公之「術學」，而班固提升至「大道」的高度。班彪不過對〈貨殖傳〉中仁義為輕的情況不滿，班固則直斥史公乃「崇勢利」之徒。班彪不過以為史公〈游俠傳〉太重俗功，而班固則認為〈游俠傳〉乃「進姦雄」之文。如果說班彪只是對《太史公》之價值輕重有所異議，班固則是根本懷疑史公的道德立場。

3. 而班固更進一步發揮班彪和明帝的論點，先說遷「不能以知自全」，所以才「既陷極刑」；然後因「既陷極刑」，所以才「墮其所以自傷悼」，故其書不過「小雅巷伯之倫」。因此依班固所言，《太史公》之不幸皆由自取，又因己之不幸而「貶損當世」，是故過在史公而不在漢家。最後班固再總結以大雅明哲保身之義，以呼應其前「是非頗繆於聖人」之前提，因果環環相扣，更坐實《太史公》「謬於經」之過錯。經班固如此曲解之後，《太史公》遂成怨辭謗書，其「論治」的大義要旨則湮沒不彰。

（4）　此外最值得注意之處，在於班固首先純以政治立場非貶《太史公》。他抨擊《太史公》將漢諸帝本紀「編於百王之末，廁於秦、項之列」，這是一種錯誤。此前抨擊《太史公》諸家從未言此，因從史學立場來看，依時間先後編列本為自然之理，何必質疑。而班固卻認為這樣的編排順序，是未能尊顯漢室的作法。

故班固對《太史公》之評論，基本皆承班彪而來，但更貶史公之功，而加史公之過，又以曲辭誣之，坐實《太史公》謬於聖人之過錯。更重要的是，他是第一位以政治立場，攻擊《太史公》之篇章次序不尊漢室者，這和明帝對他的期望當有密不可分的關係。

　　綜合以上所述，在《太史公》流傳的第一時期，因傳播不廣，引述評論者僅見桑弘羊。弘羊曲解史公之言，以證成其說，《太史公》「序貨殖，則輕仁義而羞貧窮」之傳聞於是流布，遂成士人先入為主之見。

　　至第二時期，所見評論者有褚少孫和劉向。此時雖有《太史公》「謬於經」之疑惑，然亦認可其爲「實錄」，可以說日後對《太史公》主要否定和肯定之處，皆起源於此時期。

　　至第三時期，《太史公》傳播已廣，主要評論者有揚雄、桓譚、范升、班彪等。此四人中，以揚雄最爲重要，因其有遍覽《太史公》官私兩本之優越條件，於是對《太史公》之「事」、「文」、「義」三者皆加評論。其上承劉向「實錄」之見，對《太史公》之「事」與「文」予以肯定；下啓班彪、班固之思，貶《太史公》之「義」不合五經，謂之爲「雜」。桓譚則對《太史公》重黃老似有微辭，但認爲史公乃「通士」；《太史公》則廣大，於漢代僅次於《法言》和《太玄》。范升身處今古文相爭之局，爲駁《左氏》學者引《太史公》爲證，遂以微過小謬貶抑《太史公》。班彪之觀點大多繼承劉向、揚雄而來，但提出獨特見解有三：一是肯定《太史公》在史學上之貢獻，二是首先將史公個人受刑與其書作意加以聯結，三是認爲《太史公》有體例不齊之缺失。故此時期，《太史公》之實錄、良史性質，已廣爲肯定；但「謬於經」之印象，則更被強化。

　　至第四時期，主要評論者有明帝與班固。明帝詔中，認爲史公非忠臣誼士，將《太史公》「微文刺譏，貶損當世」，歸因於「以身陷刑之故」，扭曲史公著作動機爲個人私怨。班固則一方面繼班彪之評論，一方面承明帝之詔旨，兩者相合，以曲辭誣其過。《太史公》之評價由第一至第四時期，隨著政治和儒學勢力的日益強化，可謂每況愈下，至班固而見谷底。然在西漢時期，批評《太史公》者多從學術立場出發，認爲《太史公》之「義」與聖人不合；至東漢班固，則始見由政治立場出發，抨擊《太史公》之篇章次序不尊

漢室。

　　史公師承今文董子之學，故「義取《公羊》」；《太史公》因其廣大，多用古文史料，故「事採《左氏》」。然今文學者之范升，因《太史公》採古文「事」而斥之；而偏於古文《左氏》一脈之班固，則對《太史公》之今文「義」口誅筆伐。本兼二家之長的《太史公》，至東漢遂爲今、古文兩派學者所同聲攻擊，實令人不禁長嘆。

第二節　兩漢之際諸子對《史記》的撰續

　　除了評價之外，兩漢之際諸子也對《史記》一書進行撰續工作。前面已針對諸撰續者進行考證，本節則將收集可能爲諸子續《史記》之相關具體內容，以爲日後進行深入研究之基礎。

　　由於今日所見史料的限制，諸子續《史記》之具體內容可考見者，只有楊惲、褚少孫、劉向、揚雄、班彪五家。其中楊惲、褚少孫已於第三、四兩章討論，茲不贅述。劉向、揚雄所續《太史公》書，皆已不傳。班彪所續《太史公》書內容，則已爲《漢書》所用，難與班固所作之內容區分。

　　本節所用方法，乃是收集劉向、揚雄著作中所錄漢代史事，去除明顯引自《太史公》書者，其餘即可能是其續《太史公》書之內容；至於班彪，則採其〈略論〉及《漢書》中所見名爲班彪所作處，作一討論。而班固《漢書》，乃另開新局，不視爲續《太史公》書之一。

一、劉向

劉向著作記載漢代史事者,有《新序》、[36]《說苑》[37]二書。其中明顯非出於《太史公》書者,共計七事,茲分述如下:

(一)《新序‧善謀》所述「孝武皇帝時大行王恢」事

孝武皇帝時,大行王恢數言擊匈奴之便,可以除邊境之害。欲絕和親之約,御史大夫韓安國以為兵不可動。孝武皇帝召群臣而問曰:「朕飾子女以配單于,幣帛文錦,賂之甚厚,今單于逆命加慢,侵盜無已,邊境數驚,朕甚閔之,今欲舉兵以攻匈奴,如何?」大行臣恢再拜稽首曰:「善。陛下不言,臣固謁之。臣聞全代之時,北未嘗不有彊胡之故,內連中國之兵也,然尚得養老長幼,樹種以時,倉廩常實,守禦之備具,匈奴不敢輕侵也。今以陛下之威,海內為一家,天子同任,遣子弟乘邊守塞,轉粟輓輸,以為之備,而匈奴侵盜不休者,無他,不痛之患也。臣以為擊之便。」

御史大夫臣安國稽首再拜曰:「不然。臣聞高皇帝嘗圍於平城,匈奴至而投鞍高於城者數所。平城之危,七日不食,天下歡之。及解圍反位,無忿怨之色,雖得天下,而不報平城之怨者,非以力不能也。夫聖人以天下為度者也,不以己之私怨,傷天下之公義,故遣嬌敬結為私親,至今為五世利。

36　以下未特別註明者,皆用此本。

37　(漢)劉向,《說苑》(台北:臺灣商務印書館縮印宋刊本,1965)。以下未特別註明者,皆用此本。

孝文皇帝嘗一屯天下之精兵於常谿廣武，無尺寸之功。天下黔首，約要之民，無不憂者，孝文皇帝悟兵之不可宿也，乃為和親之約，至今為後世利。臣以為兩主之跡，足以為效，臣故曰勿擊便。」

大行曰：「不然。夫明於形者，分則不過於事；察於動者，用則不失於利；審於靜者，恬則免於患。高帝被堅執銳，以除天下之害，蒙矢石，沾風雨，行幾十年，伏尸滿澤，積首若山，死者什七，存者什三，行者垂泣而俔於兵。夫以天下末力，厭事之民，而蒙匈奴飽佚，其勢不便。故結和親之約者，所以休天下之民。高皇帝明於形而以分事，通於動靜之時。蓋五帝不相同樂，三王不相襲禮者，非政相反也，各因世之宜也。教與時變，備與敵化，守一而不易，不足以子民。今匈奴縱意日久矣，侵盜無已，係虜人民，戍卒死傷，中國道路，槥車相望，此仁人之所哀也。臣故曰擊之便。」

御史大夫曰：「不然，臣聞之，利不什不易業，功不百不變常，是故古之人君，謀事必就聖，發政必擇語，重作事也。自三代之盛，遠方夷狄，不與正朔服色，非威不能制，非強不能服也，以為遠方絕域，不牧之民，不足以煩中國也。且匈奴者，輕疾悍前之兵也，畜牧為業，弧弓射獵，逐獸隨草，居處無常，難得而制也。至不及圖，去不可追；來若風雨，解若收電，今使邊郡久廢耕織之業，以支匈奴常事，其勢不權。臣故曰勿擊為便。」

大行曰：「不然。夫神蛟濟於淵，而鳳鳥乘於風，聖人因於時。昔者，秦繆公都雍郊，地方三百里，知時之變，攻取西

戎，辟地千里，并國十二，隴西北地是也。其後蒙恬為秦侵胡，以河為境，累石為城，積木為塞，匈奴不敢飲馬北河，置烽燧然後敢牧馬。夫匈奴可以力服也，不可以仁畜也。今以中國之大，萬倍之資，遣百分之一以攻匈奴，譬如以千石之弩，射幘潰疽，必不留行矣。則北發月氏，可得而臣也。臣故曰擊之便。」

御史大夫曰：「不然。臣聞善戰者，以飽待飢，安行定舍，以待其勞，整治施德，以待其亂，接兵奮眾，深入伐國墮城，故常坐而役敵國，此聖人之兵也。夫衝風之衰也，不能起毛羽；強弩之末力，不能入魯縞。盛之有衰也，猶朝之必暮也，今卷甲而輕舉，深入而長驅，難以為功。夫橫行則中絕，從行則迫脅；徐則後利，疾則糧乏，不至千里，人馬絕飢，勞以遇敵，正遺人獲也。意者有他詭妙，可以擒之，則臣不知，不然未見深入之利也。臣故曰勿擊之便。」

大行曰：「不然。夫草木之中霜霧，不可以風過；清水明鏡，不可以形遯也；通方之人，不可以文亂。今臣言擊之者，故非發而深入也，將順因單于之欲，誘而致之邊，吾伏輕卒銳士以待之，險鞍險阻以備之。吾勢以成，或當其左，或當其右；或當其前，或當其後，單于可擒，百必全取。臣以為擊之便。」

於是遂從大行之言。孝武皇帝自將師伏兵於馬邑，誘致單于。單于既入塞，道覺之，奔走而去。其後交兵接刃，結怨連禍，相攻擊十年，兵凋民勞，百姓空虛，道殣相望，檻車相屬，寇盜滿山，天下搖動。孝武皇帝後悔之。御史大夫桑弘羊請

佃輪台。詔卻曰:「當今之務,務在禁苛暴,止擅賦。今乃遠西佃,非能以慰民也。朕不忍聞。」封丞相號曰富民侯,遂不復言兵事。國家以寧,繼嗣以定,從韓安國之本謀也。

(二)《新序·節士》所述「孝武皇帝時蘇武」事

蘇武者,故右將軍平陵侯蘇建子也。孝武皇帝時,以武為栘中監使匈奴,是時匈奴使者數降漢,故匈奴亦欲降武以取當。單于使貴人故漢人衛律說武,武不從,乃設以貴爵,重祿尊位,終不聽,於是律絕不與飲食,武數日不降。又當盛暑,以旃厚衣并束之日暴,武心意愈堅,終不屈撓。稱曰:「臣事君,由子事父也。子為父死無所恨,守節不移,雖有鈇鉞湯鑊之誅而不懼也,尊官顯位而不榮也。」匈奴亦由此重之。武留十餘歲,竟不降下,可謂守節臣矣。詩云:「我心匪石,不可轉也;我心匪席,不可卷也。」蘇武之謂也。匈奴紿言武死,其後漢聞武在,使使者求武,匈奴欲慕義歸武,漢尊武為典屬國,顯異於他臣也。

(三)《說苑·貴德》所述「孝宣皇帝時路溫舒」事

孝宣皇帝初即位,守廷尉吏路溫舒上書,言尚德緩刑,其詞曰:「陛下初即至尊,與天合符,宜改前世之失,正始受之統,滌煩文,除民疾,存亡繼絕,以應天德,天下幸甚。臣聞往者秦有十失,其一尚存,治獄吏是也;昔秦之時,滅文學,好武勇,賤仁義之士,貴治獄之吏,正言謂之誹謗,謁過謂之妖言,故盛服先生,不用於世,忠良切言,皆鬱於胸,譽諛之聲,日滿於耳,虛美薰心,實禍蔽塞,此乃秦之所以

亡天下也。方今海內賴陛下厚恩，無金革之危，饑寒之患，父子夫婦戮力安家，天下幸甚；然太平之未洽者，獄亂之也。夫獄天下之命，死者不可生，斷者不可屬，書曰：『與其殺不辜，寧失不經。』今治獄吏則不然，上下相驅，以刻為明，深者獲公名，平者多後患；故治獄吏皆欲人死，非憎人也，自安之道，在人之死，是以死人之血，流離於市；被刑之徒，比肩而立，大辟之計，歲以萬數，此聖人所以傷太平之未洽。凡以是也。人情安則樂生，痛則思死，捶楚之下，何求而不得；故囚人不勝痛，則飾誣詞以示之，吏治者利其然，則指道以明之，上奏恐卻，則鍛煉而周內之，蓋奏當之成，雖皋陶聽之，猶以為死有餘罪，何則？成鍊之者眾而文致之罪明也。是以獄吏專為深刻，殘賊而無理，偷為一切，不顧國患，此世之大賊也，故俗語云：『畫地作獄，議不可入；刻本為吏，期不可對。』此皆疾吏之風，悲痛之辭也。故天下之患，莫深於獄，敗法亂政，離親塞道，莫甚乎治獄之吏，此臣所謂一尚存也。臣聞鳥鷇之卵不毀，而後鳳凰集；誹謗之罪不誅，而後良言進，故傳曰：『山藪藏矣，川澤納污。』國君含垢，天之道也。臣昧死上聞，願陛下察誹謗，聽切言，開天下之口，廣箴諫之路，改亡秦之一失，遵文武之嘉德，省法制，寬刑罰，以廢煩獄；則太平之風可與於世，福履和樂，與天地無極，天下幸甚。」書奏，皇帝善之，後卒於臨淮太守。

（四）《說苑・貴德》所述「孝武皇帝時得寶鼎」事

孝武皇帝時，汾陰得寶鼎而獻之於甘泉宮，群臣賀，上壽曰：「陛下得周鼎。」侍中虞丘壽王獨曰：「非周鼎。」上聞之，

召而問曰：「朕得周鼎，群臣皆以為周鼎而壽王獨以為非，何也？壽王有說則生，無說則死。」對曰：「臣壽王安敢無說？臣聞夫周德始產于后稷，長於公劉，大於大王，成於文武，顯於周公，德澤上洞，天下漏泉，無所不通，上天報應，鼎為周出，故名周鼎。今漢自高祖繼周，亦昭德顯行，布恩施惠，六合和同，至陛下之身愈盛，天瑞並至，徵祥畢見。昔始皇帝親出鼎於彭城而不能得。天昭有德，寶鼎自至，此天之所以予漢，乃漢鼎，非周鼎也！」上曰：「善！」群臣皆稱：「萬歲！」是日賜虞丘壽王黃金十斤。

（五）《說苑·權謀》所述「孝宣皇帝時霍氏奢靡」事

孝宣皇帝之時，霍氏奢靡，茂陵徐先生曰：「霍氏必亡。夫在人之右而奢，亡之道也。孔子曰：『奢則不遜。』夫不遜者必侮上，侮上者，逆之道也。出人之右，人必害之。今霍氏秉權，天下之人疾害之者多矣。夫天下害之而又以逆道行之，不亡何待？」乃上書言霍氏奢靡，陛下即愛之，宜以時抑制，無使至於亡。書三上，輒報：「聞。」其後霍氏果滅。董忠等以其功封。人有為徐先生上書者，曰：「臣聞客有過主人者，見灶直突，傍有積薪。客謂主人曰：『曲其突，遠其積薪，不者將有火患。』主人默然不應，居無幾何，家果失火。鄉聚里中人哀而救之，火幸息。於是殺牛置酒，燔髮灼爛者在上行，餘各用功次坐，而反不錄言曲突者。向使主人聽客之言，不費牛酒，終無火患。今茂陵徐福數上書言霍氏且有變，宜防絕之。向使福說得行，則無裂地出爵之費，而國安平自如。今往事既已，而福獨不得與其功，惟陛下察

客徙薪曲突之策，而使居燔髮灼爛之右。」書奏，上使人賜徐福帛十匹，拜為郎。

（六）《說苑・指武》所述「孝昭皇帝時北軍監御史為姦」事

孝昭皇帝時，北軍監御史為姦，穿北門垣以為賈區。胡建守北軍尉，貧無車馬，常步，與走卒起居，所以慰愛走卒甚厚。建欲誅監御史，乃約其走卒曰：「我欲與公有所誅，吾言取之則取之；斬之則斬之。」於是當選士馬日，護軍諸校列坐堂皇上，監御史亦坐。建從走卒趨至堂下拜謁，因上堂，走卒皆上，建跪指監御史曰：「取彼。」走卒前拽下堂。建曰：「斬之。」遂斬監御史，護軍及諸校皆愕驚，不知所以。建亦已有成奏在其懷。遂上奏以聞，曰：「臣聞軍法立武以威眾，誅惡以禁邪。今北軍監御史公穿軍垣以求賈利，買賣以與士市，不立剛武之心，勇猛之意，以率先士大夫，尤失理不公。臣聞黃帝理法曰：『壘壁已具，行不由路，謂之姦人，姦人者殺。』臣謹以斬之，昧死以聞。」制曰：「司馬法曰：『國容不入軍，軍容不入國也。』建有何疑焉？」建由是名興，後至渭城令，死。至今渭城有其祠也。

（七）《說苑・反質》所述孝武皇帝時「楊王孫欲裸葬」事

楊王孫病且死，令其子曰：「吾死欲裸葬，以返吾真，必無易吾意。」祁侯聞之，往諫曰：「竊聞王孫令葬必裸而入地，必若所聞，愚以為不可。令死人無知則已矣，若死有知也，是戮尸於地下也，將何以見先人？愚以為不可！」王孫曰：「吾將以矯世也。夫厚葬誠無益於死者，而世以相高，靡財

殫幣而腐之於地下，或乃今日入而明日出，此真與暴骸於中
野何異？且夫死者終生之化，而物之歸者；歸者得至，而化
者得變，是物各返其真。其真冥冥，視之無形，聽之無聲，
乃合道之情。夫飾外以誇眾，厚葬以矯真，使歸者不得至，
化者不得變，是使物各失其然也。且吾聞之，精神者，天之
有也，形骸者，地之有也；精神離形而各歸其真，故謂之鬼。
鬼之為言歸也，其尸塊然獨處，豈有知哉？厚裹之以幣帛，
多送之以財寶，以奪生者財用。古聖人緣人情，不忍其親，
故為之制禮；今則越之，吾是以欲裸葬以矯之也。昔堯之葬
者，空木為櫝，葛藟為緘；其穿地也，下不亂泉，上不泄臭。
故聖人生易尚，死易葬，不加於無用，不損於無益，謂今費
財而厚葬，死者不知，生者不得用，謬哉！可謂重惑矣。」
祁侯曰：「善。」遂裸葬也。

　　此七事皆為《漢書》所採用，可知班固作《漢書》，實吸收了
大量前人續《太史公》書的材料。

二、揚雄

　　其次為揚雄，其著作記載漢代人物者集中於《法言》一書中〈重
黎〉、〈淵騫〉兩篇，其中記武帝之後人物者，共二十位二十二事。
茲分述如下：

（一）《法言・重黎》所述霍光一位

　　「霍？」曰：「始元之初，擁少帝之微，摧燕、上官之鋒，
　　處廢興之分，堂堂乎忠，難矣哉！至顯，不終矣。」

（二）《法言・重黎》所述韋玄成一位

或問「賢」。曰：「為人所不能。」「請人」。曰：「顏淵、黔婁、四皓、韋玄。」

（三）《法言・重黎》所述金日磾、張安世、丙吉、田廣明、韓延壽、趙廣漢六位

或問「臣自得」。曰：「石太僕之對，金將軍之謹，張衛將軍之慎，丙大夫之不伐善。」請問「臣自失」。曰：「李貳師之執貳，田祁連之濫帥，韓馮翊之愬蕭，趙京兆之犯魏。」

（四）《法言・重黎》所述揚王孫（即楊王孫）一位

揚王孫裸葬以矯世。曰：「矯世以禮，裸乎？如矯世，則葛溝尚矣。」

（五）《法言・重黎》所述太史遷一位

「太史遷？」。曰：「實錄。」

（六）《法言・淵騫》所述夏侯勝、京房兩位

「菑異？」，「董相、夏侯勝、京房」。

（七）《法言・淵騫》所述霍光一位

若張子房之智，陳平之無悟，絳侯勃之果，霍將軍之勇，終之以禮樂，則可謂社稷之臣矣。

（八）《法言‧淵騫》所述雋不疑、尹翁歸、王尊三位

或問「近世名卿」。曰：「若張廷尉之平，雋京兆之見，尹扶風之絜，王子貢之介，斯近世名卿矣。」

（九）《法言‧淵騫》所述霍光一位

「將？」，曰：「若條侯之守，長平、冠軍之征伐，博陸之持重，可謂近世名將矣。」

（十）《法言‧淵騫》所述蘇武一位

張騫、蘇武之奉使也，執節沒身，不屈王命，雖古之膚使，其猶劣諸！

（十一）《法言‧淵騫》所述東方朔一位

世稱東方生之盛也，言不純師，行不純表，其流風遺書，蔑如也。或曰：「隱者也。」曰：「昔之隱者，吾聞其語矣，又聞其行矣。」或曰：「隱道多端。」曰：「固也！聖言聖行，不逢其時，聖人隱也。賢言賢行，不逢其時，賢者隱也。談言談行，而不逢其時，談者隱也。昔者箕子之漆其身也，狂接輿之被其髮也，欲去而恐罹害者也。箕子之洪範，接輿之歌鳳也哉！」或問：「東方生名過實者，何也？」曰：「應諧、不窮、正諫、穢德，應諧似優，不窮似哲，正諫似直，穢德以隱。」請問「名」。曰：「詼達。」「惡比？」曰：「非夷尚容，依隱玩世，其滑稽之雄乎！」

（十二）《法言‧淵騫》所述李仲元、王吉、貢禹三位

> 或問：「子，蜀人也，請人。」曰：「有李仲元者，人也。」
> 「其為人也，奈何？」曰：「不屈其意，不累其身。」曰：
> 「是夷、惠之徒與？」曰：「不夷不惠，可否之間也。」「如
> 是，則奚名之不彰也？」曰：「無仲尼，則西山之餓夫與東
> 國之絀臣惡乎聞？」曰：「王陽、貢禹遇仲尼乎？」曰：「明
> 星皓皓，華藻之力也與？」曰：「若是，則奚為不自高？」
> 曰：「皓皓者，己也；引而高之者，天也。子欲自高邪？仲
> 元，世之師也。見其貌者，肅如也；聞其言者，愀如也；觀
> 其行者，穆如也。鄲聞以德詘人矣，未聞以德詘於人也。仲
> 元，畏人也。」

以上二十人，其中十九位《漢書》有傳，唯李仲元似不見載。

三、班彪

最後是班彪，其續《太史公》書，名爲《後傳》。今雖已不傳，
但由《後漢書‧班彪列傳》，記其著作《後傳》之動機曰：

> 彪既才高而好述作，遂專心史籍之閒。武帝時，司馬遷著史
> 記，自太初以後，闕而不錄，後好事者頗或綴集時事，然多
> 鄙俗，不足以踵繼其書。彪乃繼採前史遺事，傍貫異聞，作
> 《後傳》數十篇，因斟酌前史而譏正得失。[38]

---

[38] 見《後漢書》，卷四十上，〈班彪列傳第三十上〉，頁1324。

以此結合其〈略論〉所述，可推知班彪續《太史公》書之重點如下：

（一）既云「斟酌前史而譏正得失」，則班彪當不只續前人所未有，必亦改作《太史公》書或諸子續《太史公》書既有的內容。

（二）在「義」的改作上，班彪既斥《太史公》「論議淺而不篤。其論術學，則崇黃老而薄五經；序貨殖，則輕仁義而羞貧窮；道游俠，則賤守節而貴俗功」，則可知其《後傳》必「崇五經而薄黃老，重仁義而譽貧窮，貴守節而賤俗功」，方可符合其「依五經之法言，同聖人之是非」之標準。

（三）在「事」與「文」的改作上，班彪則欲「慎覈其事，整齊其文」：

（1）　其云「不為世家，唯紀、傳而已」，這等於是帝王尊榮的強化。這一點其後由《漢書》所繼承，自此世家一體便在中國正史中消失。

（2）　其斥史公「又進項羽、陳涉，而黜淮南、衡山」，則其《後傳》必貶項羽、陳涉為列傳，然因無世家，故淮南、衡山勢必仍為列傳。這一點也被《漢書》繼承，故《漢書》有〈陳勝項籍傳〉，又有〈淮南衡山濟北王傳〉。

（3）　其提出《太史公》有體例用辭不齊一之毛病，「若序司馬相如，舉郡縣，著其字，至蕭、曹、陳平之屬，及董仲舒並時之人，不記其字，或縣而不郡者，」。如《史記・蕭相國世家》記「蕭相國何者，沛豐人也」，《史記・曹相國世家》記「平陽侯曹參者，沛人也」，《史記・儒林列傳》記「董

仲舒，廣川人也」，三者皆有名而無字；《史記‧陳丞相世
家》記「陳丞相平者，陽武戶牖鄉人也」，不僅無字，且有
縣而無郡。如此看來，班彪之《後傳》體例用辭似必整齊畫
一，郡、縣、名、字齊備。[39]

由以上所述，可知班彪《後傳》之架構及想法，大體為《漢書》所
繼承。

而據前人研究，目前《漢書》中可以考見為班彪所撰者如下：

（一）《漢書‧元帝紀》贊語

贊曰：臣外祖兄弟為元帝侍中，語臣曰元帝多材藝，善史書。
鼓琴瑟，吹洞簫，自度曲，被歌聲，分刌節度，窮極幼眇。
少而好儒，及即位，徵用儒生，委之以政，貢、薛、韋、匡
迭為宰相。而上牽制文義，優游不斷，孝宣之業衰焉。然寬
弘盡下，出於恭儉，號令溫雅，有古之風烈。

（二）《漢書‧成帝紀》贊語

贊曰：臣之姑充後宮為婕妤，父子昆弟侍帷幄，數為臣言成
帝善修容儀，升車正立，不內顧，不疾言，不親指，臨朝淵
嘿，尊嚴若神，可謂穆穆天子之容者矣！博覽古今，容受直
辭。公卿稱職，奏議可述。遭世承平，上下和睦。然湛于酒

---

[39] 然細觀《漢書》之內容，則多未更正班彪所批評處。如《史記‧陳丞相世家》
言「陳丞相平者，陽武戶牖鄉人也」，《漢書》其傳亦作「陳平，陽武戶牖鄉
人也」，一樣是「縣而不郡」。又如《漢書‧董仲舒傳》，亦未記董仲舒之字。
不知是何原故？

色，趙氏亂內，外家擅朝，言之可為於邑。建始以來，王氏始執國命，哀、平短祚，莽遂纂位，蓋其威福所由來者漸矣！

（三）《漢書・韋賢傳》贊語

司徒掾班彪曰：漢承亡秦絕學之後，祖宗之制因時施宜。自元、成後學者（番）〔蕃〕滋，貢禹毀宗廟，匡衡改郊兆，何武定三公，後皆數復，故紛紛不定。何者？禮文缺微，古今異制，各為一家，未易可偏定也。考觀諸儒之議，劉歆博而篤矣。

（四）《漢書・翟方進傳》贊語

司徒掾班彪曰：「丞相方進以孤童攜老母，羈旅入京師，身為儒宗，致位宰相，盛矣。當莽之起，蓋乘天威，雖有賁育，奚益於敵？義不量力，懷忠憤發，以隕其宗，悲夫！」

（五）《漢書・元后傳》贊語

司徒掾班彪曰：三代以來，春秋所記，王公國君，與其失世，稀不以女寵。漢興，后妃之家呂、霍、上官，幾危國者數矣。及王莽之興，由孝元后歷漢四世為天下母，饗國六十餘載，賤弟世權，更持國柄，五將十侯，卒成新都。位號已移於天下，而元后卷卷猶握一璽，不欲以授莽，婦人之仁，悲夫！

此當皆班彪續《太史公》書原文，後為《漢書》所引用。其他為《漢書》所襲，而不標所出者，則無可考證。

綜合以上所述，兩漢之際續《太史公》書十八家中，其部分內

容尚可考見者僅楊惲、褚少孫、劉向、揚雄、班彪五家。而五家所記漢事，大多爲班固《漢書》所承襲。因此日後《漢書》之完成，可以說正是建立在兩漢之際續《太史公》書諸家的基礎之上。

由這個角度來看，范曄在《後漢書・班彪列傳》中，評論兩漢之際續《太史公》書諸家云：

> 後好事者頗或綴集時事，然多鄙俗，不足以踵繼其書。[40]

觀劉向、揚雄等，皆博學文雅之士，言之「鄙俗」，恐非允當之評價。相反的，鄭樵在《通志》總序批評班固：

> 全無學術，專事剽竊。……自高祖至武帝，凡六世之前，盡竊遷書，不以為慚。自昭帝至平帝，凡六世資於賈逵、劉歆，復不以為恥。[41]

鄭說雖失之過苛，但就《漢書》承襲前書的事實來講，亦非空穴來風。

第三節　史學新著作與《史記》

除了續《太史公》書外，此時期也因《太史公》的影響，出現了許多新的史學著作。如欲全面瞭解兩漢之際的史學與《太史公》的關係，這也是不得不加以討論的。

---

[40] 見《後漢書》，卷四十上，〈班彪列傳第三十上〉，頁1324。

[41] 見《通志・總序》（清乾隆十二年〔1747〕武英殿校刊本）。

　　史公撰述《太史公》一書，乃是「要寫當時所知的二千多年來人類活動的全史」。[42]故不得不有新的體例，來包容各方面的豐富史料。這套體例總稱之為「紀傳體」，分而言之則有本紀、表、書、世家、列傳五體。這五種體例，除了影響兩漢之際諸子的續《太史公》書外，也影響了在《漢書》出現以前的許多新史學著作。

　　首先是本紀體，東晉常璩在《華陽國志·序志》中，曾談到他所參考的前人文獻有：

> 司馬相如、嚴君平、楊子雲、陽成子玄、鄭伯邑、尹彭城、譙常侍、任給事等，各集傳記以作《本紀》，略舉其隅。其次聖、稱賢、仁人、志士，言為世範、行為表則者，名注史錄。[43]

常璩所提諸人，介於《史記》到《漢書》之間者有嚴遵、揚雄、陽成衡等人，而著作可考者僅揚雄一人，其有《蜀王本紀》，[44]足見常璩之言不虛。亦可知在當時，以「本紀」為史書之名，實已蔚成風尚。「本紀」之名雖不始於《太史公》書，然其間《太史公》書之傳播當有推動之功。

　　其次是表體，兩漢之際史學著作類此者，則有周長生之《洞歷》

---

[42]　此阮芝生語，見於〈論史記五體及「太史公曰」的述與作〉，《國立臺灣大學歷史學系學報》第 6 期（1979）。此文於史記五體及「太史公曰」有極完整精到之研究，故本節言五體之體例，多參考其成果。

[43]　（晉）常璩撰，任乃強校注，《華陽國志校補圖注》（上海：上海古籍出版社，1987），卷十二。

[44]　《史記·夏本紀》注引《正義》：「楊雄《蜀王本紀》云『禹本汶山郡廣柔縣人也，生於石紐』」。

一書。據《論衡‧超奇》言：

> 古昔之遠，四方辟匿，文墨之士，難得記錄，且近自以會稽
> 言之。周長生者，文士之雄也，在州，為刺史任安舉奏；在
> 郡，為太守孟觀上書，事解憂除，州郡無事，二將以全。……
> 長生之才，非徒銳於牒牘也，作《洞歷》十篇，上自黃帝，
> 下至漢朝，鋒芒毛髮之事，莫不紀載，與《太史公》表、紀
> 相似類也。上通下達，故曰《洞歷》。然則長生非徒文人，
> 所謂鴻儒者也。[45]

周長生之確實年代不可考，然《論衡‧案書》舉其為例，言「長生
之《洞歷》，劉子政、揚子雲不能過也」。蓋《論衡‧案書》，全
篇主旨在於論「今未必不如古」，可知周長生之年代，應在劉向、
揚雄之後，王充之前，為兩漢之際史家無疑。

　　《洞歷》一書已亡，內容則不可考。然據王充所言，其體「與
《太史公》表、紀相似類也」。而由其所記史事「上自黃帝，下至
漢朝」，歷二千年而僅十篇來推測，應是類於十表之體裁。王充見
此書而比之於《太史公》，故將之視為受《太史公》一書之影響而
作，應無大誤。

　　其次是書體，書體內容以敘政法制度之沿革大端為主。兩漢之
際與此題材相仿者，有《漢官解詁》、《漢舊儀》兩部，其輯佚可
見清代孫星衍《漢官六種》一書。[46]茲分述如下：

45　《論衡校釋》，卷十三，〈超奇第三十九〉。

46　（清）孫星衍輯，《漢官六種》（北京：中華書局，1990 點校本）。

（一）《漢官解詁》

　　此書原名《小學漢官篇》，《隋書・經籍志》記爲東漢建武中新汲令王隆撰，有東漢中後期人胡廣爲之注。書今已亡，然內容及注多見史注及類書稱引。

　　王隆於新莽時，與曾續《太史公》之史岑齊名。孫星衍〈敘錄〉言其書仿〈凡將〉、〈急就〉，多四字一句，故在小學中。《玉海》卷一百十九引胡廣注曰：

　　　　顧見新汲令王文山《小學漢官篇》，略道公卿內外之職，旁及四夷，博物條暢，多所發明，足以知舊制儀品。[47]

可推知此書應爲當時漢代官制之入門書籍。

（二）《漢舊儀》

　　此書又名《漢官舊儀》，今已亡。據《後漢書・儒林列傳》言光武時議郎衛宏，「作《漢舊儀》四篇，以載西京雜事」。[48]

　　《四庫全書總目提要》言此書於《永樂大典》中尚存二卷，[49]佚文亦多見史注及類書稱引。其內容述西京之舊事，典章儀式甚備。

　　以上二書，皆爲兩漢之際敘國家制度之書。而漢人此類著作之濫觴，當始見於《太史公》之書體。此外，如《漢官》一書，東漢

---

[47]　（宋）王應麟纂，《玉海》（南京：江蘇古籍據清光緒九年浙江書局刊本影印，1987）。

[48]　見《後漢書》，卷七十九下，〈儒林列傳第六十九上〉，頁 2575。

[49]　（清）永瑢、紀昀等撰，《四庫全書總目提要》（台北：臺灣商務印書館，1983 據清乾隆武英殿刊本及嘉慶後印本影印）。

末應劭曾為之注，今佚文見於晉代司馬彪《續漢書》之〈百官志〉與〈郡國志〉注中。考其內容，乃簡要記載官吏人數、品秩，及諸郡里程之書，與上述兩書性質相近。然因作者、年代皆不可考，《漢書‧藝文志》亦不載，只能暫存不論。

再來是世家體，世家體似本紀，而以記諸侯國史事為主。前述揚雄《蜀王本紀》，雖名為本紀，實即世家之體。

最後是列傳體，列傳體以記載人物生平事蹟為主。兩漢之際與此題材相似者，有《列女傳》、《哀牢傳》等，茲分述如下：

（一）《列女傳》

此書為漢劉向所撰，前已述之。《漢書‧楚元王傳》言：

> 向睹俗彌奢淫，而趙、衛之屬起微賤，踰禮制。向以為王教由內及外，自近者始。故採取詩書所載賢妃貞婦，興國顯家可法則，及孽嬖亂亡者，序次為《列女傳》，凡八篇，以戒天子。[50]

此書今尚存七篇，分為母儀傳、賢明傳、仁智傳、貞順傳、節義傳、辯通傳和孽嬖傳，記漢前婦女 105 人之事。不管是依品類立類傳上，或是記載個人生平事蹟上，皆受《太史公》列傳體之影響無疑。故《四庫全書總目提要》言：

> 合眾人之事為一書，亦傳類也。其源出《史記》儒林、游俠、

---

50 見《漢書》，卷三十六，〈楚元王傳第六〉，頁 1928。

貨殖、刺客諸傳，其別為一書，則始於劉向《列女傳》。[51]

《列女傳》為第一部婦女史，故深受近代學者重視。而其開闢單行傳體的題材，此後魏晉至隋唐出現的《高士傳》、《名士傳》、《高僧傳》等遂蔚為大觀，然追溯其源，實受《太史公》書之啓發。

（二）《哀牢傳》

此書為東漢時楊終所撰，今亡。楊終及前所述與班固共修書於蘭臺，且奉詔刪削《太史公》者。據《論衡・佚文》言：

> 楊子山為郡上計吏，見三府為《哀牢傳》不能成，歸郡作上，孝明奇之，征在蘭台。[52]

由《後漢書・南蠻西南夷列傳》注引《哀牢傳》文來看，其內容為記載西南哀牢國之事，當受《太史公》之四夷列傳影響無疑。

此外，傳聞可能為此時期著作者，尚有《列士傳》、《列仙傳》、《武帝禁中起居注》、《漢武故事》、《越紐錄》、《越絕書》、《飛燕外傳》等，然或其內容亡佚無可考，或作者爭訟不絕，在此茲不另作詳考。

故《太史公》成書之後，除了引起許多學者相繼撰續其書外，尚在兩漢之際啓發了許多新的史學著作。如名為本紀實即世家的《蜀王本紀》，仿表體而作的《洞歷》，仿書體而作的《漢官解詁》、《漢舊儀》，仿列傳體而作的《列女傳》、《哀牢傳》等。不論是數量

51　（清）永瑢、紀昀等撰，《四庫全書總目提要》。

52　《論衡校釋》，卷二十，〈佚文第六十一〉。

或種類上，均有可觀之處，亦在史學發展上發揮了承先啓後的重要
作用。而這些著作都僅得《太史公》之一體，更可知《太史公》之
博通廣大，實令後人心嚮往之。

第六章

從《史記》到《漢書》的轉變

　　如第四章所述，東漢立國之後，鑑於西漢失國之由，故對學術力加控制。在史學方面，爲了消除《史記》其對漢廷的不良影響，必須另撰一漢史以取代之，此即明帝欲班固撰寫《漢書》的根本原因。

　　因此，班固在《漢書・敘傳》中特別說明了全書的主旨：

> 固以爲唐虞三代，《詩》、《書》所及，世有典籍，故雖堯舜之盛，必有〈典〉、〈謨〉之篇，然後揚名於後世，冠德於百王，故曰「巍巍乎其有成功，煥乎其有文章也！」漢紹堯運，以建帝業，至於六世，史臣乃追述功德，私作本紀，編於百王之末，廁於秦、項之列。太初以後，闕而不錄，故探篡前記，綴輯所聞，以述漢書，起元高祖，終于孝平王莽之誅，十有二世，二百三十年，綜其行事，旁貫五經，上下洽通，爲春秋，考紀、表、志、傳，凡百篇。[1]

班固認爲，聖君盛世必有記述功德的典籍文章，如上古之唐、虞、

---

[1]　　見《漢書》，卷一百下，〈敘傳第七十下〉，頁4236。

三代，則有《尚書》的〈典〉、〈謨〉之篇，如此方能為後世所歌頌。而大漢之德足以比隆唐虞三代，亦當有頌述其功德之典籍。但《史記》卻將漢帝諸本紀「編於百王之末，廁於秦、項之列」，這是「不尊漢室」的作法。故知《漢書》之作，其目的有二：一是矯改《史記》之「不尊漢室」；二是作一部以「尊顯漢室」為目的之史書，以比隆唐虞三代之《尚書》。這和明帝的指示，是完全相符的。

那麼在《漢書》的內容中，是否能找到這種「消除」和「取代」的具體例證呢？限於篇幅，本章無法進行全面的比較研究，但可舉《漢書》以政治立場更改《史記》之例證尤著者，進行重點討論。

本章第一節將就總體來看，以《漢書‧敘傳》及《漢書‧司馬遷傳》贊語中對《史記》的批評，討論《漢書》對《史記》全書體例所進行的更改。第二節中，則將以具體篇章來分析，就《史記》本紀、世家、列傳三體中各擇一例，說明《漢書》如何具體轉變《史記》的作意。第三節，則將針對《史記》與《漢書》之「天人」與「古今」觀作一比較，以明兩者基本觀念之分歧。而孟子曾言：「讀其書，不知其人可乎？」，[2]因此在第四節中，將以《漢書‧敘傳》及《後漢書‧班彪列傳》為據，針對班固之為人作一分析，以辨馬班異同之根源。

　見《孟子‧萬章下》。

第一節　從體例看《史記》到《漢書》的轉變

　　欲探討《漢書》對《史記》體例的更改，必先由班固對《史記》批評之處入手。而班固對《史記》的批評，在《漢書》中主要集中在以下兩處：

（一）《漢書・敘傳》

> 漢紹堯運，以建帝業，至於六世，史臣乃追述功德，私作本紀，編於百王之末，廁於秦、項之列，太初以後，闕而不錄。故探纂前記，綴輯所聞，以述《漢書》，起元高祖，終于孝平王莽之誅，十有二世，二百三十年，綜其行事，旁貫五經，上下洽通，為《春秋》，考紀、表、志、傳，凡百篇。[3]

　　由於《史記》十二本紀之順序，先列五帝、夏、殷、周，次列秦、秦始皇、項羽，最後才是漢帝諸本紀。本來依時間先後，這樣的順序乃是理所當然，但班固卻從政治正確的角度，批評太史公是將漢帝諸本紀「編於百王之末，廁於秦、項之列」。在他看來這樣的編列次序，未能彰顯漢家之功德，是一種不尊漢室的作法。

（二）《漢書・司馬遷傳》贊語

> 故司馬遷據《左氏》、《國語》，采《世本》、《戰國策》，述《楚漢春秋》，接其後事，訖于（大）〔天〕漢。其言秦漢，詳矣。至於采經摭傳，分散數家之事，甚多疏略，或有

3　　見《漢書》，卷一百下，〈敘傳第七十下〉，頁4236。

> 抵梧。亦其涉獵者廣博，貫穿經傳，馳騁古今，上下數千載
> 間，斯以勤矣。又其是非頗繆於聖人，論大道則先黃老而後
> 六經，序遊俠則退處士而進姦雄，述貨殖則崇勢利而羞賤貧，
> 此其所蔽也。[4]

在此，班固提到太史公「分散數家之事，甚多疏略，或有抵梧」，即批評《史記》記事常有前後不一，甚至自相矛盾之處。更重要的是，班固嚴厲抨擊太史公「是非頗繆於聖人」，例證則是其「論大道則先黃老而後六經，序遊俠則退處士而進姦雄，述貨殖則崇勢利而羞賤貧」。

因此班固在上述兩段文字中，分別由政治和學術的角度立論，認為《史記》之立場既不尊漢室，其思想亦違背聖人。而正因為這些看法，班固對《史記》全書的體例進行了以下的更動：

一、割離古今，斷代為史

《漢書》開中國正史中斷代為史之先河，此乃眾所周知之事。然而，《漢書》為何要斷代為史？答案就在班固抨擊《太史公》的「私作本紀，編於百王之末，廁於秦、項之列」這一點上。

事實上，在《漢書》之前，當時最流行的有通史和當代史兩種史學著作方式，而《漢書》皆不採用：

---

[4]　見《漢書》，卷六十二，〈司馬遷傳第三十二〉，頁 2737。

（一）「起元高祖」，不著古事，於是通史之體裁衰。

通史之體裁在兩漢之際相當盛行，由《太史公》書首開其端，而後如劉向之《列女傳》、揚雄之《蜀王本紀》、[5]周長生之《洞歷》等皆是。

但若依通史之寫法，則不論採取編年體或紀傳體，都須依照時間先後順序。換句話說，勢必將漢代列於紀傳之末，在秦代、項羽之後。此即《漢書》所抨擊《太史公》「編於百王之末，廁於秦、項之列」。

從學術立場來看，此乃理之必然，故班固前兩漢諸子無人對此點提出批評。但就政治立場來看，這就是不尊漢室，是必須避免的錯誤。因此唯一解決的方法，只有將割離古史，斷代成書。也就是全書以高祖開端，將漢代建立之前的部分略去。

（二）「終于孝平王莽之誅」，不著今事，於是當代史之體裁亡。

除了通史的寫法外，兩漢之際續《太史公》書諸家採取的則是當代史的寫法。也就是單就前人未及之部分續寫至當代，代代接連續寫，如劉向、揚雄之續《太史公》書，及班固之父班彪之《後傳》等皆是。此種寫法。就諸家本身而言是寫當代史，而就《太史公》書與諸續《太史公》書合看，則成一永遠下至當代的通史。

5　《史記・夏本紀》注引《正義》：「楊雄《蜀王本紀》云『禹本汶山郡廣柔縣人也，生於石紐』」，可知《蜀王本紀》一書，上及於夏禹，乃一古今通史性質的著作。

　　但依此寫法，則勢必下及東漢光武、明、章諸帝，且須將他們編在亡國之哀、平或是篡國之王莽後。若依班固〈敘傳〉之意，編列次序先後有尊卑之意，則此恐有大不敬之疑慮。因此全書只能終於「孝平王莽之誅」，而不寫東漢諸帝本紀，於是今史也被割離。

　　而在《漢書》的八志中，雖略有提及東漢制度。但由全書總敘來看，班固主要還是要寫一部前代（西漢）的史書，而非撰寫當代（東漢）史，這是毫無疑問的。

　　此外，《漢書》尚有〈古今人表〉。此表名為「古今」，似當下及今世。然其下限卻迄秦而止，絲毫不敢論及西漢之人。是以此表不僅有「古」而無「今」，更與《漢書》所記之時代毫無關係。後人每於〈古今人表〉體例之錯謬，抨擊最力，如劉知幾《史通‧表歷》：

　　　　其書上自庖犧，下窮嬴氏，不言漢事，而編入《漢書》，鳩居鵲巢，蔦施松上，附生疣贅，不知翦截，何斷而為限乎？[6]

蓋《漢書》最尚體例之嚴整，班固豈不知此為自亂其例？然其若評論西漢之人，則將置西漢諸帝於何等評價？如梁玉繩言：

　　　　若表今人，則高祖諸帝悉在優劣之中，非班所敢出也。

《漢書》迴避當代史之態度，由此可見一斑。

　　是故《漢書》創造斷代史體，其用意並非學術考量，而是政治考量。班固欲以漢帝之本紀，編於百王之先，不與秦項同列，故勢

6　　《史通通釋》，卷三。

必將上古至秦之史事全部割離拋棄，始於漢之高祖。又不欲以光武、明、章之本紀，列於哀、平、王莽之後，因此只能迴避東漢之部分，而終於王莽。因此從《漢書·敘傳》來看，班固所以創立一割離古今的新史體，其目的正是為了「尊顯漢室」。

二、尊君卑臣，取消世家，變更諸表

由封建至郡縣，乃中國歷史上之一大劇變，而具體完成於漢武帝之時。如前所述，武帝一朝力行中央集權政策，極力削弱或清除地方諸侯勢力。《史記》對這一點是深有譏評的，這具體呈現在表和世家二體之中。

例如對武帝的推恩眾建政策，史公在〈漢興以來諸侯王年表〉序中說：

> 天子觀於上古，然後加惠，使諸侯得推恩分子弟國邑，故齊分為七，趙分為六，梁分為五，淮南分三，及天子支庶子為王，王子支庶為侯，百有餘焉。……諸侯稍微，大國不過十餘城，小侯不過數十里，上足以奉貢職，下足以供養祭祀，以蕃輔京師。而漢郡八九十，形錯諸侯閒，犬牙相臨，秉其厄塞地利，彊本幹，弱枝葉之勢，尊卑明而萬事各得其所矣。……臣遷謹記高祖以來至太初諸侯，譜其下益損之時，令時世得覽。**形勢雖彊，要之以仁義為本**。[7]

這和〈秦始皇本紀〉贊語中所說，是前後呼應的：

---

[7] 見《史記》，卷十七，〈漢興以來諸侯王年表第五〉，頁802。

> 然后以六合為家，殽函為宮，一夫作難而七廟墮，身死人手，
> 為天下笑者，何也？仁義不施而攻守之勢異也。[8]

兩者皆總結以「勢」及「仁義」，其用意便在彰顯秦不施仁義，一味追求中央形勢之強，以為可保萬世，結果二世即亡，而武帝之所為亦復如是。

武帝於同姓諸王，尚採行溫和之推恩眾建政策。但對於高祖以來之功臣列侯，就沒有那麼客氣了。蓋漢因功臣之力而得天下，《史記·高祖功臣侯者年表》序首特別記載高祖封爵之誓，其云：「使河如帶，泰山若厲，國以永寧，爰及苗裔」，[9]以示君臣永不相負之意。然至武帝一朝，即以坐「酎金」之微罪為名，[10]奪臣下之國者共計一百零六人，至使高祖以來封侯者僅餘五人而已。觀當年盟誓何等之固，如今奪國何等之易，故史公於〈高祖功臣侯者年表〉序末特別點明「至太初百年之閒，見侯五，餘皆坐法隕命亡國」，又嘆「網亦少密焉」，首末對照，實有微詞也。故方苞論此表曰：「刺武帝用一切之法以侵奪群下，而成其南誅北討之功也」。[11]

而《史記》世家一體，其作意如《史記·太史公自序》所言：

---

[8]　見《史記》，卷六，〈秦始皇本紀第六〉，頁 282。

[9]　見《史記》，卷十八，〈高祖功臣侯者年表第六〉，頁 877。

[10]　所謂的「酎金」，《漢書·孝武紀》注引服虔曰：「因八月獻酎祭宗廟時，使諸侯各獻金來助祭也」；而所謂的「坐酎金失國」，《漢書·孝武紀》注引如淳曰：「《漢儀注》：諸侯王歲以戶口酎黃金於漢廟，皇帝臨受獻金，金少不如斤兩，色惡，王削縣，侯免國」。

[11]　見（清）方苞撰，《史記注補正》，收於張舜徽主編，《二十五史三編》（長沙：岳麓書社影本，1994）。

「二十八宿環北辰，三十輻共一轂，運行無窮。輔弼股肱之臣配焉。忠信行道，以奉主上，作三十世家」。故三十世家並非專爲諸侯而作，其所記者不必然是諸侯，亦非所有諸侯都能立爲世家。必要其德足以輔弼天下者，方可爲世家。

故史公於世家之序，多言「嘉某之某」，如「嘉伯之讓，作〈吳世家第一〉」、「嘉父之謀，作〈齊太公世家第二〉」、「嘉參不伐功矜能，作〈曹相國世家第二十四〉」[12]等，即說明世家之判斷標準在「德」。故孔子有「爲天下制儀法，垂六藝之統紀於後世」之德，陳涉有「卒亡秦族，天下之端，自涉發難」之德，其於天下大勢皆有不可磨滅之功，於是立爲世家。這也正是爲何周、漢有世家，獨秦之諸臣皆不立世家，即因無德之故。如朱東潤云：

> 或曰：世家之言股肱輔弼，於周漢之間固如是矣，秦獨無輔弼之臣乎？蒙恬、李斯不入世家而爲列傳何也？曰，史遷不與其爲藩輔也。蒙恬戍邊，不爲重臣。至若李斯，雖開國之勳不減漢之蕭曹，及始皇既死，爲趙高所脅，陷扶蘇而立胡亥，以亡天下，而周章怖懾，終亦不免於死，史遷薄之久矣。[13]

這正說明了史公之世家體，並非專爲公侯傳國者而作，其判斷標準在德而不在位。

然《漢書》雖上承《史記》紀傳體例，卻獨削世家一體，此當繼班彪之《後傳》而來。蓋《後漢書·班彪列傳》云：

12　見《史記》，卷一百三十，〈太史公自序第七十〉，頁3312。
13　見朱東潤，《史記考索》（台北：開明書店排印本，1957），頁19。

> 司馬遷序帝王則日本紀，公侯傳國則曰世家，卿士特起則曰列傳。又進項羽、陳涉而黜淮南、衡山，細意委曲，條列不經。……今此後篇，慎覈其事，整齊其文，**不為世家，唯紀、傳而已。**[14]

表面上看來，班彪認爲《史記》進陳涉於世家，黜淮南、衡山於列傳，乃是體例上的「條列不經」，所以他取消世家。然仔細推敲，原因必不只於此，否則如他所言，只要調整篇目，黜陳涉於列傳，進淮南、衡山於世家即可。事實上，更深一層的原因是在他「強幹弱枝」的思想，如《漢書·敘傳》記班彪應答隗囂之辭曰：

> 昔周立爵五等，諸侯從政，本根既微，枝葉強大，故其末流有從橫之事，其勢然也。漢家承秦之制，並立郡縣，**主有專己之威，臣無百年之柄**，至於成帝，假借外家，哀、平短祚，國嗣三絕，危自上起，傷不及下。故王氏之貴，傾擅朝廷，能竊號位，而不根於民。是以即真之後，天下莫不引領而歎，十餘年間，外內騷擾，遠近俱發，假號雲合，咸稱劉氏，不謀而同辭。方今雄桀帶州城者，皆無七國世業之資。詩云：「皇矣上帝，臨下有赫，鑒觀四方，求民之莫」。今民皆謳吟思漢，鄉仰劉氏，已可知矣。[15]

班彪認爲「主有專己之威，臣無百年之柄」，正是劉氏得以復興之根本原因，因此他「不爲世家」。然而他的這種想法，用之以作《後傳》則可，因爲《後傳》是續記《史記》之未及者，只記載武帝以

14　見《後漢書》，卷四十上，〈班彪列傳第三十上〉，頁 1324。

15　見《漢書》，卷一百下，〈敘傳第七十下〉，頁 4207。

後的歷史。但班固作《漢書》，卻將這種思想延伸至武帝以前，將整個漢代都取消了世家，這等於是否認了西漢中期以前諸侯影響天下大勢的歷史事實。純就史學而言，這是不合宜的。

　　班固是聰明人，他不會不知道這種作法是以偏概全。事實上，不僅西漢前期應有世家，班固在《漢書》中曾提到西漢後期許多名臣，宜為世家。如《漢書‧賈鄒枚路傳》贊語云：

　　　　路溫舒辭順而意篤，遂為世家，宜哉！[16]

在《漢書‧翟方進傳》中也提到：

　　　　如陳咸、朱博、蕭育、逢信、孫閎之屬，皆京師世家，以材
　　　　能少歷牧守列卿，知名當世。[17]

故西漢後期諸侯雖勢微，但已有累世為臣，其家可為藩輔者，故此不應是取消世家體的全部原因。其實班固在《漢書‧敘傳》中，特別全文記載了班彪應答隗囂之辭，便表明了他的出發點是政治因素，而非學術因素。亦即班固肯定武帝的強幹弱枝政策，並認為東漢所以能夠復興，正是因為「主有專己之威，臣無百年之柄」。

　　正因如此，班固不僅取消世家一體，以突出君主的地位，同時還變動了《史記》記載諸侯的各表：

（一）分〈漢興以來諸侯王年表〉為〈異姓諸侯王表〉、〈諸侯王表〉

　　蓋《史記》作〈漢興以來諸侯王年表〉，以異姓、同姓諸侯王

合爲一表，即欲譏剌漢室專求形勢之強，不擇手段削平異姓諸王勢力。班固將此表分割而爲〈異姓諸侯王表〉、〈諸侯王表〉，則其微意遂隱，天下大勢遂不可見。

（二）改〈高祖功臣侯者年表〉、〈惠景閒侯者年表〉、〈建元以來侯者年表〉爲〈高惠高后孝文功臣侯表〉、〈景武昭宣元成哀功臣侯表〉

《史記》有〈高祖功臣侯者年表〉、〈惠景閒侯者年表〉、〈建元以來侯者年表〉，以明各時期封侯原因之不同，蓋高祖之封侯多爲開國之勳，惠帝至景帝則多爲「高祖時遣功臣，及從代來，吳楚之勞，諸侯子弟若肺腑，外國歸義」等功而封，武帝建元後則多爲征伐匈奴之故，這樣的分期是合宜的。而〈高祖功臣侯者年表〉表列高祖所封一百四十三侯，至武帝時僅餘五侯，更彰顯武帝以詐力奪高祖功臣侯國之不德，可觀漢廷施政之得失。

《漢書》則將諸表重分，析爲〈高惠高后孝文功臣侯表〉、〈景武昭宣元成哀功臣侯表〉，如此分期全無道理，於是一時得失遂不可見。

（三）改〈建元以來王子侯者年表〉爲〈王子侯表〉

《史記》有〈建元以來王子侯者年表〉，此表斷自建元，非建元始有王子封侯，而是欲彰武帝「推恩眾建」之策，自此王子封侯成爲常態，中央獨大，天下形勢又進入一新的階段。

《漢書》則改此表爲〈王子侯表〉，斷自高祖，使後人讀此表而不知天下形勢之變。

　　蓋太史公作以上五表，乃為彰明漢室力求形勢之強，武帝削奪群下，致使中央獨大局面形成。而班固改易諸表，非僅史學見解之不同，更使後人讀表，不知漢室施政有何功過，天下大勢有何變異，史公微意遂隱而不彰。

　　諸表之變動尤甚者，尚有〈漢興以來將相名臣年表〉。《史記》有〈漢興以來將相名臣年表〉，專記高祖以來之大事與將相名臣。此表之最大特色，便在於表中之倒書。對此倒書，歷代學者多有研討，或曰便於觀覽，[18]或曰此乃未完成稿之跡，[19]然皆不能合理解釋倒書之義。[20]事實上，表中之倒書乃深含筆削微旨。對於此點，近代學者如施丁、張大可等已多有提及。如施丁認為倒書之微旨，在於強調「丞相的可悲下場、太尉之置廢無常、御史大夫之吉少凶多，而且表明景武之世日益嚴重」；[21]張大可認為倒書之義，在彰顯「擇任將相關係國家興亡，而武帝用人賞輕罰重，親親疏賢，順我者昌，逆我者亡，將相多危，非明聖之君也」。[22]

　　其實要明白〈漢興以來將相名臣年表〉倒書的意義，應該更進一步結合表中的「大事記」來看，方知其間聯繫。如表中的第一條

---

[18]　汪越，《讀史記十表》，收於《史記漢書諸表訂補十種》（台北：中華書局，1982）。

[19]　李解民，〈《史記》表中的倒文〉，收入《學林漫錄》第三集（北京：中華書局，1981），頁118-126。

[20]　此乃張大可之分析，見〈試述將相表之結構與倒書〉，收入氏著，《史記研究》（蘭州：甘肅人民出版社，1985），頁319-337。

[21]　施丁，〈試讀《史記》將相表之「倒書」〉，收入《古籍整理論文集》（蘭州：甘肅人民出版社，1984），頁175-194。

[22]　張大可，〈試述將相表之結構與倒書〉，收入氏著，《史記研究》，頁319-337。

倒書爲「周苛守滎陽死」，周苛於楚漢相爭之時，城破爲項羽所擒，項羽以上將軍封三萬戶誘之，周苛絲毫不爲所動，以致被烹殺而死。如此忠心耿耿，而其子至高祖九年方才封侯，然高祖之昆弟於高祖七年之前便已盡封。[23] 對待昆弟如此之厚，而對待功臣如此之薄，豈不令人齒冷！其他倒書如御史大夫趙堯之無罪被殺、太尉官之置廢無常、群臣之不得善終，在在說明漢家對待這些賣命功臣的態度。反之，在群臣流血流汗之際，「大事記」一欄中則大書「尊太公爲太上皇」、「劉仲爲代王」、「未央宮成，置酒前殿，太上皇輦上坐，帝奉玉卮上壽曰：『始常以臣不如仲力，今臣功孰與仲多？』太上皇笑，殿上稱萬歲」、「太上皇崩」、「爲高祖立廟於沛，置歌兒一百二十人」，此皆不知與天下國家何干，得稱之爲「大事」乎？

故太史公作〈將相表〉，實以「大事記」譏刺漢家以天下爲其一己之私產，而以「倒書」悲群臣之不得其死，如吳見思言：

> 自古之待功臣者，每以漢高爲口實，將如淮陰之鐘室，布越之菹醢，相如蕭相國之謹飭，而上林一請，不免於下吏。噫，亦薄甚矣！故子孫習之，而申屠嘉不免於嘔血，周亞夫不免於餓死。至孝武之事，丞相多至自殺，而將帥以坐法抵罪失侯者，往往而有。此史公〈年表〉之所以作也。史公生於此時，目擊心慨，未免言之過甚，故後人削之，而序論之所以

---

23 《史記·楚元王世家》：「及高祖爲帝，封昆弟。而伯子獨不得封。……於是乃封其子爲羹頡侯。」《集解》：「徐廣曰：『羹頡侯以高祖七年封。』」既曰「獨不得封」，可知最晚至高祖七年，其昆弟便已封盡。

關乎。嗚呼，孔子《春秋》皆口授，而定、哀之間多微辭，豈無故哉。[24]

蓋將相名臣之任用罷免，實為天下治亂之基。故太史公在《史記‧樂書》中特別說：

太史公曰：余每讀〈虞書〉，至於君臣相敕，維是幾安。而股肱不良，萬事墮壞，未嘗不流涕也。[25]

是以君主本應視將相名臣為股肱手足，然太史公目睹漢興以來史實，知高祖至孝武皆多視群臣為犬馬土芥，心實悲之，故作〈漢興以來將相名臣年表〉為諸表之末，寓有譏刺「漢家德薄私天下」（借用阮芝生語）之微旨，以彰明世變之關鍵。

而班固改〈漢興以來將相名臣年表〉為〈百官公卿表〉，其主旨遂為之一變。班固在《漢書‧敘傳》中，自言此表作意為：

漢迪於秦，有革有因，軥舉僚職，並列其人。述〈百官公卿表〉第七。[26]

故其目的不外敘述官制之職掌沿革、公卿姓名及拜罷時間，對照〈百官公卿表〉表文，亦不外乎此。班固在此刪去了〈漢興以來將相名臣年表〉關鍵處之大事記，於是百官公卿與天下理亂興亡之關係全不可見，漢廷薄待功臣之事實遂隱！

---

[24] 見（清）吳見思，《史記論文‧漢興以來將相名臣年表》（清康熙丁卯〔1687〕尺木堂刊本）。

[25] 見《史記》，卷二十四，〈樂書第二〉，頁1175。

[26] 見《漢書》，卷一百下，〈敘傳第七十下〉，頁4241。

前人於班固變更《史記》諸表已多有批評，如宋人魏了翁言：

> 班孟堅亦子長之亞也，其分同異姓二表，已不識漢初並用親
> 賢與子長陰寓美刺之意。[27]

宋人黃履翁則說的更加清楚：

> 夫表者，興亡理亂之大略，而固之表則猶譜諜也。……彼班
> 氏之表何如哉？侯表徒列子孫世數之繁，官表徒書公卿拜罷
> 之日，是特聚諸家之譜諜耳，未聞有發明一代之意也。且諸
> 侯年表曰「異姓王者」、曰「同姓王者」。遷則合而為一，
> 正以明漢初親疏相錯之旨。固廢年經國緯之制，徒以一己之
> 見，乃以異姓同姓分而為二，則天下大勢何觀焉？功臣年表
> 曰「高祖功臣侯者」、「惠景閒侯者」、「建元以來侯者」，
> 遷則拆而為三，正以明一時行封異同之意。固廢國經年緯之
> 制，徒以卷帙重大之故，乃以「高惠高后文」與「景武昭宣
> 元成」，析而為二，則當世得失何驗焉？〈建元以來王子侯
> 者年表〉斷自建元，蓋是時始行分封之典，遷意正有在也；
> 固則起於高祖，且謂聖祖建業以廣親親。殊失〈王子侯表〉
> 之本旨矣。〈漢興以來將相名臣年表〉不載九卿百官，蓋漢
> 興將相權重之故，遷意正有寓也；固則以將相混於列職之中，
> 且不記大事以為主，殊失〈將相名臣表〉之本旨矣。[28]

27　見魏了翁，《鶴山先生大全文集》（上海：商務印書館，1919 景印四部叢刊本），
　　卷五十六，〈蔡文懿公百官公卿表序〉。

28　見黃履翁，《古今源流至論・別集》（台北：台灣商務印書館，1983 景引文淵
　　閣四部全書本），卷五。

　　綜而言之，《史記》有世家一體，以嘉藩輔之德；又有漢代諸表，以刺漢廷之削奪諸侯、薄待將相。而班固並不認同史公的想法，他認同「主有專己之威，臣無百年之柄」是正確的，因此《漢書》削去世家一體，又對諸表做出變動。這和武帝以後至東漢初年，漢室中央獨大的尊君統治思想，是完全相符的。

三、以聖飾漢，更動諸志名稱

　　如前所述，班固用以攻擊《史記》的理由，除了「不尊漢室」外，尚有「繆於聖人」。其例證便是《史記》一書，「論大道則先黃老而後六經，序遊俠則退處士而進姦雄，述貨殖則崇勢利而羞賤貧」，分別對應《史記》中〈太史公自序〉所載之〈論六家要旨〉、〈遊俠列傳〉、〈貨殖列傳〉。

　　依班固此說，則勢應在《漢書》中刪去〈遊俠〉、〈貨殖〉二傳，或是作內容的大幅更動。但有趣的是，《漢書》不但也有〈遊俠〉、〈貨殖〉二傳，記事也大多沿襲《史記》，僅補上武帝後人物，並加上班固之議論而已。此外，他也未在《漢書‧敘傳》中載述任何「先六經而後黃老」之文章；所錄其父〈王命論〉全文，內容則是頌揚劉氏之天命，與學術無關。

　　更有趣的是，在《漢書‧古今人表》中，將《史記‧遊俠列傳》所宗的戰國四公子孟嘗、春申、平原、信陵，[29]分別列為上下（平

---

[29]　班固亦認可此四人為遊俠之宗，如班固〈西都賦〉云：「鄉曲豪舉，遊俠之雄，節慕原、嘗，名亞春、陵。」見《後漢書》，卷四十上，〈班彪列傳第三十上〉，頁1336。

原）與中上（孟嘗、春申、信陵），把《史記‧貨殖列傳》推崇的白圭亦列為中上。而與上述諸人同時期的貧賤處士，如季次、原憲列為上下，長沮、桀溺、楚狂接輿列為中上。因此兩類人的評價相去不遠，完全看不出有「進處士而退姦雄」或「崇賤貧而羞勢利」的情形。

既然〈遊俠〉、〈貨殖〉二傳及〈古今人表〉，都找不到體現班固批評的證據。那麼班固究竟在《漢書》的那些篇章中，表達他「不繆於聖人」的理念呢？透過詳細考察，除了紀傳中的評論外，這主要體現在《漢書》諸志的名稱上。

蓋《史記》八書之中，以〈封禪〉、〈河渠〉、〈平準〉三書結尾。〈封禪書〉譏武帝之所謂封禪，乃為求仙不死；[30]〈河渠書〉悲武帝徒言開渠之利，而不恤民命以救河之害；[31]〈平準書〉刺武帝所行平準，實乃以詐力并天下之利，致使世風敗壞。[32]三書皆以武帝之所為命名，皆專為譏刺武帝之亂政而作。

而《漢書》則一改《史記》之命名，班固引用經傳之語，改「封禪」為「郊祀」、[33]「河渠」為「溝洫」、[34]「平準」為「食貨」。[35]

---

[30] 關於〈封禪書〉作意之詳細分析，請參閱阮芝生，〈三司馬與漢武帝封禪〉，《國立台灣大學歷史學系學報》第 20 期（1996）。

[31] 關於〈河渠書〉作意之詳細分析，請參閱阮芝生，〈《史記‧河渠書》析論〉，《國立台灣大學歷史學系學報》15 期（1990）。

[32] 關於〈平準書〉作意之分析，詳見呂世浩，〈平準與世變──《史記‧平準書》析論〉，《燕京學報》新 12 期（2002）。

[33] 「郊祀」一詞，見於《毛詩‧昊天有成命》：「昊天有成命，郊祀天地也」，《孝經‧聖治》亦有「昔者周公郊祀后稷以配天」。

表面上來看，《史記》三書是以一時之政策命名，遠不如《漢書》之命名典雅有據。且《史記》之命名無經傳之依據，不如《漢書》之命名分別來自《詩經》、《論語》和《尚書》，更爲合於聖人之意。故就這一點來看，《漢書》似乎正是以聖人之所言，來矯正《史記》之謬。

但若進一步深入，則可發現事實正好相反。武帝之所爲，尤其「封禪」、「河渠」、「平準」三事，皆與古制不合。《史記》著此三書，本意即在彰明武帝種種作爲與始皇無異，絕非聖人之意。而《漢書》引用聖人之言名此三志，乃是欲以聖人緣飾漢制，而隱漢室之失。一以聖人之意非漢，一以聖人之意飾漢，兩者之最大分歧，正在於此。

總結以上三點，班固對《史記》體例主要更動者，有斷代爲史、取消世家、更動諸表、變動書名等。這些過去的學者多半已經談及，但本節要強調的是，班固所以作這些更動，絕不止是學術上的因素，還有政治上的因素在影響他。而他更動的結果，往往符合了漢室統治者的利益。就這一點來說，《漢書》和《史記》的用意是大相逕庭的。

而諸所變更者中，對後世史學影響最大的便是「斷代爲史」。自班固創立斷代史體之後，此後正史皆法《漢書》之體例，影響極爲深遠。蓋自《春秋》、《史記》以來，本已建立一書寫當代史之重要史學傳統，其間如《左氏春秋》、《楚漢春秋》、諸家續《太

34　「溝洫」一詞，見於《論語・泰伯》：「卑宮室，而盡力乎溝洫，禹吾無間然矣」。

35　「食貨」一詞，見於《尚書・洪範》：「八政：一曰食，二曰貨，……」。

史公》書，無不下及當代之事，成爲春秋至西漢五百年間中國史學
著作之最重要特色。

然而斷代史體上不及古事，於是通史之體衰；下不寫當代，於
是當代史之傳統亡。宋代鄭樵於前者有見其惡，故責班固曰：「由
其斷漢爲書，是致周秦不相因，古今成間隔」；[36] 於後者則諱而不
敢言，其《通志》一書亦不敢寫宋代之事。故《太史公》所傳承之
通史傳統，或尙有一二繼之者；而其當代史之傳統，則自班固絕，
中國史學日後再無挑戰當代之勇氣。於是太史公所立「古今一體」
之史法，至此亡矣！

第二節　從論贊看《史記》到《漢書》的轉變

關於《史記》、《漢書》紀傳內容的比較，前輩學者論著甚多，
不勝枚舉。然內容記事之不同，或因材料之來源，或因整理之詳略，
或因敘述之順序，未必都和作者之思想有關。唯各篇之論贊，必然
爲作者思想之體現。因此本節將就《史記》、《漢書》論贊分歧尤
著之紀傳入手，來認識《漢書》如何轉變《史記》。

本節限於篇幅，將就《漢書》與《史記》內容相近，而論贊部
分完全重寫的〈高祖本紀〉（〈高帝紀〉）、〈外戚世家〉（〈外
戚傳〉）及〈淮陰侯列傳〉（〈韓彭英盧吳傳〉）三篇作爲具體例
證。選擇這三篇的原因，是因爲它們在《史記》原分屬本紀、世家、

36　見（宋）鄭樵，《通志》（清乾隆十二年〔1747〕武英殿校刊本），總序。

列傳三體；且《漢書》此三篇內容基本襲用《史記》，但論贊幾乎完全改寫，因此具有代表性。茲分析如下：

一、《史記‧高祖本紀》與《漢書‧高帝紀》

《史記‧高祖本紀》爲《史記》名篇之一，內容歷敘漢高祖斬蛇起義、入關滅秦、楚漢相爭、建號稱帝的前後過程。前人多對此篇文字，有極高讚譽，如宋人劉辰翁評此篇「古今文字，淋漓盡興，言笑有情，少可及此」，[37] 清人吳見思言其「萬餘字組成一片，非有神力，安能辨此」，[38] 李晚芳云「字字是寫帝王氣象，豁達大度，涵蓋一切，……語語入神」。

《漢書‧高帝紀》則是在《史記‧高祖本紀》的基礎上，加入了其它紀傳的材料，大大充實了原來《史記》的內容。例如增補了原本記於〈項羽本紀〉中的鴻門宴事、高祖彭城之敗事、紀信詐爲漢王事、周苛爲高祖死事，原本記於〈留侯世家〉中的張良使諸侯皆至垓下事，原本記於〈韓信盧綰列傳〉中的封趙壯士四人事等，又增記了封韓信彭越爲王令、尊太公爲太上皇詔等二十八個詔令及上皇帝尊號疏。

此外，《漢書‧高帝紀》還將《史記‧高祖本紀》中的年月及記事作了調整。例如《史記‧高祖本紀》記項羽入關事：

> 十一月中，項羽果率諸侯兵西，欲入關，關門閉。聞沛公已

37　見（宋）劉辰翁，《班馬異同評》（北京：商務印書館據文津閣四庫全書本影印）。
38　見（清）吳見思，《史記論文》（清康熙丁卯尺木堂刊本）。

定關中,大怒,使黥布等攻破函谷關。十二月中,遂至戲。

而《漢書·高帝紀》則作:

> 十二月,項羽果帥諸侯兵欲西入關,關門閉。聞沛公已定關
> 中,羽大怒,使黥布等攻破函谷關,遂至戲下。

在同一事年月的記載上,兩者略有不同,這樣的例子是很多的。

就記事來看,《漢書·高帝紀》雖多有增補,但基本還是沿襲
了《史記》的內容。然而在論贊上,《漢書·高帝紀》卻是採用了
全盤改寫的作法。

《史記·高祖本紀》云:

> 太史公曰:「夏之政忠。忠之敝,小人以野,故殷人承之以
> 敬。敬之敝,小人以鬼,故周人承之以文。文之敝,小人以
> 僿,故救僿莫若以忠。三王之道若循環,終而復始。周秦之
> 閒,可謂文敝矣。秦政不改,反酷刑法,豈不繆乎?故漢興,
> 承敝易變,使人不倦,得天統矣。朝以十月,車服黃屋左纛,
> 葬長陵。」

對於這段「太史公曰」,後世學者多以為是正面稱贊漢高祖的文字。
如明人王維禎曰:

> 此論只言沛公能變秦苛法,得天之統,故有天下,此本論
> 也。[39]

袁枚曰:

> 史遷作〈高祖本紀〉贊以忠質立義，明乎繼三代者高祖也，最為得體。[40]

事實上，這段「太史公曰」並不如此單純，必須深思方能心知其意。

蓋文中所述高祖之制度，「朝以十月」乃是秦制，《史記·秦始皇本紀》：「始皇推終始五德之傳，以為周得火德，秦代周德，從所不勝。方今水德之始，改年始，朝賀皆自十月朔」；車用「黃屋」，亦是秦制，《史記·秦始皇本紀》引班固言曰：「子嬰度次得嗣，冠玉冠，佩華紱，車黃屋」。事實上，漢高祖上承秦制，實不改秦之酷法，所差一日之長者，不過未行苛政而已。

因此史公在本段文字開始，便長篇論述「夏忠殷敬周文」三王之道，其用意即言漢當法夏之忠以救秦法之失。然高祖卻承襲秦制，不改秦之刑法，以此統天下，是以後世莫能救之。西漢之欲變秦法者，先有文帝時之賈誼，故《史記》有屈原賈生列傳，哀賈生如屈原之忠而不遇；後有漢武之改制，然由前文之分析可知，漢武亦不過以儒術緣飾酷法，仍未變秦之道。史公見三代之道不能行於漢，究其根源皆高祖之用秦法所致，故哀之而有此論。

然《漢書·高帝紀》之贊語，則與《史記》大異其趣：

> 贊曰：春秋晉史蔡墨有言，陶唐氏既衰，其後有劉累，學擾龍，事孔甲，范氏其後也。而大夫范宣子亦曰：「祖自虞以上為陶唐氏，在夏為御龍氏，在商為豕韋氏，在周為唐杜氏，晉主夏盟為范氏。」范氏為晉士師，魯文公世奔秦。後歸于晉，其處

者為劉氏。劉向云戰國時劉氏自秦獲於魏。秦滅魏，遷大梁，都于豐，故周市說雍齒曰「豐，故梁徙也」。是以頌高祖云：「漢帝本系，出自唐帝。降及于周，在秦作劉。涉魏而東，遂為豐公。」豐公，蓋太上皇父。其遷日淺，墳墓在豐鮮焉。及高祖即位，置祠祀官，則有秦、晉、梁、荊之巫，世祠天地，綴之以祀，豈不信哉！由是推之，漢承堯運，德祚已盛，斷蛇著符，旗幟上赤，協于火德，自然之應，得天統矣。

班固此段贊語之用意，在於力證「漢承堯運」，高祖實乃唐堯之後代，具有血緣上的神聖性，乃天命之所歸。

是故《史記・高祖本紀》之「太史公曰」，乃是站在「古今之變」的學術角度，譏刺漢高祖承秦法治天下，不能用三代之道。而《漢書・高帝紀》之贊語，則完全避而不談秦法問題，只言劉氏上承堯運，故有天命，其書「尊顯漢室」的政治立場極為明確。

二、《史記・外戚世家》與《漢書・外戚傳》

從《漢書・高帝紀》和《史記・高祖本紀》之贊語，可知班固和史公立場之分歧。然而從《漢書・外戚傳》中，更可看出班固刻意改寫《史記》的痕跡。

在《史記・太史公自序》敘目中，史公自言《史記・外戚世家》之作意為：

成皋之臺，薄氏始基。詘意適代，厥崇諸竇。栗姬偵貴，王氏乃遂。陳后太驕，卒尊子夫。嘉夫德若斯，作〈外戚世家〉十九。

觀此敘目，史公乃專爲漢世之皇后及外戚作一世家。然上古三代乃至於秦皆有后戚，非漢家之所獨有，爲何單單爲漢之后戚立一世家？此則前賢所罕言也。

蓋秦漢之前，三代皆有異姓封建諸侯，是以天子之后妃，必爲異姓公侯之女。天子可據各宗族之德風以擇后，后妃及其兄弟，亦多受過完整良好之封建教育，故不易有外戚之患。

然漢室爲求永固劉姓統治，削平一切異姓諸侯王，漢高祖又立盟誓曰：「非劉氏而王，天下共擊之」。[41]至此連帶所及，遂一改三代以來選立皇后之格局，致使天子無異姓諸侯王之女可以婚配，於是一概以美色擇偶。諸夫人既多因美色而見幸，而能否立爲皇后則視其是否能生子，其子是否居長而定。故外戚之格局，至漢爲之大變。

〈外戚世家〉每言漢帝之擇夫人，多由美色而定。如高祖薄夫人之見幸，因「漢王入織室，見薄姬有色，詔內後宮」；武帝衛夫人之見幸，乃因「上望見，獨說衛子夫。是日，武帝起更衣，子夫侍尙衣軒中，得幸」；武帝王夫人見幸，乃因「（衛）后色衰」。既由美色而定，則不論身份，即使本爲倡優亦可配天子，如武帝李夫人、尹婕好之見幸，即「皆以倡見」，可見漢帝擇女好色不好德之實態。

而漢帝之立后，如文帝時立竇后，乃因前后四子皆病死，故竇后之子居長，於是得立；武帝時衛夫人，亦因生長子而立爲后。即

41　見《史記》，卷九，〈呂太后本紀第九〉，頁400。

使已經立爲皇后，也往往因色衰或無子而被廢，如高祖呂后「及晚節色衰愛弛，而戚夫人有寵，其子如意幾代太子者數矣」；武帝初年之陳皇后，因無子而廢；武帝晚年，衛后色衰，亦生以王夫人之子齊王代爲太子之心。[42]

故漢室之擇后妃，悉由女色與生子之命而定。究其根源，皆由一家之私天下，廢三代制度而來。這在《史記・孝文本紀》中，更可得到印證。其言文帝擇后之事曰：

> 三月，有司請立皇后，薄太后曰：「諸侯皆同姓，立太子母爲皇后」。[43]

薄太后所言「諸侯皆同姓」，正是一語道破漢家之制度關鍵。故三代古制，乃是先依宗族擇后，再以王后之子爲太子。漢代因天下無異姓諸侯，故無異姓諸侯之女可配爲后，只好以太子之母爲后，故天子立后之格局至漢代爲之大變。

而太史公對漢家此種制度，又有何評論呢？《史記・外戚世家》開宗明義即論曰：

> 自古受命帝王及繼體守文之君，非獨內德茂也，蓋亦有外戚之助焉。……故易基乾坤，詩始關雎，書美釐降，春秋譏不親迎。夫婦之際，人道之大倫也。禮之用，唯婚姻爲兢兢。夫樂調而四時和，陰陽之變，萬物之統也。可不慎與？人能

---

[42] 武帝立齊王封策曰「允執其中」，此乃堯禪舜之語，非欲傳天下，不得此語。詳見呂世浩，〈三王與文辭——《史記・三王世家》析論〉一文之分析，《燕京學報》新 9 期（2000）。

[43] 見《史記》，卷十，〈孝文本紀第十〉，頁 420。

> 弘道，無如命何。甚哉，妃匹之愛，君不能得之於臣，父不
> 能得之於子，況卑下乎！既驩合矣，或不能成子姓；能成子
> 姓矣，或不能要其終：豈非命也哉？孔子罕稱命，蓋難言之
> 也。非通幽明之變，惡能識乎性命哉？

此段前半言夫婦乃人倫之大道，故六經重之。後半則急轉而下，嘆
今之后妃皆因君之驩合而來；驩合之後，能否成子姓、要其終，則
概由命定。史公言外之意，即嘆三代以來帝王擇后之法，至此敗壞
殆盡；皇后乃君之敵體，太子乃國之嗣君，而其產生皆無道理可言，
只能委之於命，漢室外戚之禍即由此始也。

故《史記·外戚世家》全篇最後一句，史公總結以：

> 非王侯有土之士女，不可以配人主也。

即是太史公點出漢制與古制之最大差異所在，而究其關鍵，實不在
帝王個人之私德，乃漢室之亂制所致也。

而《漢書·外戚傳》之內容，前半乃沿襲《史記·外戚世家》
而來。表面上看來，其於漢后之不善，皆直書不諱。又增補諸多故
實，如呂后迫害戚夫人之惡行，較《史記》所記者更多。由此觀之，
班固乃秉筆直書，似亦不愧於實錄良史之名。

然《漢書》實於《史記》本文最關鍵之處，一一刪去。如〈外
戚世家〉篇末「非王侯有土之士女，不可以配人主也」一語，刪去
而不存；〈孝文本紀〉中薄太后之詔書，亦刪去最關鍵之「諸侯皆
同姓」五字。[44]呂祖謙《大事記解題》對此有極精要的評論：

---

[44] 《漢書·文帝紀》：「三月，有司請立皇后，皇太后曰：『立太子母竇氏為皇

> 按《史記》本紀：「有司請立皇后，薄太后曰：『諸侯皆同
> 姓，立太子母為皇后。』皇后姓竇氏，上為立后，故賜天下
> 鰥寡孤獨窮困及年八十以上孤兒九歲以下布帛米肉各有數。」
> 古者天子必娶於諸侯，是時漢諸侯皆劉氏，故不得已援母以
> 子貴之義，立母為皇后。《漢書》乃削「諸侯皆同姓」之語失
> 其旨矣！[45]

班固所刪皆是最重要關鍵處，由此可見其並非不知史公作〈外戚世
家〉之主旨，而是故意要湮滅其作意。

　　因此班固《漢書・外戚傳》贊語，則基本重寫：

> 易著吉凶而言謙盈之效，天地鬼神至于人道靡不同之。夫女
> 寵之興，繇至微而體至尊，窮富貴而不以功，此固道家所畏，
> 禍福之宗也。序自漢興，終于孝平，外戚後庭色寵著聞二十
> 有餘人，然其保位全家者，唯文、景、武帝太后及邛成后四
> 人而已。至如史良娣、王悼后、許恭哀后身皆夭折不辜，而
> 家依託舊恩，不敢縱恣，是以能全。其餘大者夷滅，小者放
> 流，烏虖！鑒茲行事，變亦備矣。

由班固贊語來看，其將漢室外戚之禍，歸因於后戚本身不知謙退所
致。史公之原意乃諷漢之亂制，言立后乃國之大本，漢室因私天下
而棄先王之制度，竟將國之大本委之於命。而班固經刪改重寫後，
〈傳〉前雖全抄史公開篇嘆命之語，但一經搭配班固贊語，則轉變

后。』」。

45　見（宋）呂祖謙，《大事記解題》（台北：藝文印書館據清同治光緒間胡鳳丹
　　輯刊本影印，1968）。

而爲「天地鬼神至于人道靡不同之」的知命全身之說。於是外戚之禍，其根源既非漢之亂制，亦非君王之見色心喜，概皆由后戚之私德所致。太史公在《史記・外戚世家》之本旨，經班固之刻意刪改而全失。

三、《史記・淮陰侯列傳》與《漢書・韓彭英盧吳傳》

　　《史記・淮陰侯列傳》乃專爲淮陰侯韓信所立之傳，其後《漢書》將此傳與〈黥布列傳〉相合，又從〈魏豹彭越列傳〉中選取彭越之傳，從〈韓信盧綰列傳〉中選取盧綰之傳，再加上新增吳芮之傳，五人合爲〈韓彭英盧吳傳〉。此處限於篇幅，僅就韓信部分加以討論。

　　在《史記・太史公自序》敘目中，史公自言〈淮陰侯列傳〉之作意爲：

> 楚人迫我京索，而信拔魏趙，定燕齊，使漢三分天下有其二，以滅項籍。作〈淮陰侯列傳〉第三十二。

蓋漢初群臣，史公多因其功而立傳，如〈蕭相國世家〉敘目言「使百姓愛漢，不樂爲楚」，〈曹相國世家〉敘目言「與信定魏，破趙拔齊，遂弱楚人」，〈留侯世家〉敘目言「運籌帷幄之中，制勝於無形」，〈張耳陳餘列傳〉敘目言其「弱楚權」，〈魏豹彭越列傳〉敘目言其「以苦項羽」，〈黥布列傳〉敘目言其「卒破子羽于垓下」，〈韓信盧綰列傳〉敘目言其「絕籍糧餉」，是皆諸人之功。然相較之下，當以韓信之功爲最高，是以敘目嘉其「以滅項籍」。

　　而〈淮陰侯列傳〉的「太史公曰」則說：

> 吾如淮陰，淮陰人為余言，韓信雖為布衣時，其志與眾異。
> 其母死，貧無以葬，然乃行營高敞地，令其旁可置萬家。余
> 視其母冢，良然。假令韓信學道謙讓，不伐己功，不矜其能，
> 則庶幾哉，於漢家勳可以比周、召、太公之徒，後世血食矣。
> 不務出此，而天下已集，乃謀畔逆，夷滅宗族，不亦宜乎！

在〈蕭相國世家〉中，漢高祖以為論滅楚之功，蕭何當為第一；〈蕭相國世家〉贊語亦言蕭何「位冠群臣，聲施後世，與閎夭、散宜生等爭烈矣」。但〈淮陰侯列傳〉贊語中，史公卻評價韓信「於漢家勳可以比周、召、太公之徒」。可知史公認為，韓信之功實在蕭何及群臣之上。

韓信之功如是之高，為何其結局卻是「夷滅宗族」呢？在這裡，太史公歸因於其不能「學道謙讓，不伐己功，不矜其能」，更重要的是他「天下已集，乃謀畔逆」所致。

但史公又在〈淮陰侯列傳〉本文中，卻詳細記載了蒯通說韓信事。時楚漢相爭，韓信則據魏、趙、燕、齊而有之，為天下三大勢力之一，其助漢則漢勝，與楚則楚勝。楚使武涉先說韓信自立未成，其後齊辯士蒯通又說韓信，先言韓信之背相貴不可言，再獻「參分天下」之計，欲勸韓信自立。而韓信以「漢王遇我甚厚」，不可「鄉利倍義」為由，拒絕了蒯通之議。蒯通則言韓信所認為「漢王必不危己」的想法是錯的，因其「戴震主之威，挾不賞之功」，他日必危之。韓信又猶豫不決，蒯通再提醒「時乎時，不再來」，欲韓信下定決心背漢自立，韓信終「猶豫不忍倍漢，又自以為功多，漢終不奪我齊」，於是謝絕了蒯通的建議。太史公之所以在傳中，不厭

其煩長篇敘述此事，便是說明韓信絕無叛漢之心。

　　然滅楚之後，高祖先奪齊王韓信之軍，再徙信為楚王。然後利用韓信謁見之時，命武士縛之，再廢為淮陰侯。最後韓信為呂后所殺，〈淮陰侯列傳〉詳載其前後經過曰：

> 信知漢王畏惡其能，常稱病不朝從。……陳豨拜為鉅鹿守，辭於淮陰侯。淮陰侯挈其手，辟左右與之步於庭，仰天嘆曰：「子可與言乎？欲與子有言也。」豨曰：「唯將軍令之。」淮陰侯曰：「公之所居，天下精兵處也；而公，陛下之信幸臣也。人言公之畔，陛下必不信；再至，陛下乃疑矣；三至，必怒而自將。吾為公從中起，天下可圖也。」陳豨素知其能也，信之，曰：「謹奉教！」漢十年，陳豨果反。上自將而往，信病不從。陰使人至豨所，曰：「弟舉兵，吾從此助公。」信乃謀與家臣夜詐詔赦諸官徒奴，欲發以襲呂后、太子。部署已定，待豨報。其舍人得罪於信，信囚，欲殺之。舍人弟上變，告信欲反狀於呂后。呂后欲召，恐其黨不就，乃與蕭相國謀，詐令人從上所來，言豨已得死，列侯群臣皆賀。相國紿信曰：「雖疾，彊入賀。」信入，呂后使武士縛信，斬之長樂鐘室。信方斬，曰：「吾悔不用蒯通之計，乃為兒女子所詐，豈非天哉！」遂夷信三族。

此事多有可疑之處，前人已言之。如方苞云：

> 其詳載武涉、蒯通之言，則微文以志痛也。方信據全齊，軍鋒震楚、漢，不忍鄉利信義，乃謀畔於天下既集之後乎？其始被誣以行縣陳兵出入耳，終則見紿被縛斬於宮禁，未聞讞

獄而明徵其辭，所據乃告變之誣耳。其與陳豨辟人絜手之語，
孰聞之乎？列侯就第，無符璽節策，而欲與家臣夜詐發諸官徒
奴，孰聽之乎？[46]

梁玉繩亦云：

信之死冤矣！前賢皆極辨其無反狀，大抵出告變者之誣詞及
呂后與相國文致之耳。史公依漢廷獄案敘入傳中，而其冤自
見。一飯千金，弗忘漂母；解衣推食，寧負高皇？不聽涉、
通於擁兵王齊之日，必不妄動於淮陰家居之時；不思結連布、
越大國之王，必不輕約邊遠無能之將。賓客多，與稱病之人
何涉？左右辟，則絜手之語誰聞？[47]

故史公作此傳，實為韓信鳴冤。蓋天下未集之時，韓信居鼎足之勢，
尚不謀叛，豈有「天下已集，乃謀畔逆」之理？而傳中「辟左右」
三字，更是刻意留下最大之破綻。蓋既辟左右，則誰人能知其與陳
豨之語，足見所謂韓信謀畔，實乃漢廷之誣陷。故〈淮陰侯列傳〉
記高祖見信之死「且喜且憐之」，即憐信之無罪遭誅。史公全篇結
以「不亦宜乎」，以諷漢廷兔死狗烹，無罪而誅戮功臣之舉。蓋夏
商周三代開國，功臣皆得血食傳國，至漢而功臣紛紛遭誅，此乃古
今之又一變局。

《漢書·韓彭英盧吳傳》之論贊則曰：

昔高祖定天下，功臣異姓而王者八國。張耳、吳芮、彭越、

---

[46] 見（清）方苞，《望溪先生文集》（上海：中華書局四部備要聚珍本），卷二，
〈書淮陰侯傳後〉。

[47] 見（清）梁玉繩，《史記志疑》（清光緒十三年廣雅書局本），卷三十二。

黥布、臧荼、盧綰與兩韓信，皆徼一時之權變，以詐力成功，咸得裂土，南面稱孤。見疑彊大，懷不自安，事窮勢迫，卒謀叛逆，終於滅亡。張耳以智全，至子亦失國。唯吳芮之起，不失正道，故能傳號五世，以無嗣絕，慶流支庶。有以矣夫，著于甲令而稱忠也！

是將韓信與彭越、黥布、臧荼、盧綰、韓王信同列，認為此皆因不忠謀逆而遭滅也。而班固為申明此旨，於是將《史記・淮陰侯列傳》關鍵處文字一一刪去。如蒯通說韓信事，全文抽出，併入〈蒯伍江息夫傳〉中，原傳僅一筆帶過。其於韓信遭誅一事，更全刪最大破綻之「辟左右」三字，以彌縫漢廷之誣辭。又將高祖事後之反應，由「且喜且憐之」，改為「且喜且哀之」，以隱韓信之冤。趙翼曾論《漢書》刪去蒯通說韓信一事曰：

> 《史記・淮陰侯列傳》全載蒯通語，正以見淮陰之心乎為漢，雖以通之說喻百端，終確然不變，而他日之誣以反而族之者冤痛，不可言也。班書則〈韓信傳〉盡刪通語，而另為通作傳，以此語敘入〈通傳〉中，似乎詳簡得宜矣，不知蒯通本非必應立傳之人，載其語於〈淮陰傳〉，則淮陰之心跡見，而通之為辯士亦附見。史遷所以不更立〈蒯通傳〉，正以明淮陰之心，兼省卻無限筆墨。班掾則轉以此語而為通作傳，反略其語於〈韓信傳〉中，是舍所重而重所輕，且開後世史家一事一傳之例，宜乎後世之史日益繁也。[48]

---

[48]　見（清）趙翼，《陔餘叢考》（鄭州：河南教育出版社，1994 據乾隆五十五年湛貽堂刊本影印），卷五。

此論所言甚是，由班固改寫此傳之手法來看，其目的正在於隱漢室之惡，使淮陰之心跡不得明，方可轉變《史記‧淮陰侯列傳》鳴冤之本旨。

綜合以上所述，班固著《漢書》確有轉變《史記》本旨之意圖。《史記‧高祖本紀》之「太史公曰」，原有諷漢不行三王之道而尊秦制之意；《漢書‧高帝紀》之贊語，則改爲頌漢上承堯統之文。《史記‧外戚世家》原刺漢廷因行私天下之亂制，故敗壞三代擇后之法；《漢書‧外戚傳》則避而不談制度問題，皆歸因於后戚本身之私德。《史記‧淮陰侯列傳》原哀韓信無罪遭誅，於是知三代功臣血食之局面已變；《漢書‧韓彭英盧吳傳》則一切歸因人臣之不忠，非君王之過。

更重要的是，觀察《史》、《漢》之異同，往往發現班固於紀傳中所刪去之文字者，多僅寥寥數字而已。然此數字，如〈外戚世家〉之「非王侯有土之士女，不可以配人主也」，〈孝文本紀〉「諸侯皆同姓」，〈淮陰侯列傳〉之「辟左右」，皆是全文最關鍵之處，一加刪去則本旨全失。

由此看來，班固並非不知《史記》之本旨，乃是知其本旨而欲轉變之。然其刪改之舉，反而留下了確鑿的證據，證明他是故意隱滅《史記》之作意，以達成其「尊顯漢室」之目的。

平心而論，班固在史學上並非沒有貢獻。在《漢書》中，許多《史記》原先記載簡略，或年月有差之史事，班固皆一一加以齊整，使後人讀史更爲方便。如《史記‧高祖本紀》記五年上皇帝尊號事：

正月，諸侯及將相相與共請尊漢王為皇帝。漢王曰：「吾聞帝賢者有也，空言虛語，非所守也，吾不敢當帝位。」群臣皆曰：「大王起微細，誅暴逆，平定四海，有功者輒裂地而封為王侯。大王不尊號，皆疑不信。臣等以死守之。」漢王三讓，不得已，曰：「諸君必以為便，便國家。」甲午，乃即皇帝位汜水之陽。

皇帝曰義帝無後。齊王韓信習楚風俗，徙為楚王，都下邳。立建成侯彭越為梁王，都定陶。故韓王信為韓王，都陽翟。徙衡山王吳芮為長沙王，都臨湘。番君之將梅鋗有功，從入武關，故德番君。淮南王布、燕王臧荼、趙王敖皆如故。

《漢書·高帝紀》則作：

春正月，追尊兄伯號曰武哀侯。下令曰：「楚地已定，義帝亡後，欲存恤楚眾，以定其主。齊王信習楚風俗，更立為楚王，王淮北，都下邳。魏相國建城侯彭越勤勞魏民，卑下士卒，常以少擊眾，數破楚軍，其以魏故地王之，號曰梁王，都定陶。」又曰：「兵不得休八年，萬民與苦甚，今天下事畢，其赦天下殊死以下。」

於是諸侯上疏曰：「楚王韓信、韓王信、淮南王英布、梁王彭越、故衡山王吳芮、趙王張敖、燕王臧荼昧死再拜言，大王陛下：先時秦為亡道，天下誅之。大王先得秦王，定關中，於天下功最多。存亡定危，救敗繼絕，以安萬民，功盛德厚。又加惠於諸侯王有功者，使得立社稷。地分已定，而位號比儗，亡上下之分，大王功德之著，於後世不宣。昧死再拜上

皇帝尊號。」漢王曰:「寡人聞帝者賢者有也,虛言亡實之名,非所取也。今諸侯王皆推高寡人,將何以處之哉?」諸侯王皆曰:「大王起於細微,滅亂秦,威動海內。又以辟陋之地,自漢中行威德,誅不義,立有功,平定海內,功臣皆受地食邑,非私之也。大王德施四海,諸侯王不足以道之,居帝位甚實宜,願大王以幸天下。」漢王曰:「諸侯王幸以為便於天下之民,則可矣。」於是諸侯王及太尉長安侯臣綰等三百人,與博士稷嗣君叔孫通謹擇良日二月甲午,上尊號。漢王即皇帝位于氾水之陽。尊王后曰皇后,太子曰皇太子,追尊先媼曰昭靈夫人。

《史記》對此事的記載,是諸王先尊漢王為皇帝,而後高祖再分封諸王。《漢書》則是記漢王先分封諸王,諸王再尊漢王為皇帝。就此事來看,《史記》的記事是較為簡略的,《漢書》則在記事的詳盡和時間的先後上,都有勝於《史記》之處。

　　但如進一步考察,太史公並非不清楚此事的正確時間順序,如《史記‧秦楚之際月表》將「齊王韓信徙楚王」、「復置梁國」、「韓王信徙王代,都馬邑」及分封淮南王、燕王、趙王事,都記在四年正月下;而將「甲午,王更號,即皇帝位於定陶」事,記載四年二月下。換句話說,《史記》對封諸王事在正月或二月有前後不同的記載。這恐怕是因為材料的來源不同,《史記》又有「疑則傳疑」之原則所致。

　　然觀察《漢書》對於《史記》之改寫手法,便會發現兩者最大之分歧,在於重點的不同。《史記》於漢室之施政多所微言,然其

重點不在個人，而在治道與制度。蓋漢承秦制，襲嚴刑酷法為治而不改；漢武又變本加厲，其名為尊孔子之經，實則行始皇之道。史公欲撥亂反正，而於當世不能行其道，只能將其「百王大法」，[49]寄託於後世聖人君子。是以《史記》所謂「通古今之變」、「貶損當世」者，所重在於漢代之治道與制度。

《漢書》則恰相反，其於個人私德之不善者則多直筆書之，甚至較《史記》更有增補。但於漢室治道與制度之惡則多屈筆避之，甚至不惜刪改《史記》關鍵處文字。除上引諸例之外，又如〈司馬遷傳〉全抄史公〈自序〉之語，然於全文關鍵之史公述董生語：「貶天子，退諸侯，討大夫，以達王事而已矣」，[50]刪去「天子退」關鍵三字，變成「貶諸侯，討大夫，以達王事而已矣」，其擁護漢室統治而刪改《史記》之態度，極為明顯。

綜合以上所述，班固為達「尊顯漢室」之目的，其《漢書》於《史記》所譏刺漢室亂制之處，多有刻意刪改隱諱，以轉變其本旨。這和明帝雲龍門所宣示，要班固不可學史公「微文刺譏，貶損當世」，要學司馬相如「頌述功德」的撰述宗旨是一致的。

徐復觀在〈史漢比較研究之一例〉一文中，綜覽《漢書》內容而得到這樣一個結論：「而在不與帝室尊嚴發生直接衝突時，他（班

---

49 此包世臣語，其言《史記》「明為百王大法，非僅一代良史而已」（《藝舟雙楫·論史記六國表敘》〔清咸豐元年（1851）白門倦遊閣刊本〕），而阮芝生於此語有極為精要之論析。詳見阮芝生，〈《史記》的特質〉，《中國學報》29期（漢城：韓國中國學會，1989）。

50 見《史記》，卷一百三十，〈太史公自序第七十〉，頁3298。

固）仍能承儒家之緒，以表現其史識史德，否則他根本不能被推爲良史之一。」[51]此言亦即表明，但與帝室尊嚴發生衝突，班固即不能堅持其史識史德，而要向政治屈服。結合以上紀傳來看，可以發現班固是如何運用刪改的手法，來維護所謂漢家的「帝室尊嚴」。

太史公之史學，本欲論古今治道之得失，其所謂「稽其成敗興壞之理」、「通古今之變」、「王迹所興，原始察終，見盛觀衰」，用意正在於此。而班固爲避諱漢室之亂制，採取避重就輕的手法，刪改《史記》文字，棄治道而論私德，《史記》所立之史學大法，遂因而衰微矣！

呂思勉在其所著《秦漢史》中，曾針對兩漢之際學術的轉變，有一段極爲精闢的評論：

> 中國文化，有一大轉變，在乎兩漢之間。自西漢以前，言治者多對社會政治，竭力攻擊。東漢之後，此等議論，漸不復聞。漢、魏之間，玄學起，繼以佛學，乃專求所以適合社會者，而不復思改革社會矣。人與動物之異，在於人能改變其所處之境，動物則但能自變以求與所處之境相合。人既能改造所處之境，故其與接爲構者，實以業經改變之境爲多，而人與人之相處，關係尤鉅。**不能改變所處之境，而徒責人以善處，此必不可得之數也。**東漢以後，志士仁人，欲輔翼其世，躋世運於隆平，畀斯民以樂利者甚多，其用思不可謂不深，策劃不可謂不密，終於不能行，行之亦無其效者，實由於此。故以社會演進之道言之，自東漢至今二千年，可謂誤

---

[51] 見徐復觀，《兩漢思想史》（台北：台灣學生，1979），卷三，頁 532。

入歧途，亦可謂停滯不前也。[52]

驗諸《漢書》所以刪改《史記》之處，可證呂氏之言爲是也。然其所未論及者，在於這一大轉變，並非自然的學術轉變，而是統治者爲穩固其統治，有意干涉引導史學所致，《漢書》正是一個這樣明顯的例子。

綜合以上兩節所述，班固《漢書》爲尊顯漢室而割離古今，使當代史之傳統不復再現，從此中國史學述古而不論今，成爲殘缺不全之史學，後世遂以史學爲古代掌故之考記冊也；其又避重就輕，令史學由論治道得失，轉爲究個人私德，後世遂以史學爲個人善惡之品評簿矣。《漢書》縱有一二所長，亦是功不補患。後世中國史學，既不敢寫當代史，又不知論治道，遂失面對當代論治之真傳統與真精神，其始作俑者即是班固。

第三節　《史》、《漢》中的「天人」觀與「古今」觀

太史公在〈報任少卿書〉中自言，欲以其書「究天人之際，通古今之變，成一家之言」，[53]而班固《漢書‧敘傳》亦言其書「準天地」、「窮人理」、「通古今」。[54]可知《史記》與《漢書》都以探討「天人」與「古今」，爲其書之重點。是故欲明《漢書》對《史記》的轉變，還須對兩者之「天人」與「古今」觀作一整體認識。

---

[52]　呂思勉，《秦漢史》，頁 174。

[53]　見《漢書》，卷六十二，〈司馬遷傳第三十二〉，頁 2735 引。

[54]　見《漢書》，卷一百下，〈敘傳第七十下〉，頁 4271。

一、《史記》的「天人」與「古今」觀

　　過去幾乎每部《史記》的研究著作，都曾提及太史公所說「究天人之際，通古今之變」二語。但前輩學者，或一言帶過而未解說，或加解說而未道其詳，或欲道其詳而未全盤整理。惟阮芝生爲此專作〈試論司馬遷所說的「究天人之際」〉[55]及〈試論司馬遷所說的「通古今之變」〉[56]兩文，以全面整理爲基礎，於其相關文字鉤深探隱、顯微闡幽，其說最爲精當。茲依其說，分述其結論如下：

（一）究天人之際

　　太史公所謂「究天人之際」，乃是欲由千百年累積之歷史經驗，窮究決定治亂、盛衰、興廢、存亡、成敗、得失、吉凶、禍福之原因何在？是決定於「人」或是「天」？如兩者皆有，其界線（際）何在？

　　史公首先觀察二千年之史事，於是知五帝三代以來天下之治亂、盛衰、興廢、存亡，其關鍵莫不在「德」；王侯之得失、存亡、尊辱、寵廢，皆因「仁義」之故；個人之吉凶、禍福，則皆由自招。故治亂、安危、成敗、禍福之操持力量，乃決定在「人」。

　　然治亂吉凶固然在「人」，然史公也承認有超於人之「天」與「命」存在。但史公更相信，天人之間，有其分際存在。必於人事

55　阮芝生，〈試論司馬遷所說的「究天人之際」〉，《史學評論》第六期，頁 39-79。

56　阮芝生，〈試論司馬遷所說的「通古今之變」〉，收錄於《沈剛伯先生八秩榮慶論文集》（台北：聯經出版社，1976），頁 253-284。

盡處，方可歸之於天命；人事未盡，則不可遽歸之於天。是故人事之失敗，皆有其必然之理；而成功，則除了「人」之外，尚有待於「天」。天人之間，交相感應之樞機，仍在人之「德」，人若修德，亦可改變天意。故唯有修德以盡人事，方可希天、合天。

（二）通古今之變

　　所謂「通古今之變」之「變」，包括了「漸－變－終始」的過程。因此太史公提出了研究「變」的方法，便是「原始察終，見盛觀衰」。所謂「原始察終」，又分成「謹其終始」、「察其終始」、「綜其終始」三層功夫。但就算做到「綜其終始」，也只能說是「觀古今之變」或「協古今之變」，但史公不止如此，還要做到「通古今之變」。也就是要從古往今來種種人事演變的跡象中，找出成敗興壞的至理或定律。

　　而《史記》歸納了二千年之史事，認為古今之變，莫大於周漢之際，其要有三：一是封建改為郡縣，二是禮樂之淪亡，三是儒術之污壞。此三大變，其始皆因周衰。蓋周衰而有諸侯兼併，而封建之制遂壞。封建壞，於是禮樂征伐皆自諸侯出，故禮壞樂崩。禮壞樂崩，故孔子修起禮樂，欲以儒術撥亂反正。

　　然周自何而衰？太史公推原其始，在於厲王奔彘，所謂「亂自京師始」是也。厲王為何奔彘？乃因其「好利」、「專利」，而又惡聞己過。故太史公於《史記》中曾三次廢書而嘆：一為〈十二諸侯年表〉序曰「太史公讀春秋曆譜諜，至周厲王，未嘗不廢書而歎也」；二為〈孟荀列傳〉之「太史公曰」云「余讀孟子書，至梁惠王問何以利吾國，未嘗不廢書而歎也」；三為〈儒林列傳〉之「太

史公曰」言「余讀功令，至於廣厲學官之路，未嘗不廢書而歎也」。周厲王專利，梁惠王好利，公孫弘則以利祿誘儒生入仕途，故史公所以三嘆者，皆爲「利」也。蓋「利」者，乃治亂之根源。夫好利則爭，其極至於爭國爭天下。爭之手段，則不脫詐與力，天下大亂之根源即由此來。

蓋史公明白求利之心，出於人之本性。但若不加約束，任其發展，必至於爭。人人或以詐謀巧取，或以武力豪奪，則必至於亂。而在上位者，率先爭利，搧動爭心，此尤爲大亂之道。太史公曠觀古今，找到的根本解決方法，就是「以禮義防於利」。夫好利則爭，爭之反者爲「讓」，利之反者爲「義」，故史公崇禮尙義，欲以義絀利，以讓化爭。尙義重讓，禮始可興，言禮必及樂。以禮止爭息亂，以樂移風易俗，兩者相輔相成，由人性根本入手，方可致治。

「以禮義防於利」，乃是史公通古今之變所得之結論。然此非其獨創，乃本於孔子之《春秋》，故其曰「《春秋》者，禮義之大宗也」。此乃史公作史大義之所本，亦是《史記》繼《春秋》處。故《史記》之爲書，實如包世臣所言：「明爲百王大法，非一代良史而已」。

二、《漢書》的「天人」與「古今」觀

明白《史記》的「天人」與「古今」觀後，接著再對《漢書》中的「天人」與「古今」觀作一探討。

（一）《漢書》的「天人」觀

要瞭解《漢書》之「天人」觀，則不可不讀班彪之〈王命論〉。蓋《漢書・敘傳》論及班彪之著作，不收與史學密切相關之〈略論〉，而全文抄錄其〈王命論〉，可見班固對〈王命論〉的重視及其與《漢書》之密切關係。

〈王命論〉之主旨，在於申明漢承堯運，天命有歸，王者興祚，非人力所致。為證明這一點，他提到：

> 夫餓饉流隸，飢寒道路，思有裋褐之襲，儋石之畜，所願不過一金，然終於轉死溝壑。何則？貧窮亦有命也。況虖天子之貴，四海之富，神明之祚，可得而妄處哉？故雖遭罹阨會，竊其權柄，勇如信、布，彊如梁、籍，成如王莽，然卒潤鑊伏質，亨醢分裂，又況幺麼，尚不及數子，而欲闇奸天位者虖！

因此一切皆由命定，即使勇如韓信、英布，彊如項梁、項籍，成如王莽，只要敢對漢之天下抱持野心者無不敗滅。

反過來說，能夠認知這一點而忠於漢者，則可全身保宗。如：

> 當秦之末，豪桀共推陳嬰而王之，嬰母止之曰：「自吾為子家婦，而世貧賤，卒富貴不祥，不如以兵屬人，事成少受其利，不成禍有所歸。」嬰從其言，而陳氏以寧。王陵之母亦見項氏之必亡，而劉氏之將興也。是時陵為漢將，而母獲於楚，有漢使來，陵母見之，謂曰：「願告吾子，漢王長者，必得天下，子謹事之，無有二心。」遂對漢使伏劍而死，以固勉陵。其後果定於漢，陵為宰相封侯。夫以匹婦之明，猶

> 能推事理之致，探禍福之機，而全宗祀於無窮，垂策書於春秋，而況大丈夫之事乎！是故窮達有命，吉凶由人，嬰母知廢，陵母知興，審此四者，帝王之分決矣。

因此，天下人當認知帝王之分實乃天命而非人力。

班彪又進一步提出天命當歸劉漢，何以知之？他提出高祖得國的天命之徵：

> 蓋在高祖，其興也有五：一曰帝堯之苗裔，二曰體貌多奇異，三曰神武有徵應，四曰寬明而仁恕，五曰知人善任使。加之以信誠好謀，達於聽受，見善如不及，用人如由己，從諫如順流，趣時如嚮赴；當食吐哺，納子房之策；拔足揮洗，揖酈生之說；寤戍卒之言，斷懷土之情；高四皓之名，割肌膚之愛；舉韓信於行陳，收陳平於亡命，英雄陳力，羣策畢舉：此高祖之大略，所以成帝業也。若乃靈瑞符應，又可略聞矣。初劉媼任高祖而夢與神遇，震電晦冥，有龍蛇之怪。及其長而多靈，有異於眾，是以王、武感物而折券，呂公軌形而進女；秦皇東游以厭其氣，呂后望雲而知所處；始受命則白蛇分，西入關則五星聚。故淮陰、留侯謂之天授，非人力也。

觀班彪所言五點，所重者在天授，人謀乃是輔助而已。因此〈王命論〉清楚傳達的天人觀便是，一切概由天命所定，人力不可強求，帝王必屬劉漢者尤是。順此天命則有福，逆此天命則招禍，必審神器之有授也。

在瞭解《史記》與〈王命論〉的「天人」觀後，再觀察《漢書》之內容，便可發現《漢書》乃兼兩者之天人觀而並存。

　　《漢書》一方面繼承了《史記》所言，人之修德或敗德可以改變天意的觀念。故其屢言「妖由人興也……妖不自作，人棄常，故有妖」、[57]「德勝不祥，義厭不惠」、[58]「天人同心，人心說則天意解」[59]的道理。

　　此外，《漢書》也繼承了《史記》中「人事未盡，則不可求之於天」的觀念。如其〈郊祀志〉全襲《史記・封禪書》之內容，可見班固亦不信鬼神方術之虛妄。它也在〈王莽傳〉中，多次譏諷王莽所謂圖讖符應皆不可信，乃其任意操縱之可笑騙局。

　　但一旦牽涉到了漢室之天命問題，班固卻立刻換了一種主張。他在《漢書》中，一再宣傳漢室之符應之真實不虛，如〈高帝紀〉贊語：

> 漢承堯運，德祚已盛，斷蛇著符，旗幟上赤，協于火德，自然之應，得天統矣。[60]

如〈郊祀志〉贊語：

> 故高祖始起，神母夜號，著赤帝之符，旗章遂赤，自得天統矣。[61]

如〈敘傳〉敘目：

---

[57]　見《漢書》，卷二十七下之上，〈五行志第七下之上〉，頁 1467。
[58]　見《漢書》，卷三十，〈藝文志第十〉，頁 1773。
[59]　見《漢書》，卷七十二，〈王貢兩龔鮑傳第四十二〉，頁 3092。
[60]　見《漢書》，卷一下，〈高帝紀第一下〉，頁 82。
[61]　見《漢書》，卷二十五下，〈郊祀志第五下〉，頁 1270。

斷蛇奮旅，神母告符，朱旗乃舉，粵蹈秦郊。[62]

其〈敘傳〉中全文收載〈王命論〉，更是清楚的表達其贊成〈王命論〉所言，神器乃天命所授，有符應爲證，非人力所能改變的主張。

對於符應信或不信，兩種主張的矛盾更清楚的表達在《漢書》中對陰陽災異的看法。其〈敘傳〉敘目言：

> 河圖命庖，洛書賜禹，八卦成列，九疇逌畔。世代寔寶，光演文武，春秋之占，咎徵是舉。告往知來，王事之表。述五行志第七。[63]

〈五行志〉又說：

> 昔殷道弛，文王演《周易》；周道敝，孔子述《春秋》。則乾坤之陰陽，效洪範之咎徵，天人之道粲然著矣。[64]

白壽彝曾論班固作〈五行志〉之意，言《漢書》「把天人感應的神秘學說，特別是五行災異學說當作社會現象的永恆規律來宣揚，〈五行志〉是集中地表達了這種思想的」。[65]由此觀之，班固確實信奉陰陽災異之說，故爲此特別在《漢書》中創立了〈五行志〉。

但另一方面，他又斥責董仲舒、夏侯勝、眭孟、李尋因伸張其陰陽災異之說而下獄，乃是「學者之大戒也」，如〈眭兩夏侯京翼李傳〉贊語言：

---

62 見《漢書》，卷一百下，〈敘傳第七十下〉，頁 4236。
63 見《漢書》，卷一百下，〈敘傳第七十下〉，頁 4243。
64 見《漢書》，卷二十七下之上，〈五行志第七下之上〉，頁 1316。
65 白壽彝，《中國史學史論集》（北京：中華書局，1999），頁 117。

漢興推陰陽言災異者，孝武時有董仲舒、夏侯始昌，昭、宣則眭孟、夏侯勝，元、成則京房、翼奉、劉向、谷永，哀、平則李尋、田終術。此其納說時君著明者也。察其所言，仿佛一端。假經設誼，依託象類，或不免乎「億則屢中」。仲舒下吏，夏侯因執，眭孟誅戮，李尋流放，此學者之大戒也。京房區區，不量淺深，危言剌譏，構怨彊臣，罪辜不旋踵，亦不密以失身，悲夫！[66]

蓋此四人，皆西漢一代言陰陽災異之大學者。董仲舒乃《史記·太史公自序》中言「貶天子，退諸侯，討大夫」者，眭孟因天人符應上書請求漢帝禪位而誅死，夏侯勝則曾言武帝「多殺士眾，竭民財力，奢泰亡度，天下虛耗，百姓流離，物故者半。蝗蟲大起，赤地數千里，或人民相食，畜積至今未復。亡德澤於民，不宜爲立廟樂」而坐誹謗繫獄，李尋亦因言「漢曆中衰，當更受命」遭到流放。可知班固所言「學者之大戒」，並非學術之良窳，而是指政治態度是否正確而言。此四人共同之處，皆在不以漢室爲一尊，亦不認爲天命永歸漢室所有，故班固以之爲「危言剌譏」、「罪辜不旋踵」，其因在此。

是故，班固在《漢書》中的「天人」觀，端視是否符合漢室統治需要而定。在一般問題，他相信人力可以改變天意。但在漢室統治的正統性上，他又相信天命早定，人力絕對不可改變。對於陰陽災異圖讖符應，凡不利於漢室者則皆視爲騙局，凡有利於漢室者則信服宣揚。因此，在《漢書》中班固所認知的「天」，可說是完全

---

[66] 　見《漢書》，卷七十五，〈眭兩夏侯京翼李傳第四十五〉，頁3194。

爲漢室一家一姓統治服務的「天」。

（二）《漢書》的「古今」觀

其次，論《漢書》中的「古今」觀。如前所述，由於班固割離古今而斷代成史，致使史學之當代史傳統消失。但《漢書·敘傳》中仍以「通古今」標榜其書，這就不得不令人好奇，《漢書》的「今」是指什麼？

蓋《漢書》所指之「今」，基本上有三個下限：

（1）新莽之前：

〈敘傳〉言「起元高祖，終于孝平王莽之誅」，可知其下限就是新莽之亡。因此《漢書》所說的「今」，只能是西漢至新莽。這是全書之總綱，而《漢書》各篇之時代斷限基本皆以此爲準。

（2）秦楚之際：

《漢書》中唯一以「古今」命名的〈古今人表〉，其人物下限僅到秦楚之際，而不及西漢。因此前人每譏〈古今人表〉，實有「古」而無「今」（兩漢）。事實上，〈古今人表〉乃班昭所作，而《漢書·敘傳》敘目所言：「篇章博舉，通于上下，略差名號，九品之敘，述〈古今人表〉第八」，看不出班固原本規畫中「今」之下限何在。然此表不列兩漢人物，實因忌諱所致，如梁玉繩所言：

> 若表今人，則高祖諸帝悉在優劣之中，非班所敢出也。[67]

---

[67] 見（清）梁玉繩，《人表考》（嘉慶五年梁氏家刊本）。

因此〈古今人表〉中如果有「今」的話，也只能指秦楚之際。

（3）東漢

　　其實在《漢書》中，仍有少數提及東漢之史事，多見於諸志中。如〈律曆志〉：

> 光武皇帝，著紀以景帝後高祖九世孫受命中興復漢，改元曰建武，歲在鶉尾之張度。建武三十一年，中元二年，即位三十三年。[68]

如〈禮樂志〉：

> 世祖受命中興，撥亂反正，改定京師于土中。即位三十年，四夷賓服，百姓家給，政教清明，乃營立明堂、辟廱。顯宗即位，躬行其禮，宗祀光武皇帝于明堂，養三老五更於辟廱，威儀既盛美矣。然德化未流洽者。禮樂未具，羣下無所誦說，而庠序尚未設之故也。[69]
>
> 今海內更始，民人歸本，戶口歲息，平其刑辟，牧以賢良，至於家給，既庶且富，則須庠序禮樂之教化矣。今幸有前聖遺制之威儀，誠可法象而補備之，經紀可因緣而存著也。孔子曰：「殷因於夏禮，所損益，可知也；周因於殷禮，所損益，可知也；其或繼周者，百世可知也。」今大漢繼周，久曠大儀，未有立禮成樂，此賈誼、仲舒、王吉、劉向之徒所為發憤而增嘆也。[70]

---

[68]　見《漢書》，卷二十一下，〈律曆志第一下〉，頁721。

[69]　見《漢書》，卷二十二，〈禮樂志第二〉，頁1035。

[70]　見《漢書》，卷二十二，〈禮樂志第二〉，頁1075。

如〈刑法志〉：

> 自建武、永平，民亦新免兵革之禍，人有樂生之慮，與高、
> 惠之間同，而政在抑彊扶弱，朝無威福之臣，邑無豪桀之俠。
> 以口率計，斷獄少於成、哀之間什八，可謂清矣。然而未能
> 稱意比隆於古者，以其疾未盡除，而刑本不正。[71]

如〈食貨志〉：

> 後二年，世祖受命，盪滌煩苛，復五銖錢，與天下更始。[72]

細察其文，則多為歌頌東漢之語，如「受命中興復漢」、「四夷賓
服，百姓家給，政教清明」、「威儀既盛美矣」、「平其刑辟，牧
以賢良，至於家給，既庶且富」、「可謂清矣」、「盪滌煩苛，復
五銖錢，與天下更始」等。而語末略加慨嘆，如〈刑法志〉所說的
「以其疾未盡除，而刑本不正」，實則指的也是西漢之疾未盡除，
以為東漢開脫。

事實上，班固《漢書》中所一再歌頌的建武、永平治世，從光
武帝和明帝自己的詔書中，就可得知真相。如光武帝建武三十年詔
書：

> 建武三十年二月，羣臣上言，即位三十年，宜封禪泰山。詔
> 書曰：「即位三十年，百姓怨氣滿腹，吾誰欺，欺天乎？」[73]

明帝初即位之中元二年（57 C.E.）詔書：

---

[71] 見《漢書》，卷二十三，〈刑法志第三〉，頁1110。

[72] 見《漢書》，卷二十四下，〈食貨志第四下〉，頁1185。

[73] 見《後漢書》，卷十七，〈祭祀志上〉，頁3161。

> 今選舉不實，邪佞未去，權門請託，殘吏放手，百姓愁怨，
> 情無告訴。……又郡縣每因徵發，輕為姦利，詭責贏弱，先
> 急下貧。

明帝永平三年（60 C.E.）詔書：

> 比者水旱不節，邊人食寡，政失於上，人受其咎。

明帝永平五年（62 C.E.）詔書：

> 今永平之政，百姓怨結。[74]

由此可知，班固《漢書》中所言「政在抑彊扶弱，朝無威福之臣，邑無豪桀之俠」、「百姓家給，政教清明」等頌語，與實際情況乃相去甚遠，皆為尊顯漢室，而作如是書。

因此由《漢書》三個不同的「今」來看，班固所言「今」的下限，是可以靈活調整的。其紀傳不入東漢，乃是為了尊顯漢室；其人表不敘漢代，還是為尊顯漢室；其諸志敘及東漢，一樣是為了尊顯漢室。

而如同要瞭解《漢書》之「天人」觀，則不可不讀〈王命論〉一般，要瞭解《漢書》之「古今」觀，則必讀班固〈答賓戲〉一文，此文亦全錄於《漢書・敘傳》之中。文中言古今時勢之變，而總結以：

> 方今大漢洒埽羣穢，夷險芟荒，廓帝紘，恢皇綱，基隆於義、
> 農，規廣於黃、唐；其君天下也，炎之如日，威之如神，函

　以上三詔，分別見《後漢書》，卷二，〈顯宗孝明帝紀第二〉，頁98、105、108。

> 之如海，養之如春。是以六合之內，莫不同原共流，沐浴玄
> 德，稟印太和，枝附葉著，譬猶中木之殖山林，鳥魚之毓川
> 澤，得氣者蕃滋，失時者苓落，參天墜而施化，豈云人事之
> 厚薄哉？今子處皇世而論戰國，耀所聞而疑所覿，欲從旄敦
> 而度高牢泰山，懷汍濫而測深牢重淵，亦未至也。[75]

是故在「古今之變」的問題，《漢書》和《史記》的看法仍是不同。
在《史記》來看，古今之鉅變在於周衰之後禮壞樂崩，秦以詐力之
術御天下，漢因之而不改，武帝又變本加厲之，是今不如古。而《漢
書》卻認為漢代「基隆於羲、農，規廣於黃、唐」，羲、農、黃、
唐乃是三皇五帝之時代，是儒家傳說中盡善盡美的時代。而班固在
〈景帝紀〉贊語中又說：

> 周云成康，漢言文景，美矣！。[76]

在〈宣帝紀〉贊語中也說：

> 功光祖宗，業垂後嗣，可謂中興，侔德殷宗、周宣矣。[77]

因此，《漢書》中處處可見漢德足以比隆唐虞三代的觀點，可知班
固認為今世絲毫不遜於古，甚至更有勝之。

　　而《史記》所以認為「今不如古」，關鍵就因「漢襲秦道而不
改」。在此問題上，班固也提出另一套不同的看法。

---

[75] 見《漢書》，卷一百下，〈敘傳第七十下〉，頁 4228。
[76] 見《漢書》，卷五，〈景帝紀第五〉，頁 153。
[77] 見《漢書》，卷八，〈宣帝紀第八〉，頁 275。

　　班固雖在《漢書・司馬遷傳》贊語中，一再斥責太史公「是非頗謬於聖人」，似信奉孔子治道為最高標準。但在漢家承秦治道而不改，違背聖人之法的問題上，他卻持另一種態度。如〈百官公卿表〉序曰：

> 自周衰，官失而百職亂，戰國並爭，各變異。秦兼天下，建皇帝之號，立百官之職。漢因循而不革，明簡易，隨時宜也。[78]

他在〈元帝紀〉中，也記錄了這樣一段著名的對話：

> 孝元皇帝，宣帝太子也。……壯大，柔仁好儒。見宣帝所用多文法吏，以刑名繩下，大臣楊惲、蓋寬饒等坐刺譏辭語為罪而誅，嘗侍燕從容言：「陛下持刑太深，宜用儒生。」宣帝作色曰：「漢家自有制度，本以霸王道雜之，奈何純任德教，用周政乎！且俗儒不達時宜，好是古非今，使人眩於名實，不知所守，何足委任！」乃歎曰：「亂我家者，太子也！」[79]

余英時於〈反智論與中國政治傳統〉中，曾評宣帝此言曰：

> 請看宣帝罵儒生「好是古非今」的話，豈不完全是秦始皇、李斯的口吻，哪裡有一絲仁義的味道？[80]

但觀班固在〈元帝紀〉贊語中，言元帝使「孝宣之業衰焉」來看，班固卻無疑是贊同宣帝這種主張的。此外，《漢書》中處處斥責王莽復

---

[78] 見《漢書》，卷十九上，〈百官公卿表第七上〉，頁722。

[79] 見《漢書》，卷九，〈元帝紀第九〉，頁277。

[80] 余英時，〈反智論與中國政治傳統〉，收入氏著，《歷史與思想》（台北：聯經出版社，1976）。

古之舉，評論王莽失敗之根源，在於「動欲慕古，不度時宜」。[81]也就是說，一但古來聖人所傳之治道和今帝王之時宜相衝突，班固便會以「時宜」爲最高標準，採尊顯漢室爲先的態度。

綜合本節所述，《漢書》之「天人」觀，是爲漢室服務的「天人」觀；《漢書》之「古今」觀，一樣是爲漢室服務的「古今」觀。兩者之去取，皆以「尊顯漢室」爲最高原則。太史公所以提出「究天人之際，通古今之變」，是爲了「稽其成敗興壞之理」以「撥亂反正」。而漢書既隨當世之時宜，以尊顯漢室爲先，自然不敢言「撥亂反正」，只能說是「通古今，備溫故知新之義」了。[82]

再回顧明帝在「雲龍門對策」中，以司馬相如爲範例，諄諄告誡班固「但有浮華之辭，不周於用，……竟得頌述功德，……忠臣効也」者，班固真可說是不負明帝所望矣。

第四節　班固之為人與《漢書》

孟子曾言：「讀其書，不知其人可乎？」，[83]要徹底探討馬、班異同之根源，勢必對班固之爲人作一瞭解，以明其作《漢書》之動機。

班固生於東漢光武帝建武八年（32 C.E.），[84]其人自幼早慧，

81　見《漢書》，卷二十四上，〈食貨志第四上〉，頁 1143。

82　見《漢書》，卷十九上，〈百官公卿表第七上〉，頁 722。

83　見《孟子・萬章下》。

84　由於《漢書・敘傳》與《後漢書・班彪列傳》所記班固生平及著作，其年份稍

才華出眾，《後漢書‧班彪列傳》記其「年九歲，能屬文，誦詩賦。及長，遂博貫載籍，九流百家之言，無不窮究」。[85]又兼家學淵源，故謝承《後漢書》曾言：「固年十三，王充見之，拊其背謂彪曰：『此兒必記漢事。』」。[86]

班固十六歲時，入太學就讀，而後因父喪居家。據《漢書‧敘傳》及《後漢書‧班彪列傳》，在居家的這段時間前後，班固除了改作班彪《後傳》一書外，還有其他作品，簡介如下。

（一）〈奏記〉

永平元年（58 C.E.），明帝即位，任命其兄東平王蒼為驃騎大將軍輔政，位在三公上。還為其特置長史掾史員四十人，以供其招攬幕僚。《後漢書‧班彪列傳》記曰：「東平王蒼以至戚為驃騎將軍輔政，開東閣，延英雄」，[87]對閒居在家的班固來說，這是他等待已久的機會。因此他立刻作了這篇〈奏記〉，上呈東平王蒼。《後漢書‧班彪列傳》載其〈奏記〉曰：

> 將軍以周、邵之德，立乎本朝，承休明之策，建威靈之號，昔在周公，今也將軍，詩書所載，未有三此者也。傳曰：「必

有出入。本節所述班固之事，基本根據安作璋，《班固評傳》（南寧：廣西教育出版社，1996）一書考定年份。

[85]　見《後漢書》，卷四十上，〈班彪列傳第三十上〉，頁1330。

[86]　見《後漢書‧班彪列傳》注引，頁1330。然清沈欽韓以為此事不可信，蓋充為掾時，固已為郎，固成名在先，王充不得呼為小兒（見《後漢書集解》引）。然安作璋《班固評傳》以為，王充師事班彪，與班氏關係非淺，又年長於固，戲呼小兒，亦不為過。又以為謝承與王充同鄉，於此或有所聞，是也。

[87]　見《後漢書》，卷四十上，〈班彪列傳第三十上〉，頁1330。

有非常之人，然後有非常之事；有非常之事，然後有非常之
功。」固幸得生於清明之世，豫在視聽之末，私以螻螘，竊
觀國政，誠美將軍擁千載之任，躡先聖之蹤，體弘懿之姿，
據高明之埶，博貫庶事，服膺六蓺，白黑簡心，求善無猒，
採擇狂夫之言，不逆負薪之議。

竊見幕府新開，廣延羣俊，四方之士，顛倒衣裳。將軍宜詳
唐、殷之舉，察伊、皐之薦，令遠近無偏，幽隱必達，期於
總覽賢才，收集明智，為國得人，以寧本朝。則將軍養志和
神，優游廟堂，光名宣於當世，遺烈著於無窮。

竊見故司空掾桓梁，宿儒盛名，冠德州里，七十從心，行不
踰矩，蓋清廟之光暉，當世之俊彥也。京兆祭酒晉馮，結髮
修身，白首無違，好古樂道，玄默自守，古人之美行，時俗
所莫及。扶風掾李育，經明行著，教授百人，客居杜陵，茅
室土階。京兆、扶風二郡更請，徒以家貧，數辭病去。溫故
知新，論議通明，廉清修絜，行能純備，雖前世名儒，國家
所器，韋、平、孔、翟，無以加焉。宜令考績，以參萬事。
京兆督郵郭基，孝行著於州里，經學稱於師門，政務之績，
有絕異之效。如得及明時，秉事下僚，進有羽翮奮翔之用，
退有杞梁一介之死。涼州從事王雍，躬卞嚴之節，文之以術
蓺，涼州冠蓋，未有宜先雍者也。古者周公一舉則三方怨，
曰「奚為而後己」。宜及府開，以慰遠方。弘農功曹史殷肅，
達學洽聞，才能絕倫，誦詩三百，奉使專對。此六子者，皆
有殊行絕才，德隆當世，如蒙徵納，以輔高明，此山梁之秋，
夫子所為歎也。

昔卞和獻寶，以離斷趾，靈均納忠，終於沈身，而和氏之璧，千載垂光，屈子之篇，萬世歸善。願將軍隆照微之明，信日昃之聽，少屈威神，昝嗟下問，令塵埃之中，永無荊山、汨羅之恨。[88]

據《後漢書·光武十王列傳》載東平王蒼之為人，云其「少好經書，雅有智思，為人美須髯，要帶八圍」，[89]未見其任驃騎大將軍前有何德業。而班固〈奏記〉卻一開始就稱贊他有「周、邵之德」、「昔在周公，今也將軍」，比之於聖賢周公，不知根據為何？由此可以看出，班固與其父班彪「學不為人」、「言不為華」之作風實烱然相異。

　而〈奏記〉文中，先言大將軍當「總覽賢才，收集明智，為國得人」，而後言六子「皆有殊行絕才，德隆當世」。蓋進賢者受上賞，則識賢之班固豈不亦為賢才乎？故其文末不忘一再提醒大將軍，不要辜負「獻寶」、「納忠」之人，也就是指班固自己，方可「永無荊山、汨羅之恨」。因此本文之主旨，名為薦六子於大將軍，實則自薦耳。不過最後劉蒼雖採納了班固所薦，卻沒有延攬班固。

（二）〈幽通賦〉

　班固不得見用，其閒居在家後又作了〈幽通賦〉。〈幽通賦〉的內容，主要在借古今人事吉凶命運以抒懷明志。而最重要者，在開頭自述其胸懷的幾句：

---

[88]　見《後漢書》，卷四十上，〈班彪列傳第三十上〉，頁1330。

[89]　見《後漢書》，卷四十二，〈光武十王列傳第三十二〉，頁1433。

> 懿前烈之純淑兮，窮與達其必濟，咨孤矇之眇眇兮，將圮絕
> 而罔階，豈余身之足殉兮？悼世業之可懷。[90]

前人論此文，多以為此乃班固申其繼述先人之業的志向。但從另一
方面，也可以看出班固此時不甘寂寞，又不知何去何從的心情。如
果只是在家著書，又何必有「咨孤陋矇之眇眇兮，將圮絕而罔階，豈
余身之足殉兮（可嘆我孤陋矇昧力量微弱啊。先人餘業將要滅絕而
無以成就，我拼上一死又何濟於事呢？）」[91]之感慨？他實是不甘
老死於家鄉，而渴望為世所用。

由於不得見用，班固只好繼續居家著述。而後永平五年（62
C.E.）便發生了「私改作國史」事件，前已述之。而後經過明帝的
一連串考核和指導，終於在聖命之下得以居官撰作。在明、章二帝
時，他除了《漢書》之外，還作了〈答賓戲〉、〈兩都賦〉、〈神
雀頌〉、〈典引〉等文。

（三）〈答賓戲〉、〈兩都賦〉、〈神雀頌〉、〈典引〉

〈答賓戲〉一文，據《漢書・敘傳》作於明帝永平中，乃申明
己志之作。此文之作，乃因他人譏班固專意著作之無功，而固應之
以「功不可以虛成，道不可以偽立」，最後又自比為「龢氏之璧韞
於荊石，隨侯之珠藏於蚌蛤」，以待人發見。可見其對於己才之自
信，及對功名利祿之不能忘情。

〈兩都賦〉一文，據《後漢書・班彪列傳》所記，亦作於班固

---

90 見《漢書》，卷一百上，〈敘傳第七十上〉，頁 4213。
91 此處譯文，見安作璋，《班固評傳》，頁 24。

永平年間爲郎不久之時。據〈兩都賦〉序，述其作此文之動機爲：

> 臣竊見海內清平，朝廷無事，京師脩宮室，浚城隍，起苑囿，以備制度。西土耆老，咸懷怨思，冀上之睠顧，而盛稱長安舊制，有陋雒邑之議故臣作兩都賦，以極眾人之所眩曜，折以今之法度。[92]

如前所述，永平年間內則「水旱不節」、「百姓怨結」，外則匈奴、西羌不斷騷擾，怎能說是「海內清平，朝廷無事」？朝廷於此時勞民傷財，大修宮室，班固不思諫勸，居然還爲此作賦歌頌。

而〈兩都賦〉之內容，亦以歌頌東漢諸帝爲主。〈賦〉中稱贊東漢光武帝云：

> 且夫建武之元，天地革命。四海之內，更造夫婦，肇有父子。君臣初建，人倫寔始。斯乃伏犧氏之所以基皇德也。分州土，立市朝，作舟輿，造器械，斯乃軒轅氏之所以開帝功也。龔行天罰，應天順人，斯乃湯武之所以昭王業也。遷都改邑，有殷宗中興之則焉；即土之中，有周成隆平之制焉。不階尺土一人之柄，同符乎高祖。克己復禮，以奉終始，允恭乎孝文。憲章稽古，封岱勒成，儀炳乎世宗。案六經而校德，眇古昔而論功，仁聖之事既該，而帝王之道備矣。

是以在班固看來，自言令「百姓怨氣滿腹」之光武帝，實乃集伏羲、黃帝、商湯、周武、殷高宗、周成王、漢高祖、漢文帝、漢武帝之大成於一身之聖王。看到這裡，不由得令人想起秦始皇時群臣所歌

頌,「自上古以來未嘗有,五帝所不及」、「功蓋五帝」[93]之語。

至於明帝,班固此賦亦頌曰:

> 至乎永平之際,重熙而累洽。……自孝武之所不征,孝宣之
> 所未臣。莫不陸讋水慄,奔走而來賓。……百姓滌瑕盪穢,
> 而鏡至清。形神寂漠,耳目弗營。嗜欲之源滅,廉恥之心生。
> 莫不優游而自得,玉潤而金聲。是以四海以內,學校如林,
> 庠序盈門。獻酬交錯,俎豆莘莘。下舞上歌,蹈德詠仁。登
> 降飫宴之禮既畢,因相與嗟歎玄德,謹言弘說。咸含和而吐
> 氣,頌曰:盛哉乎斯世!

光是自己歌頌還不足,班固最後還斥責今之學者「但知誦虞夏之書,
詠殷周之詩。講義文之易,論孔氏之春秋。罕能精古今之清濁,究
漢德之所由」。這和《漢書·敘傳》所要表達的,漢代之德可比隆
唐虞三代的觀點,基本是一致的。

〈神雀頌〉一文,作於東漢明帝永平十七年。此文乃因該年神
雀翔集京師,故明帝命眾臣上頌。《論衡·佚文》云:

> 永平中,神雀群集,孝明詔上爵頌。百官頌上,文皆比瓦石,
> 唯班固、賈逵、傅毅、楊終、侯諷五頌金玉,孝明覽焉。[94]

班固此文內容今已不存,但由明帝的喜好和前述賈逵、楊終等人的
素行來看,應亦為歌頌漢室功德之作。

---

[93] 見《史記》,卷六,〈秦始皇本紀第六〉,頁236、245。
[94] 《論衡校釋》,卷二十,〈佚文第六十一〉。

　　章帝時，班固又作〈典引〉一文。[95]班固撰作此文的動機爲「雖不足雍容明盛萬分之一，猶啓發憤滿，覺悟童蒙，光揚大漢，軼聲前代」，故文中歌頌漢之得天下乃「膺當天之正統，受克讓之歸運」、「赫赫聖漢，巍巍唐基」，而當今天子更是集「嘉穀靈草，奇獸神禽，應圖合諜，窮祥極瑞」於一身之聖君，是故「盛哉！皇家帝世，德臣列辟，功君百王，榮鏡宇宙，尊無與抗」，文末更以「唐哉皇哉，皇哉唐哉！」之贊頌結尾，來表達班固景仰讚嘆之心。

　　由此四文觀之，班固似乎真對漢室一片耿耿忠心，和他在《漢書》中「尊顯漢室」的立場也是一致的。

　　但在另一方面，班固於明章之時，雖得親近天子，但他本人卻懷怨望。據《後漢書‧班彪列傳》言：

> 及肅宗雅好文章，固愈得幸，數入讀書禁中，或連日繼夜。每行巡狩，輒獻上賦頌，朝廷有大議，使難問公卿，辯論於前，賞賜恩寵甚渥。固自以二世才術，位不過郎。[96]

蓋班固所不滿者，在於不得權位利祿，其自認才高當世，而位不過郎，實乃屈就。也就難怪他要時常在文中，以「龢氏之璧韞於荊石，隨侯之珠藏於蚌蛤」自比了。

　　至此不禁令人好奇，那麼班固此前的種種作爲，包括撰作《漢書》在內，到底是因爲世受漢恩，因此對漢室有堅定的政治信仰？還是爲了一己的功名利祿，而諂媚迎合當權者呢？這就必須從他晚

---

[95]　見《文選》，卷四十八。

[96]　見《後漢書》，卷四十上，〈班彪列傳第三十上〉，頁1373。

年的作爲來判斷了。

章帝晚年，班固以母喪去官。而後和帝因年幼即位，竇太后臨朝稱制，是時后兄竇憲權傾朝野，班固得竇憲賞識重用，而任其幕僚，直至身故爲止。那麼竇憲究竟有何德業，能讓自以才高當世的班固親附呢？這可以從《後漢書‧竇融列傳》的相關記載，[97]來加以瞭解。

據〈傳〉文的記載，竇憲乃是竇融曾孫，其妹爲章帝皇后。因外戚的身份，竇憲與其弟在章帝晚年，「兄弟親幸，並侍宮省，賞賜累積，寵貴日盛」。其權慾日盛，甚至侵奪漢家公主之產業：

> 憲恃宮掖聲勢，遂以賤直請奪沁水公主園田，主逼畏，不敢計。後肅宗駕出過園，指以問憲，憲陰喝不得對。後發覺，帝大怒，召憲切責曰：「深思前過，奪主田園時，何用愈趙高指鹿爲馬？久念使人驚怖。昔永平中，常令陰黨、陰博、鄧疊三人更相糾察，故諸豪戚莫敢犯法者，而詔書切切，猶以舅氏田宅爲言。今貴主尚見枉奪，何況小人哉！國家棄憲如孤雛腐鼠耳。」憲大震懼，皇后爲毀服深謝，良久乃得解，使以田還主。雖不繩其罪，然亦不授以重任。

觀上文所書，竇憲不僅奪公主園田，事發之後，在章帝之前都敢陰喝公主不得對，其惡形惡狀可說是躍然紙上。

然此時章帝尚在，竇憲還有所忌憚；待章帝晏駕，竇憲立即勾結太尉鄧彪，奪取國家大權。如〈傳〉曰：

和帝即位，太后臨朝，憲以侍中，內幹機密，出宣誥命。憲以前太尉鄧彪有義讓，先帝所敬，而仁厚委隨，故尊崇之，以為太傅。令百官總己以聽，其所施為，輒外令彪奏，內白太后，事無不從。

奪取大權之後，竇憲囂張跋扈的本性立即顯露而出，如〈傳〉曰：

憲性果急，睚眦之怨莫不報復。初，永平時，謁者韓紆嘗考劾父勳獄，憲遂令客斬紆子，以首祭勳冢。齊殤王子都鄉侯暢來弔國憂，暢素行邪僻，與步兵校尉鄧疊親屬數往來京師，因疊母元自通長樂宮，得幸太后，被詔召詣上東門。憲懼見幸，分宮省之權，遣客刺殺暢於屯衛之中，而歸罪於暢弟利侯剛，乃使侍御史與青州刺史雜考剛等。後事發覺，太后怒，閉憲於內宮。憲懼誅，自求擊匈奴以贖死。

而《資治通鑑・漢紀三十九》和帝永元元年條又載：

會齊殤王子都鄉侯暢來弔國憂，太后數召見之，竇憲懼暢分宮省之權，遣客刺殺暢於屯衛之中，而歸罪於暢弟利侯剛，乃使侍御史與青州刺史雜考剛等。尚書潁川韓稜以為「賊在京師，不宜捨近問遠，恐為姦臣所笑。」太后怒，以切責稜，稜固執其議。何敞說宋由曰：「暢宗室肺府，茅土藩臣，來弔大憂，上書須報，親在武衛，致此殘酷。奉憲之吏，莫適討捕，蹤跡不顯，主名不立。敞備數股肱，職典賊曹，欲親至發所以糾其變。而二府執事，以為三公不與賊盜，公縱姦慝，莫以為咎。敞請獨奏案之。」由乃許焉。二府聞敞行，皆遣主者隨之。於是推舉，具得事實。太后怒，閉憲於內宮。

> 憲懼誅，因自求擊匈奴以贖死。[98]

當時齊殤王之子，也是漢室宗室的都鄉侯劉暢，來弔章帝之喪。只因竇太后多次召見，竇憲恐其分己之權，居然派刺客將劉暢殺了。殺人之後，還要栽贓給劉暢之弟。竇憲本以為栽贓便可脫罪，沒想到最後韓稜等正臣的追查之下，仍然東窗事發。此時太后惱羞成怒，只好將竇憲關在內宮。而竇憲為求免罪，居然想出征伐北匈奴以贖罪的主意來。

竇憲為何想要征伐北匈奴？蓋當時北匈奴內亂，南匈奴欲乘機併吞，故上言欲聯合漢軍消滅北匈奴。[99]趁其內亂而滅之，又有南匈奴為之嚮導，此乃事半功倍，千載一時之良機，竇憲自然不會放過。竇憲上言太后，太后也欲以此事為下台階而力助之，然朝中大臣卻群起反對。如《後漢書·袁張韓周列傳》記載：

> 和帝即位，竇太后臨朝，后兄車騎將軍憲北擊匈奴，（袁）安與太尉宋由、司空任隗及九卿詣朝堂上書諫，以為匈奴不犯邊塞，而無故勞師遠涉，損費國用，徼功萬里，非社稷之計。書連上輒寢。宋由懼，遂不敢復署議，而諸卿稍自引止。唯安獨與任隗守正不移，至免冠朝堂固爭者十上。太后不聽，眾皆為之危懼，安正色自若。[100]

而《後漢書·卓魯魏劉列傳》亦記：

和帝初立，議遣車騎將軍竇憲與征西將軍耿秉擊匈奴，（魯）恭上疏諫曰：「陛下親勞聖思，日昃不食，憂在軍役，誠欲以安定北垂，為人除患，定萬世之計也。臣伏獨思之，未見其便。社稷之計，萬人之命，在於一舉。數年以來，秋稼不熟，人食不足，倉庫空虛，國無畜積。會新遭大憂，人懷恐懼。陛下躬大聖之德，履至孝之行，盡諒陰三年，聽於冢宰。百姓闕然，三時不聞警蹕之音，莫不懷思皇皇，若有求而不得。今乃以盛春之月，興發軍役，擾動天下，以事戎夷，誠非所以垂恩中國，改元正時，由內及外也」。[101]

因此，這場戰爭外則師出無名，內則國庫空虛，不論內外都是不義之戰。而追溯其原，就是為了讓竇憲一人有個能脫罪的理由。

然太后為維護其兄，不論群臣如何反對，都堅持讓他出兵。而為了支持這場戰爭獲勝，竇家兄弟更是公開劫掠民財、橫征暴斂，並不顧邊郡安危而私發邊兵。如《後漢書・袁張韓周列傳》記載：

竇憲既出，而弟衛尉篤、執金吾景各專威權，公於京師使客遮道奪人財物。景又縱使乘驛施檄緣邊諸郡，發突騎及善騎射有才力者，漁陽、鴈門、上谷三郡各遣吏將送詣景第。有司畏憚，莫敢言者。（袁）安乃劾景縱發邊兵，驚惑吏人，二千石不待符信而輒承景檄，當伏顯誅。又奏司隸校尉、河南尹阿附貴戚，無盡節之義，請免官案罪。並寢不報。憲、景等日益橫，盡樹其親黨賓客於名都大郡，皆賦斂吏人，更

相賂遺，其餘州郡，亦復望風從之。[102]

最後竇憲終於如願以償，出兵而取得勝利。如《後漢書·竇融列傳》
云：

> 憲懼誅，自求擊匈奴以贖死。會南單于請兵北伐，乃拜憲車
> 騎將軍，金印紫綬，官屬依司空，以執金吾耿秉為副，發北
> 軍五校、黎陽、雍營、緣邊十二郡騎士，及羌胡兵出塞。明
> 年，憲與秉各將四千騎及南匈奴左谷蠡王師子萬騎出朔方雞
> 鹿塞，南單于屯屠河，將萬餘騎出滿夷谷，度遼將軍鄧鴻及
> 緣邊義從羌胡八千騎，與左賢王安國萬騎出(桥)(稒)陽塞，皆
> 會涿邪山。憲分遣副校尉閻盤、司馬耿夔、耿譚將左谷蠡王
> 師子、右呼衍王須訾等，精騎萬餘，與北單于戰於稽落山，
> 大破之，虜眾崩潰，單于遁走，追擊諸部，遂臨私渠比鞮海。
> 斬名王已下萬三千級，獲生口馬牛羊橐駝百餘萬頭。於是溫
> 犢須、日逐、溫吾、夫渠王柳鞮等八十一部率眾降者，前後
> 二十餘萬人。

獲勝之後，竇憲殺害宗親之事從此不了了之，其權勢更為高張。如
《後漢書·袁張韓周列傳》記載：

> 及憲有功，還為大將軍，威震天下，復出屯武威。會帝西祠
> 園陵，詔憲與車駕會長安。及憲至，尚書以下議欲拜之，伏
> 稱萬歲。（韓）棱正色曰：「夫上交不諂，下交不黷，禮無
> 人臣稱萬歲之制。」議者皆慙而止。[103]

身爲外戚而欲僭稱萬歲，其不臣之心明矣，假以時日，又有重現王莽之禍的危機。

而班固深獲竇憲重用，正是在其權勢如日中天，爲惡多端之此時。如《後漢書・竇融列傳》云：

> 憲既平匈奴，威名大盛，以耿夔、任尚等爲爪牙，鄧疊、郭璜爲心腹。班固、傅毅之徒，皆置幕府，以典文章。刺史、守令多出其門。尚書僕射郅壽、樂恢並以忤意，相繼自殺。由是朝臣震慴，望風承旨。而篤進位特進，得舉吏，見禮依三公。景爲執金吾，瓌光祿勳，權貴顯赫，傾動京都。雖俱驕縱，而景爲尤甚，奴客緹騎依倚形埶，侵陵小人，強奪財貨，篡取罪人，妻略婦女。商賈閉塞，如避寇讎。有司畏懦，莫敢舉奏。……竇氏父子兄弟並居列位，充滿朝廷。

故由史傳所記來看，竇憲此人，實乃兇殘跋扈、大奸巨惡之徒。而班固不但爲虎作倀、助紂爲虐，還爲之作〈燕然山銘〉以歌頌其功。如《後漢書・竇融列傳》云：

> 憲、秉遂登燕然山，去塞三千餘里，刻石勒功，紀漢威德。令班固作銘曰：「惟永元元年秋七月，有漢元舅曰車騎將軍竇憲，寅亮聖明，登翼王室，納于大麓，惟清緝熙。乃與執金吾耿秉，述職巡御，理兵於朔方。……遂踰涿邪，跨安侯，乘燕然，躡冒頓之區落，焚老上之龍庭。上以攄高、文之宿憤，光祖宗之玄靈；下以安固後嗣，恢拓境宇，振大漢之天聲。茲所謂一勞而久逸，暫費而永寧者也。乃遂封山刊石，昭銘上德。其辭曰：鑠王師兮征荒裔，勦凶虐兮涷海外，夐

其邈兮亙地界，封神丘兮建隆碣，熙帝載兮振萬世。」

如前所述，竇憲侵陵公主、刺殺宗室之行，世人盡知。班固所謂「寅亮聖明，登翼王室」，不知從何說起。事實上，班固在這場不義之戰中扮演的角色，還不止於此。

在章帝章和二年（88 C.E.），也就是竇憲征伐北匈奴的前一年，當時章帝仍在位，北匈奴大亂，遣使欲求和親：

> 時北單于遣使貢獻，求欲和親，詔問群僚。議者或以為「匈奴變詐之國，無內向之心，徒以畏漢威靈，逼憚南虜，故希望報命，以安其離叛。今若遣使，恐失南虜親附之歡，而成北狄猜詐之計，不可」。[104]

班固於是上了這麼一份奏議

> 固議曰：「竊自惟思，漢興已來，曠世歷年，兵纏夷狄，尤事匈奴。綏御之方，其塗不一，或脩文以和之，或用武以征之，或卑下以就之，或臣服而致之。雖屈申無常，所因時異，然未有拒絕篤放，不與交接者也。……臣愚以為宜依故事，復遣使者，上可繼五鳳、甘露至遠人之會，下不失建武、永平羈縻之義。虜使再來，然後一往，既明中國主在忠信，且知聖朝禮義有常，豈可逆詐示猜，孤其善意乎？絕之未知其利，通之不聞其害。設後北虜稍彊，能為風塵，方復求為交通，將何所及？不若因今施惠，為策近長。」[105]

104　見《後漢書》，卷四十上，〈班彪列傳第三十上〉，頁 1374。
105　見《後漢書》，卷四十上，〈班彪列傳第三十上〉，頁 1374。

班固在此奏議中，是明顯反對戰爭，認爲應對北匈奴採取羈縻施惠的做法。文中所謂「中國主在忠信」、「聖朝禮義有常」、「豈可逆詐示猜」，堂皇正大，義正辭嚴，真是擲地有聲。

可是當第二年，竇憲爲一己之私，發動出兵北匈奴的不義之戰時。班固卻好像換了一個人，上書對征伐的行爲大爲歌頌，此即著名的〈車騎將軍竇北征頌〉：

> 車騎將軍應昭明之上德，該文武之妙姿，蹈佐歷，據輔策，翼肱聖上，作主光輝。資天心，謨神明，規卓遠，圖幽冥，親率戎士，巡撫彊城。……料資器使，采用先務，民儀響慕，群英影附。……糧不賦而師贍，役不重而備軍。……于是三軍稱曰：疊疊將軍，克廣德心，光光神武，弘昭德音，超兮首天洗潛，眇兮與神參。[106]

在班固的敘述中，征伐北匈奴成了上體天心之舉，而極盡讚嘆之能事。更神奇的是在他筆下，劫掠民財、橫征暴斂的行爲成了「民儀響慕，群英影附」、「糧不賦而師贍，役不重而備軍」。而原本在奏議中主張應「不失建武、永平羈縻之義」的他，在前引〈燕然山銘〉中又稱讚征伐爲「一勞而久逸，暫費而永寧」之舉。前後相差不過一年，班固態度轉變之快，令人嘆爲觀止。也難怪能得到竇憲的賞識，出征時要「以固爲中護軍，與參議」[107]了。

那麼班固會否受竇憲之逼迫，而虛與委蛇呢？從前面的頌詞來

---

[106] （清）嚴可均輯，《全後漢文》，卷二十六引《古文苑》、《藝文類聚》。由於《古文苑》、《藝文類聚》中，此文各有缺誤，惟嚴書考定較詳，故轉引自此。

[107] 見《後漢書》，卷四十上，〈班彪列傳第三十上〉，頁1385。

看，這種可能是很小的。更何況，由他和竇憲往來的書信可知，他對大將軍可以說是感恩戴德。如今所見班固〈與竇憲箋〉言：

> 明將軍哀憐。賜固手札。告以軍中宜鮮明。乃賜以玉躬所喜駮犀玭瑁簪、絳紗單衣。以魯縞之質。被服鸞鳳之飾。[108]
>
> 昨上以寶刀賜臣曰。此大將軍少小時所服。今以賜卿。固伏念大恩。且喜且慚。[109]
>
> 今月中舍以令賜固刀把曰。此將軍少小時所服。今賜固。伏念大恩。且喜且慚。[110]
>
> 固于張掖縣受賜所服物虎頭繡鞶囊一雙。又遺身所服襪三具。錯鏤鐵一。[111]
>
> 復賜固犀毗金頭帶。此將軍所自服也。[112]

竇憲不僅重用班固以為文膽，還常賜自服之寶物於班固以示親厚之意，也難怪認為自己過去未受重用的班固會「伏念大恩」了。在他寫給其弟班超的書信中，也一再提到竇憲的賞賜，並以此炫耀。如今所見班固〈與弟超書〉言：

> 竇侍中前寄人錢八十萬，市得雜罽十餘張也。[113]
>
> 竇侍中另載彩七百匹，白素三百匹，欲以市月氏馬、蘇合香、毾

---

[108] 見《太平御覽》，卷六百八十八、六百九十、八百七引。

[109] 見（隋）虞世南撰，（清）孔廣陶校注，《北堂書鈔》（清光緒十四年南海孔氏三十有三萬卷堂校注重刊本），卷一百二十三。

[110] 見《太平御覽》，卷三百四十六引。

[111] 見《太平御覽》，卷四百七十八、八百十五引。

[112] 見《北堂書鈔》，卷一百二十九引。

[113] 見《太平御覽》，卷八百十六引。

□。[114]

月氏氍□大小相雜，但細好而已。[115]

今遺仲升玳瑁黑犀簪、虎頭金蹙囊、金鉤。[116]

竇侍中遺仲升楚騰陵錯橫刀□皂削一枚，金錯半垂刀一枚。[117]

由此觀之，班固所念念不忘者，不過財勢利祿而已。明帝能給他利祿，他便感漢室「受恩浸深」，「誠思畢力竭情，昊天罔極」；換了竇憲能給他利祿，他便「伏念大恩」，再次為書歌頌。

然當是時也，竇憲恣兇跋扈，政由己出，竊漢權柄，有指鹿為馬之心，僭稱萬歲之意，名為漢戚，實為漢賊。此時那位自稱「被學最舊，受恩浸深，誠思畢力竭情，昊天罔極」的班固在哪裡？西漢王莽之禍猶在昨日，具載《漢書》，此時那位世受漢恩，對漢室一片耿耿忠心的班固又在哪裡？在史傳中，不見班固於此時有一仗義之言，反而處處見其對竇憲極盡歌頌之能事，如此可謂漢家忠臣乎？

當竇憲當權之時，不僅竇家子弟「俱驕縱」，連其門下的奴客都「依倚形埶，侵陵小人」，官吏恐懼竇氏權勢，故「有司畏懦，莫敢舉奏」。班固因阿附竇憲而得勢，其子弟奴客亦不惶多讓，據《後漢書‧班彪列傳》記載：

固不教學諸子，諸子多不遵法度，吏人苦之。初，洛陽令种

---

[114] 見《太平御覽》，卷八百十四、九百八十二引。

[115] 見《太平御覽》，卷七百八引。

[116] 見《太平御覽》，卷六百八十八、六百九十一引。

[117] 見《太平御覽》，卷一百四十五引。

> 兢嘗行，固奴干其車騎，吏椎呼之，奴醉罵，兢大怒，畏憲不敢發，心銜之。[118]

是以不僅竇氏之子弟家奴跋扈，連班氏之子弟家奴也一樣跋扈橫行。由此更可看出班固一家得勢後，狐假虎威、氣焰囂張之嘴臉。

但班固還沒得意幾年，竇氏就垮台了。和帝年長，與宦官鄭眾合謀，發動兵變，後迫令竇憲兄弟自殺，宗族、賓客以憲爲官者皆免歸本郡。而竇憲垮台後，朝廷追索其黨徒甚急，如《後漢書·袁張韓周列傳》記載：

> 及竇氏敗，（韓）稜典案其事，深竟黨與，數月不休沐。[119]

而班固身爲竇憲黨羽，自然受到牽連，據《後漢書·班彪列傳》曰：

> 及竇氏賓客皆逮考，（种）兢因此捕繫固，遂死獄中，時年六十一。[120]

班固即因此而死。

是以回顧班固一生，其早年不甘寂寞，力求功名而不得見用。至其青年時，賴明、章二帝賞識其才，故一意逢迎帝王，爲漢歌頌，然自以才高而位低，常懷怨望之心。晚年則阿附權兇，爲虎作倀，尙自以爲榮。由此看來所謂班固者，不過一貪利慕榮、曲學諂媚之徒是也。

---

[118] 見《後漢書》，卷四十上，〈班彪列傳第三十上〉，頁 1386。

[119] 見《後漢書》，卷四十五，〈袁張韓周列傳第三十五〉，頁 1535。

[120] 見《後漢書》，卷四十上，〈班彪列傳第三十上〉，頁 1386。

太史公作〈報任少卿書〉，其中有一流傳千古之名句：

> 人固有一死，死有重於泰山，或輕於鴻毛，用之所趨異也。[121]

觀太史公之一生，其為完成《史記》不惜忍辱偷生，縱如牛馬走僕一般活著，也要完成此論著，[122]以承太史祖業，以繼孔子《春秋》；一旦完成此書，則「雖萬被戮，豈有悔哉」。其《史記》一書，非僅一代良史，實為百王大法，開中國史學之洪範，至今學者不能過也，故後人贊之曰「千古之絕唱」。而班固之一生，皆因貪利慕榮而曲學諂媚，不惜變亂篡改《史記》之良法，其後終因攀附權兇、驕縱子弟而死。前後相較，太史公之死可謂重於泰山，而班固之死可謂輕於鴻毛。二者之高下，如是而已矣！

---

121 見《漢書》，卷六十二，〈司馬遷傳第三十二〉，頁 2732。

122 阮芝生，〈司馬遷之心──〈報任少卿書〉析論〉一文，破解〈報任少卿書〉開頭「太史公牛馬走」六字之真意，即「為完成《史記》而忍辱偷生像牛馬一般地活著」，其說是也。見《臺大歷史學報》26 期（2000）。

第七章　結論

　　蓋中國自古便重視歷史，存在一記史修史的大傳統。但自春秋戰國以下，由於王權的衰弱與戰亂的影響，致使「史記放絕」，史學傳統面臨了衰亡的危機。至秦朝統一天下，又因統治者深惡「是古非今」，使這樣的趨勢達到了頂點。除了少數「文略不具」的簡單記載外，秦人幾乎刻意的滅絕了一切史學。西漢開國，承秦之制，雖不如秦人打擊學術之甚，但對於史學亦未重視。致使西漢一代既無先秦修史之官，亦無先秦官修之史，史學幾近中絕。

　　而另一方面，秦人以詐力得天下，又以刑法治天下。漢承秦道而不改，至武帝又復始皇之所為，孔子之道淪為緣飾其暴政之工具。故自先聖先王至周公、孔子以來所傳承之禮樂大道，因而瀕臨絕滅之危機。太史公生於此時，有興亡繼絕之志，故以父子兩代之力著作《太史公》一書，上欲重續中國史學中斷之傳統，下欲繼承孔子《春秋》「撥亂反正」之志，以俟後世之聖人君子。

　　然而太史公這樣的想法，卻無可避免的要在其書中揭露漢朝不改秦道統治之真相，因此對漢家形成了政治上的挑戰。漢代統治者一開始並未意識到這一點，但隨著《太史公》一書的散播日廣，對漢廷統治的負面影響日益浮現，漢代官方開始採取了不同的防制措施。其後歷經兩漢之際約兩百年間，共四個階段的前後轉折過程，

終於在東漢明帝時找出了最佳的解決方法。這個方法就是，撰述一部完全站在漢廷立場說話，又足以取代《太史公》影響的史書，這就是班固的《漢書》。

蓋明帝之出發點，乃為謀一家一姓之私；班固之出發點，乃為謀個人利祿之私，兩私相合，遂成《漢書》。然東漢朝廷雖因《漢書》之出現，解決了《太史公》對其統治所引起的負面影響，卻使得中國史學從此走上了另外一條道路。

在太史公原來的思想中，史學本為通古今於一體，以論治道得失之學。故後世史學之繼其書者，當代代「下至于茲」，不斷撰作新的當代史。如此將古與今結合為一體，以對當世政治有指導，以維繫周公、孔子所傳之理想於不墜，這才是太史公心目中理想的史學，也才是中國史學原本應該走的道路。

但班固為尊顯漢室，不僅變亂刪改《史記》論治之微言，又割離古今，使當代史傳統為之亡絕。而後世史學皆法《漢書》，遂使當代史傳統不復重現。中國史學此後成為一殘缺不全，不敢面對現實之史學。

既不敢作當代史，又何能論當世治道之優劣？《史記》所傳「通古今之變」大義，至此衰矣。故鄭樵於《通志・總敘》即言之：

> 自《春秋》之後，惟《史記》擅制作之規模，不幸班固非其人，遂失會通之旨，司馬氏之門戶至此衰矣。

嗚呼！所衰者，豈止一家之門戶乎？蓋自《漢書》後近二千年，著名史家無數，或有如司馬光、鄭樵等作通史者，然竟無一人敢冒大

不諱書寫當代史。逐使孔子、史公以來，中國史學之真精神與真傳統於茲淪亡，其始作俑者，即是班固。

明人張養重〈七里灘〉詩有云：「直下已復難，況乃路轉折」。[1] 蓋中國史學本有一自《春秋》、《史記》以來所奠立的真傳統，即因褒貶以繩「當世」，[2] 其最大的特色便呈現在撰寫當代史上。但《漢書》的出現，卻根本改變了這個方向，中國史學從此走上了另一條道路。本書題目中使用了「轉折過程」一詞，正是用以形容中國史學這種發展方向上的重大轉變。

錢穆在〈孔子與春秋〉中，曾論東漢學術之大變曰：

> 光武中興，不僅把新莽「發得周禮」的新聖典賤視了，即前漢聖典公羊春秋那些存三統作新王一類的話，也漸漸變成當代之忌諱。所以即如公羊學大師何休，也要說公羊春秋裡有所謂非常異義可怪之論了。那時則漢宣帝所謂的漢家自有制度，本以霸王雜用之，奈何純任德教用周政之說，[3] 也變成了光武以下之國是。於是博士官學僅成為利祿之途，失卻其從來王官學地位的真尊嚴，而十四博士也終於要倚席不講了。這一變，卻是中國歷史上一絕大的大變。……若既不尊一家言，又不重王官學，把西漢公羊家此兩種精神都放鬆了，此

1　張養重，《古調堂集》（清康熙二十二年丘象升刻本），不分卷。

2　《史記・孔子世家》論孔子之作《春秋》云：「推此類以繩當世。貶損之義，後有王者舉而開之。《春秋》之義行，則天下亂臣賊子懼焉」。

3　此語見《漢書・元帝紀》，原文當作「漢家自有制度，本以霸王道雜之，奈何純任德教，用周政乎」。

> 即成為後起之經學。其實這樣來研究古經籍，則經學也只成
> 為一種史學了。[4]

蓋中國古代學術之精神，本為論治行道而發，即目的在實現理想的
政治於當代。不論是孔子之六藝，或是諸子之家言，在這一點上都
是相同的。然而漢家襲秦之治道而不改，不能真行孔子之理想，則
儒術不過淪為緣飾而已。錢穆所謂以霸王雜用之道為國是，即指此
而言。

其後東漢襲西漢之國是而不改，又深忌新莽因公羊春秋存三統
作新王之說而得國，更不容學術之改變政治。影響之下，王官學與
百家言皆逐漸與政治分離，於是經學與子學皆淪為注疏古籍之學，
這也就是錢穆所說「則經學也只成為一種史學」之意。

然賓四先生所論而未及者在於，我中華之史學亦本為論治行道
而作，其本旨與六藝無異，證諸《史記》一書可知。故東漢一朝之
變，不僅架空了經學欲行孔子之制於當代的本來面目，亦斷滅了史
學挑戰當代的根本精神。從《史記》到《漢書》的發展過程，正是
統治者以政治干涉學術之重要例證。

故自東漢以下，中國學術從此走上歧途。學術既不能改變國是，
則只能在私天下的格局下架漏牽補而已；學者既只能倚席空談，心
思自然轉向家族興旺和個人利祿之上。於是魏晉以下，學術日益無
精神，政局亦日漸不堪聞問，其源皆生於帝王因私心而毀壞學術使

4　錢穆，〈孔子與春秋〉，見《兩漢經學今古文平議》（台北：東大圖書公司，
1971），頁 255-259。

然。故朱子慨嘆曰：

> 千五百年間，正坐為此，所以只是架漏牽補過了時日。其間
> 雖或不無小康，而堯、舜、三王、周公、孔子所傳之道，未
> 嘗一日得行於天地之間也。[5]

蓋太史公之所以甘冒「雖萬被戮」之風險，而作《史記》一書，正
是為彰顯當代之不行周公孔子之道。更期望後世之學史者，能繼其
撥亂反正之志。

　　然自班固迎合人主，以《漢書》變亂《史記》之法後，兩千年
來中國之修史者，可有一人能復《史記》之法？中國之正史，可有
一部能面對當代？太史公之學，又何嘗一日行於天地之間？自孔子
卒後五百歲而有太史公，自太史公至於今二千餘歲，有能本《春秋》，
繼《史記》者乎？謹以此義，質諸當世及後世之聖人君子。

---

[5]　見《朱文公文集》（台北：臺灣商務印書館縮印宋刊本，1965），卷三十六，
　　「答陳同甫」。

徵引書目

一、傳統文獻

（依作者時代先後排列，如作者歷經多朝，則從其心願）

1.　《十三經注疏》，台北：啟明書局據粹芬閣藏版影印，1959。

2.　（秦）呂不韋撰，陳奇猷校釋，《呂氏春秋新校釋》，上海：上海古籍，2002。

3.　（漢）董仲舒撰，（清）蘇輿義證，《春秋繁露義證》，北京：中華書局點校本，1992。

4.　（漢）司馬遷，《史記》，北京：中華書局點校本，1959。

5.　（漢）司馬遷撰，（日）瀧川資言考證，《史記會注考證》，台北：宏業書局影本，1990。

6.　（漢）桓寬撰，王貞珉注譯，王利器審訂，《鹽鐵論譯注》，長春：吉林文史，1995。

7.　（漢）劉向，《新序》，台北：藝文印書館據清光緒蔣鳳藻校刊本影印，1968。

8.　（漢）劉向，《說苑》，台北：臺灣商務印書館縮印宋刊本，1965。

9.　（漢）揚雄撰，（清）汪榮寶義疏，《法言義疏》卷十五，北京：中華書局點校本，1987。

10.　（漢）揚雄，《方言》，清光緒元年（1875）湖北崇文書局原刻本。

11. （漢）班固，《漢書》，北京：中華書局點校本，1962。

12. （漢）王充撰，劉盼遂集解，黃暉校釋，《論衡校釋》，北京：中華書局，1990。

13. （漢）許慎，《說文解字》，北京：中華書局影本，1963。

14. （漢）蔡邕，《獨斷》，台北：臺灣商務印書館影四部叢刊本，1981。

15. （魏）張揖，《廣雅》，明天啓丙寅（六年）武林郎氏堂策檻刊本。

16. （晉）陳壽，《三國志》，北京：中華書局點校本，1963。

17. （晉）葛洪，《西京雜記》，北京：中華書局據抱經堂本排印，1991。

18. （晉）葛洪撰，王明校釋，《抱朴子內篇校釋》，北京：中華書局，1996。

19. （晉）常璩撰，任乃強校注，《華陽國志校補圖注》卷十二，上海：上海古籍，1987。

20. （南朝宋）范曄，《後漢書》，北京：中華書局點校本，1965。

21. （梁）蕭統選、（唐）李善注，《文選》，北京：中華書局影北京圖書館藏宋淳熙八年刻本，1974。

22. （隋）姚察、（唐）魏徵、姚思廉同撰，《新校本梁書附索引》，台北：鼎文書局影本，1999。

23. （唐）房玄齡，《晉書》，上海：中華書局聚珍仿宋版排印本，1927。

24. （唐）魏徵，《隋書》，北京：中華書局點校本，1973。

25. （唐）歐陽詢等，《藝文類聚》，明萬曆丁亥（十五年）秣陵王元貞校刊本。

26. （唐）劉知幾撰，浦起龍釋，《史通通釋》，台北：里仁書局，1980。

27. （唐）張懷瓘，《書斷》，台北：藝文印書館影宋咸淳左圭輯刊本，1967。

28. （唐）杜佑，《通典》，北京：中華書局影本，1988。

29. （唐）馬總輯，《意林》，台北：藝文印書館據清乾隆敕刻武英殿聚珍本影印，1969。

30. （宋）李昉等纂，《太平御覽》，北京：中華書局據上海涵芬樓影印宋本複製重印，1960。

31. （宋）司馬光撰，（元）胡三省音注，《資治通鑑》，北京：中華書局點校本，1956。

32. （宋）司馬光，《資治通鑑考異》，台北：台灣商務印書館景印四部叢刊本，1979。

33. （宋）沈括，《夢溪筆談》，台北：台灣商務印書館排印本，1956。

34. （宋）沈括，《補筆談》，台北：藝文印書館景印清嘉慶張海鵬輯刊本。

35. （宋）真德秀編，《文章正宗》，台北：台灣商務印書館影本，1975。

36. （宋）毛晃增注，毛居正重增，《增修互注禮部韻略》，北京：北京圖書館景印元至正十五年日新書堂刻本，2005。

37. （宋）高似孫，《史略》，台北：藝文印書館1965據清光緒黎庶昌校刊本影印。

38. （宋）鄭樵，《通志》，清乾隆十二年（1747）武英殿校刊本。

39. （宋）陸游，《老學庵筆記》，北京：中華書局排印本，1985。

40. （宋）呂祖謙，《東萊呂太史別集》，台北：藝文印書館據民國十三年胡宗楙刊刻本影印，1972。

41. （宋）呂祖謙，《大事記解題》，台北：藝文印書館據清同治光緒間胡鳳丹輯刊本影印，1968。

42. （宋）朱熹，《朱文公文集》，台北：台灣商務印書館縮印宋刊本，1965。

43. （宋）黃震，《黃氏日抄》，東京：中文出版社據日本立命館大學圖書館藏書影印，1979。

44. （宋）黃震，《古今紀要》，清乾隆三十二年（1767）新安汪氏重刻本。

45. （宋）王應麟纂，《玉海》，南京：江蘇古籍據清光緒九年浙江書局刊本影印，1987。

46. （宋）倪思撰，（宋）劉辰翁評，《班馬異同評》，台南：莊嚴文化據江西省博物館藏明嘉靖十六年李元陽刻本影印，1996。

47. （宋）魏了翁，《鶴山先生大全文集》，1919 年上海商務印書館四部叢刊本。

48. （宋）黃履翁，《古今源流至論》，1983 年台灣商務印書館景引文淵閣四部全書本。

49. （金）王若虛，《滹南遺老集》，台北：藝文印書館據清光緒王灝輯刊本影印，1966。

50. （宋）馬端臨，《文獻通考》，清光緒二十七年（1901）上海圖書集成局據武英殿聚珍版校印本。

51. （明）何喬新，《何文肅公文集》，台北：偉文圖書公司影本，1976。

52. （明）凌稚隆輯校，（明）李光縉增補，（日）有井範平補標，《史記評林補標》，台北：地球影本，1992。

53. （明）焦竑，《焦氏筆乘》，台北：藝文印書館 1985 據清咸豐伍崇曜校刊本影印。

54. （明）許相卿，《史漢方駕》，台南：莊嚴文化北京師範大學圖書館藏明萬曆十三年徐禾刻本影印，1996。

55. （明）王夫之，《讀通鑑論》，船山全書編輯委員會編校，長沙：嶽麓書社，1988。

56. （明）徐枋，《居易堂集》，上海：商務印書館據涵芬樓影印固安劉氏藏原刊本影本，1936。

57. （明）萬斯同，《群書疑辯》，清嘉慶丙子（二十一）年甬上水氏供石亭刊本。

58. （清）吳見思，《史記論文》，清康熙丁卯（1687）尺木堂刊本。

59. （清）張玉書等奉勅編，《康熙字典》，上海：章福記書局 1925 影清殿本。

60. （清）方苞，《史記注補正》，收於《二十五史三編》，張舜徽主編，長沙：岳麓書社影本，1994。

61. （清）方苞《望溪先生文集》，上海中華書局四部備要聚珍本。

62. （清）牛運震，《讀史糾謬》，清嘉慶年間空山堂刊本。

63. （清）盧文弨，《續漢書志注補》，收入二十五史刊行委員會編《二十五史補編》，台北：台灣開明書局影本，1959。

64. （清）袁枚，《隨園隨筆》，清乾隆嘉慶間小倉山房刊本。

65. （清）王鳴盛，《十七史商榷》，台北：藝文印書館據清光緒廣雅書局原刻本影印，1964。

66. （清）趙翼，《廿二史劄記》，台北：鼎文書局影本，1975。

67. （清）趙翼，《陔餘叢考》，鄭州：河南教育 1994 據乾隆五十五年湛貽堂刊本影印。

68. （清）段玉裁，《說文解字注》，台北：黎明文化事業公司影經韻樓版，1974。

69. （清）章學誠，《文史通義》，上海：上海古籍影民國十一年(1922)劉氏嘉業堂刻章氏遺書本，1997。

70. （清）章學誠，《校讎通義》，台北：藝文印書館據清咸豐伍崇曜校刊本影印，1965。

71. （清）梁玉繩，《史記志疑》，清光緒十三年廣雅書局本。

72. （清）梁玉繩等撰，《史記漢書諸表訂補十種》，北京：中華書局點校本，1982。

73. （清）永瑢、紀昀等撰，《四庫全書總目提要》，台北：臺灣商務印書館 1983 據清乾隆武英殿刊本及嘉慶後印本影印。

74. （清）袁枚，《小倉山房文集》，清乾隆嘉慶間小倉山房刊本。

75. （清）阮元，《詁經精舍文集》，北京：中華書局排印本，1985。

76. （清）王昶，《金石萃編》，清嘉慶十年（1805）青浦王氏經訓堂藏板本。

77. （清）周濟，《求志堂存稿彙編》，清光緒十八年周恭壽刊本。

78. （清）王筠，《說文解字句讀》，北京：中華書局影本，1988。

79. （清）朱駿聲，《說文通訓定聲》，台北：宏業書局影本，1974。

80. （清）孫星衍等輯，周天游點校，《漢官六種》，北京：中華書局點校本，1990。

81. （清）包世臣，《安吳四種》，道光廿六年白門倦游閣刊本。

82. （清）沈欽韓，《漢書疏證》，上海：上海古籍據清光緒六年（1880）浙江官書局刻本影印，2006。

83. （清）嚴可均纂，《全上古三代秦漢三國六朝文》，北京：中華書局點校本，1991。

84. （清）曾國藩，《求闕齋讀書錄》，台北：廣文書局影本，1969。

85. （清）周壽昌，《漢書注校補》，台北：藝文印書館據清光緒廣雅書局原刻本影印，1964

86. （清）崔適，《史記探源》，北京：中華書局點校本，1986。

87. （清）葉德輝，《藏書十約》，清光緒壬寅（1902）長沙葉氏刊行本。

88. （清）劉咸炘，《四史知意》，台北：鼎文書局影本，1976。

89. （清）孫德謙，《漢書藝文志舉例》，台北：台灣開明書局二十五史補編本，1959

90. （清）王國維，《觀堂集林》，台北：藝文印書館據民國十二（癸亥）年烏程蔣氏密韻樓本影印，1956。

91. （清）王國維，《海寧王靜安先生遺書》，台北：台灣商務印書館影手稿本，1976，

二、近人專著（依出版年份先後排列）

1. 羅根澤，《管子探源》，上海：中華書局，1931。

2. 魏應麒，《中國史學史》，長沙：商務印書館，1941。

3. 王玉璋，《中國史學史概論》，出版地不詳：商務印書館，1942。

4. 朱希祖，《中國史學通論》，重慶：獨立，1943。

5. 董允輝，《中國史學史初稿》，民國三十四（1945）年刊本。

6. 金毓黻，《中國史學史》，上海：商務印書館，1946。

7. 李宗侗，《中國史學史》，台北市：中華文化出版事業委員會，1953。

8. 施之勉，《漢史辨疑》，台北：中央文物供應社，1954。

9. 鄭鶴聲，《司馬遷年譜》，上海：商務印書館，1956。

10. 郭嵩燾，《史記札記》，上海：商務印書館，1957

11. 朱東潤，《史記考索》，台北：台灣開明書局，1957。

12. 張心澂編著，《偽書通考》，上海：商務印書館，1957。

13. 文史哲雜誌編輯部編，《司馬遷與史記》，中華書局，1957。

14. 陳直，《兩漢經濟史料論叢》，西安：陝西人民，1957。

15. 勞榦，《居延漢簡考證》，台北：中央研究院歷史語言研究所，1959。

16. 余嘉錫，《余嘉錫論學雜著》，北京：中華書局，1963。

17. 阮芝生，《從公羊學論春秋的性質》，收入《國立台灣大學文史叢刊》之二十八，1969。

18. 錢穆，《兩漢經學今古文平議》，台北：東大圖書公司，1971。

19. 錢穆，《國史大綱》，台北：台灣商務印書館排印本，1974。

20. 吳福助，《史漢關係》，台中：曾文，1975。

21. 孫德謙，《太史公書義法》，台北：鼎文書局影本，1976。

22. 錢穆，《中國學術思想史論叢》，台北：東大圖書公司，1976。

23. 余英時，《歷史與思想》，台北：聯經，1976。

24. 陳直，《史記新證》，天津：天津人民，1979。

25. 安作璋，《班固與漢書》，濟南：山東人民，1979。

26. 陳直，《漢書新證》，天津：天津人民，1979。

27. 徐復觀，《兩漢思想史》，台北：學生書局，1979。

28. 陳夢家，《漢簡綴述》，北京：中華書局，1980。

29. 中國社會科學院考古研究所編，《居延漢簡甲乙編》，北京：中華書局，1980。

30. 中國社會科學院考古研究所、河北省文物管理處，《滿城漢墓發掘報告》，北京：文物，1980 。

31. 方詩銘、王修齡，《古本竹書紀年輯證》，上海：上海古籍，1981。
32. 施丁、陳可青編著，《司馬遷研究新論》，鄭州：河南人民，1982。
33. 呂思勉，《讀史札記》，台北：木鐸，1983。
34. 王叔岷，《史記斠證》，台北：中央研究院歷史語言研究所，1983。
35. 張孟倫，《中國史學史》，蘭州：甘肅人民，1983。
36. 倉修良、魏得良，《中國古代史學史簡編》，哈爾濱：黑龍江人民，1983。
37. 熊十力，《讀經示要》，台北：明文書局，1984。
38. 安作璋、熊鐵基，《秦漢官制史稿》，濟南：齊魯書社，1984。
39. 林梅村、李均明編，《疏勒河流域出土漢簡》，北京：文物，1984。
40. 施丁，《古籍整理論文集》，蘭州：甘肅人民，1984。
41. 李長之，《司馬遷的人格與風格》，北京：三聯書店，1984。
42. 徐朔方，《史漢論稿》，南京：江蘇古籍，1984。
43. 錢穆，《秦漢史》，台北：東大圖書公司，1985。
44. 安作璋、熊鐵基，《秦漢官制史稿》，濟南：齊魯書社，1985。
45. 楊鴻年，《漢魏制度叢考》，武漢：武漢大學，1985。
46. 張大可，《史記研究》，蘭州：甘肅人民，1985。
47. 程金造，《史記管窺》，西安：陝西人民，1985。
48. 劉節，《中國史學史稿》，台北市：弘文館，1985。
49. 尹達，《中國史學發展史》，洛陽：中州古籍，1985。
50. 高國抗，《中國古代史學概要》，廣東：高等教育，1985。
51. 張添丁，《司馬遷春秋學》，國立政治大學中國文學研究所73學年度博士論文，1985。
52. 楊燕起、陳長青、賴長揚編，《歷代名家評史記》，北京師範大學，1986。
53. 金少英集釋，李慶善整理，《漢書食貨志集釋》，北京：中華書局，1986。
54. 白壽彝，《中國史學史》，上海：上海人民，1986。

55. 王明通，《漢書導論》，台北：康橋，1987。

56. 邢義田，《秦漢史論稿》，台北：東大圖書公司，1987。

57. 施丁，《中國史學簡史》，洛陽：中州古籍，1987。

58. 陶懋炳，《中國古代史學史略》，長沙：湖南人民，1987。

59. 金春峰，《漢代思想史》，自貢：中國社會科學，1987。

60. 余英時，《士與中國文化》，上海：上海人民，1987。

61. 陳直，《文史考古論叢》，天津：天津古籍，1988。

62. 王利器注譯，《史記注譯》，北京：新華書店，1988。

63. 鄒賢俊，《中國古代史學史綱》，武昌：華中師範大學，1989。

64. 雷家驥，《中古史學觀念史》，台北：台灣學生書局，1990。

65. 黃文弼，《羅布淖爾考古記》，蘭州：蘭州古籍排印本，1990。

66. 睡虎地秦墓竹簡整理小組編，《睡虎地秦墓竹簡》，北京：文物，1990。

67. 陳連慶，《中國古代史研究》，長春：吉林文史，1991。

68. 甘肅省文物考古研究所編，《敦煌漢簡》，北京：中華書局，1991。

69. 甘肅省文物考古研究所、甘肅省博物館、文化部古文獻研究室、中國社會科學院歷史研究所編，《居延新簡：甲渠候官》，北京：中華書局，1994。

70. 朴宰雨，《「史記」「漢書」比較研究》，北京：中國文學，1994。

71. 歷史研究編輯部編，《司馬遷與《史記》論集》第一輯，西安：陝西人民，1994。

72. 李慈銘，《漢書札記》，長沙：岳麓書社，1994。

73. 潘德深，《中國史學史》，台北：五南圖書公司，1994。

74. 徐蘋芳，《中國歷史考古學論叢》，台北：允晨文化，1995。

75. 施丁，《司馬遷行年新考》，西安：陝西人民教育，1995。

76. 安作璋，《班固評傳》，南寧：廣西教育，1996。

77. 宋衍申，《中國史學史綱要》，長春：東北師範大學，1996。

78. 吳懷祺，《中國史學思想史》，合肥：安徽人民，1996。

79. 閻步克，《士大夫政治演生史稿》，北京：北京大學，1996。

80. 李長之，《司馬遷之人格與風格》，台北：里仁書局，1997。

81. 杜維運，《中國史學史》，台北：三民書局，1997。

82. 李炳泉、邱富生，《中國史學史綱》，大連：遼寧師範大學，1997。

83. 王樹民，《中國史學史綱要》，北京：中華書局，1997。

84. 呂世浩，《從五體末篇看《史記》的特質──以〈平準〉、〈三王〉、〈今上〉三篇為主》，國立台灣大學歷史學研究所86學年度碩士論文，1998。

85. 白壽彝，《中國史學史論集》，北京：中華書局，1999。

86. 汪桂海，《漢代官文書制度》，南寧：廣西教育，1999。

87. 張鵬一，《太史公年譜》，北京市：北京圖書館，1999。

88. 瞿林東，《中國史學史綱》，北京：北京，1999。

89. 金毓黻，《中國史學史》，石家莊：河北教育，2000。

90. 余嘉錫，《余嘉錫說文獻學》，上海：上海古籍，2001。

91. 胡平生、張德芳，《敦煌懸泉漢簡釋粹》，上海：上海古籍，2001。

92. 傅剛，《昭明文選研究》，北京：中國社會科學，2001。

93. 朱浩毅，《漢莽諸子與《太史公書》》，中國文化大學史學研究所2002年碩士論文。

94. 關凱元，《從言語犯罪到文字犯罪—論漢唐宋誹謗法之演變》，國立政治大學歷史學研究所碩士論文，2004。

95. 杜永梅，《兩漢之際的史學》，內蒙古大學歷史學研究所2004年碩士論文。

96. 袁傳璋，《太史公生平著作考論》，合肥：安徽人民，2005。

97. 呂思勉，《秦漢史》，上海：上海古籍，2005。

98. 許殿才，《中國史學史第二卷》，上海：上海人民，2006。

99. 李紀祥，《史記五論》，台北：文津，2007。

三、近人論文（依發表年份先後排列）

1. 程千帆，〈別錄七略漢志源流異同考〉，《金大文學院季刊》第 2 卷第 1 期，1935。

2. 蒙文通，〈漢代之經濟政策〉，《說文月刊》第 4 期，1944。

3. 嚴耕望，〈秦漢郎吏制度考〉，《中央研究院歷史語言研究所集刊》23 冊上，1951。

4. 曲穎生，〈史記八書存亡真偽疏辨〉，《大陸雜誌》9 卷 12 期，1954。

5. 郭沫若，〈太史公行年考有問題〉，《歷史研究》1955 年第 6 期。

6. 郭沫若，〈關於司馬遷之死〉，《歷史研究》1956 年第 4 期。

7. 劉正浩，〈太史公左氏春秋義述〉，《國立台灣師範大學國文研究所集刊》第 6 號，1962。

8. 施之勉，〈讀《史記會注考證》札記──〈封禪書〉第六、〈河渠書〉第七、〈平準書〉第八〉，《大陸雜誌》41 卷 3 期，1970。

9. 阮芝生，〈司馬遷的心〉，《國立台灣大學文史哲學報》23 期，1974。

10. 阮芝生，〈試論司馬遷所說的「通古今之變」〉，收入《沈剛伯先生八秩榮慶論文集》，台北：聯經，1976。

11. 甘肅居延考古隊，〈居延漢代遺址的發掘和新出土的簡冊文物〉，《文物》1978 年第 1 期。

12. 阮芝生，〈論《史記》五體及「太史公曰」的述與作〉，《國立台灣大學歷史學系學報》第 6 期，1979。

13. 楊向奎，〈司馬遷的歷史哲學〉，《中國史研究》1979 年第 1 期。

14. 賴長揚，〈司馬遷與春秋公羊學〉，《史學史研究》1979 年第 4 期。

15. 施丁，〈司馬遷寫當代史〉，《歷史研究》1979 年第 7 期。

16. 阮芝生，〈論《史記》五體的體系關連〉，《國立台灣大學歷史學系學報》第 7 期，1980。

17. 俞旦初，〈梁啓超論中國史學史的基本理論和方法〉，《史學史資料》1980 年第 4 期。

18. 阮芝生，〈〈伯夷列傳〉析論〉，《大陸雜誌》63 卷 3 期，1981。

19. 阮芝生，〈〈伯夷列傳〉發微〉，《國立台灣大學文史哲學報》第 34 期，1981。

20. 李解民，〈《史記》表中的倒文〉，收入《學林漫錄》第三集，北京：中華書局，1981。

21. 施丁，〈司馬遷寫「今上（漢武帝）」〉，收入施丁、陳可青編《司馬遷研究新論》，鄭州：河南人民，1982。

22. 張大可，〈《史記》殘缺與補篡考辨〉，蘭州大學學報（社會科學版），1982 年第 3 期。

23. 吳汝煜，〈史記與公羊學〉，《徐州師院學報》1982 年第 2 期。

24. 阮芝生，〈《史記》的特質〉，《中國學報》29 期，漢城：韓國中國學會，1989。

25. 阮芝生，〈《史記·河渠書》析論〉，《國立台灣大學歷史學系學報》15 期，1990。

26. 姜樹，〈試論司馬遷關於農工商虞的整體構思：讀〈平準書〉和〈貨殖列傳〉〉，《齊齊哈爾社會科學》1991 年第 3 期

27. 逯耀東，〈漢武帝封禪與史記封禪書〉，收入《第二屆史學史國際研討會論文集》，台中：青峰，1991。

28. 逯耀東，〈論司馬遷「成一家之言」的兩個層次——〈太史公自序〉的「拾遺補藝」〉，《國立台灣大學歷史學系學報》第 17 期，1992。

29. 彭清深，〈司馬遷經濟思想準則：《史記·平準書·貨殖列傳》學習札記〉，〈青海民族學院學報〉1992 年第 4 期。

30. 逯耀東，〈司馬遷「通古今之變」的「今」之開端〉，《輔仁歷史學報》第 5 期，1993。

31. 逯耀東，〈司馬遷對匈奴問題處理的限制〉，《輔仁歷史學報》第 6 期，1994。

32. 阮芝生，〈論吳太伯與季札讓國〉，《國立台灣大學歷史學系學報》第 18 期，1994。

33. 袁傳璋，〈《史記‧三王世家》「太子少傅臣安行宗正事」為劉安國考〉，《大陸雜誌》八十九卷第一期，1994。

34. 逯耀東，〈《史記》〈匈奴列傳〉的次第問題〉，《中國歷史學會史學會刊》第 27 期，1995。

35. 廖伯源，〈秦漢朝廷之論議制度〉，《中國文化研究所學報》新第四期，香港中文大學，1995。

36. 袁傳璋，〈從書體演變角度論「索隱」、「正義」的十年之差——兼為司馬遷生於武帝建元六年說補證〉，《大陸雜誌》90 卷 4 期，1995。

37. 袁傳璋，〈太史公「二十歲前在故鄉耕讀說」商酌〉，《大陸雜誌》91 卷 6 期，1995。

38. 易平，〈劉向班固所見《太史公書》考〉，《大陸雜誌》91 卷第 5 期，1995。

39. 阮芝生，〈貨殖與禮義——《史記‧貨殖列傳》析論〉，《國立台灣大學歷史學系學報》第 19 期，1996。

40. 阮芝生，〈三司馬與漢武帝封禪〉，《國立台灣大學歷史學系學報》第 20 期，1996。

41. 崔在容，〈西漢京畿制度的特徵〉，《歷史研究》1996 年 4 期。

42. 易平，〈楊惲與《太史公書》〉，《大陸雜誌》93 卷第 1 期，1997。

43. 阮芝生先生，〈論史記中的孔子與春秋〉，《台大歷史學報》第二十三期，1999。

44. 易平，〈張晏《史記》七篇說之新檢討〉，《台大歷史學報》第 23 期，1999。

45. 易平，〈褚少孫補《史》新考〉，《台大歷史學報》第 25 期，2000。

46. 阮芝生，〈司馬遷之心——〈報任少卿書〉析論〉，《台大歷史學報》26 期，2000。

47. 呂世浩〈三王與文辭——《史記‧三王世家》析論〉，《燕京學報》新九期，2000。

48. 呂世浩〈平準與世變──《史記‧平準書》析論〉,《燕京學報》新十二期,2002。

49. 易平、易寧,〈《史記》早期文獻中的一個根本問題──《太史公書》「藏之名山,副在京師」考〉,《南昌大學學報(人社版)》第 35 卷第 1 期,2004。

50. 陶新華,〈漢代的「待詔」補論〉一文,《社會科學戰線》2005 年 6 期。

51. 朱紅林,〈竹簡秦漢律中的"贖罪"與"贖刑"〉,《史學月刊》2007 年 5 期。

四、外文論著(依發表年份先後排列)

1. (日)加藤繁,《《史記‧平準書》、《漢書‧食貨志》譯注》,東京:岩波文庫,1942。

2. (日)貝塚茂樹,《中国古代史学の發展》,東京:弘文堂,1949。

3. (日)內藤虎次郎,《支那史學史》,東京:弘文堂,1953。

4. (日)中村嘉弘,〈《史記‧平準書》の考察──司馬遷の武帝時代に對する批判について〉,《漢文學會會報》21,1962。

5. (日)杉本憲司,〈漢代の待詔について〉,大阪府立大学社会科学研究会編《社会科学論集》,1973。

6. (日)大庭脩,《秦漢法制史の研究》,東京:創文社,1982。

7. (日)增井經夫,《中國の歷史書:中國史學史》,東京都:刀水書房,1984。

8. (日)中井積德,《史記雕題》,大阪:大阪大學懷德堂文庫復刻叢書本,1991。

9. (日)富谷至,《秦漢刑罰制度の研究》,東京都:同朋舍,1998。

誌　謝

　　資質駑鈍的我，於臺灣大學求學期間，幸蒙導師阮芝生教授收入門下，至今已十有餘年。在這段漫長的求學生涯中，阮老師從頭栽培，細心教導，一步步引領我進入《史記》之堂奧。我的每一篇文章，先生都曾親自反覆閱讀，爲我一再訂定訛誤，耳提面命更是不計其數。阮老師爲人望之儼然，即之也溫，跟隨先生十多年，每一次的談話都令我在求學、做人及做事上獲益無窮。可以說我的《史記》研究，完全是站在先生多年來奠定的基礎上才得以進行。因此本書的完成及出版，首先要感謝的便是恩師阮芝生先生。

　　而多年來有幸跟隨奉元書院的師尊　毓老，學習四書、《易經》、《春秋》及先秦諸子書。　毓老師領我進入華夏學術之門，使我心眼開豁，啓蒙之恩，實是銘感五內。

　　感謝在北京大學考古文博學院的導師宿白、徐蘋芳先生，兩位先生的教導使我得以開啓通往歷史考古學之門，在史學研究的方法論上得到諸多啓發。

　　感謝中央研究院人文社會科學博士候選人培育計畫及中華發展基金，在本論文的撰寫過程中給予獎助；感謝中央研究院歷史語言研究所邢義田先生及清華大學（北京）思想文化研究所錢遜先生，

在獎助階段中願意擔任我的導師，並惠予協助。此外，還要特別感謝歷史語言研究所王汎森所長，在候選人培育計畫階段告一段落時，給予我的幫助和鼓勵。而在史語所的日子裡，得以接觸許多前輩學者，更令我受益匪淺。

感謝口試委員管東貴先生、王德毅先生、孫鐵剛先生及林義正先生，在炎炎夏日之中，不辭辛勞的細心審閱我的論文，並給予諸多建議與鼓勵，令我獲益良多。

還要感謝臺灣大學歷史系的諸位先生們，多年的教誨和誠摯的關懷，令我終身難忘。尤其是閻鴻中先生，在本書寫作過程中，給了我許多寶貴意見。感謝歷史系陳南之女史，在出書的過程中對我的諸多幫助。

感謝國立故宮博物院器物處的長官和同事們，對於當年一個在學的研究生，能夠給予這麼多的愛護和幫助，也令我感激不已。

而內人彭佳芳長期以來，毫無怨言的全方面給予我全力的支持，可說是本書幕後的最大功臣。小女香瑩的出生，更給了我不斷向前奮鬥的原動力。最後，在我求學的過程中，更是得到了無數師長和同學的幫助和鼓勵，不能一一提及，只能在此一併致上個人最誠摯的謝意。

國立臺灣大學文史叢刊出版書目

國家圖書館出版品預行編目資料

從《史記》到《漢書》——轉折過程與歷史意義
/ 呂世浩著. -- 初版. --- 臺北市：臺大出
版中心出版；臺大文學院發行，2009.12；
　　面　；　公分. --（國立臺灣大學文史叢
刊；138）
參考書目：面
ISBN　978-986-02-1966-1（平裝）

1. 史記　2. 漢書　3. 研究考訂　4. 史學史
610.11　　　　　　　　　　　98024674

國立臺灣大學文史叢刊（138）

從《史記》到《漢書》——轉折過程與歷史意義

作　　者　呂世浩
主　　編　甘懷真・鄭毓瑜

發 行 人　國立臺灣大學文學院
出 版 者　國立臺灣大學出版中心
總　　監　王泰升
法律顧問　賴文智律師
印　　製　久忠實業有限公司
出版年月　2009 年 12 月初版
　　　　　2017 年 02 月初版六刷
定　　價　新臺幣 350 元整

展 售 處　國立臺灣大學出版中心　　電話：(02) 3366-3993
　　　　　10617 臺北市大安區羅斯福路四段一號　傳真：(02) 2363-6905
　　　　　http://www.press.ntu.edu.tw　　E-mail: ntuprs@ntu.edu.tw
　　　　　國家書店松江門市　　電話：(02) 2518-0207
　　　　　10485 臺北市中山區松江路 209 號 1 樓
　　　　　國家網路書店　http://www.govbooks.com.tw
　　　　　五南文化廣場　　電話：(04) 2226-0330
　　　　　40042 臺中市中區中山路 6 號　http://www.wunanbooks.com.tw

ISBN：978-986-02-1966-1
GPN：1009804359